L'homme aux deux pieds gauches et autres histoires

PG Wodehouse

Writat

Cette édition parue en 2024

ISBN : 9789359949062

Publié par
Writat
email : info@writat.com

Contenu

BILL LE LIMIER DE SANG

Il y a une divinité qui façonne nos fins. Prenons le cas d'Henry Pifield Rice, détective.

Je dois expliquer Henry tôt, pour éviter toute déception. Si je disais simplement qu'il était un détective et que j'en restais là, je devrais susciter l'intérêt du lecteur sous de faux prétextes . Il n'était en réalité qu'une sorte de détective, une espèce de détective. Au Bureau d'enquête international de Stafford, dans le Strand, où il était employé, on ne lui demandait pas de résoudre des mystères qui avaient dérouté la police. Il n'avait jamais mesuré une empreinte de pas de sa vie, et ce qu'il ignorait sur les taches de sang aurait rempli une bibliothèque. Le genre de travail qu'ils ont confié à Henry consistait à se tenir devant un restaurant sous la pluie et à noter à quelle heure quelqu'un à l'intérieur le quittait. Bref, ce n'est pas ' Pifield Rice, enquêteur. N° 1.— L'Aventure du rubis du Maharajah' que je soumets à votre attention, mais les agissements insensés d'un jeune homme tout à fait banal, connu à plusieurs reprises par ses camarades du Bureau sous le nom de 'Tête de gros', 'Ce fléau qu'est-ce-que-son- nom', et 'Ici, toi !'

Henry vivait dans une pension de Guildford Street. Un jour, une nouvelle fille arriva à la pension et s'assit à côté d'Henry pendant les repas. Elle s'appelait Alice Weston. Elle était petite, calme et plutôt jolie. Ils s'entendaient à merveille. Leur conversation, d'abord limitée à la météo et aux films, devint rapidement plus intime. Henry fut surpris de constater qu'elle était sur scène, dans le chœur. Les précédentes choristes de la pension étaient d'un type plus prononcé : de bonnes filles, mais bruyantes et sujettes à porter des grains de beauté. Alice Weston était différente.

«Je suis en train de répéter en ce moment», dit-elle. "Je pars en tournée le mois prochain dans "The Girl From Brighton". Que faites-vous, M. Rice ?

Henry s'arrêta un moment avant de répondre. Il savait à quel point il allait être sensationnel.

«Je suis détective.»

Habituellement, lorsqu'il expliquait aux filles son métier, des cris d'admiration étonnée l'accueillaient. Maintenant, il était contrarié de percevoir dans les yeux bruns qui rencontraient sa nette désapprobation.

'Quel est le problème?' » dit-il avec un peu d'inquiétude, car même à ce stade précoce de leur connaissance, il était conscient d'un fort désir de gagner son approbation. « Vous n'aimez pas les détectives ?

'Je ne sais pas. D'une manière ou d'une autre , je n'aurais pas dû penser que tu en étais un.

Cela rétablit quelque peu la sérénité d'Henry. Bien entendu, un détective ne veut pas ressembler à un détective et tout dévoiler dès le début.

« Je pense… vous ne serez pas offensé ?

'Continue.'

"J'ai toujours considéré cela comme un travail plutôt *sournois* ."

'Sournois!' gémit Henry.

"Eh bien, ramper, espionner les gens."

Henri était consterné. Elle avait défini son propre métier avec précision. Il y avait peut-être des détectives dont le travail était au-dessus de tout reproche, mais c'était un homme confirmé et il le savait. Ce n'était pas sa faute. Le patron lui a dit de ramper, et il a rampé. S'il refusait de se faufiler, il serait limogé *immédiatement* . C'était dur, et pourtant il sentit la piqûre de ses paroles, et dans son sein les premiers germes d'insatisfaction à l'égard de son métier prirent racine.

On aurait pu penser que cette franchise de la part de la jeune fille aurait empêché Henry de tomber amoureux d'elle. Certes, la chose la plus digne aurait été de changer de place à table et de prendre ses repas à côté de quelqu'un qui appréciait un peu plus le romantisme du travail de détective. Mais non, il resta là où il était, et bientôt Cupidon, qui ne tire jamais avec une visée plus sûre qu'à travers la vapeur du hasch de pension, le frappa là où il était assis.

Il a proposé à Alice Weston. Elle l'a refusé.

« Ce n'est pas parce que je ne t'aime pas. Je pense que tu es l'homme le plus gentil que j'aie jamais rencontré. Beaucoup d'attentions assidues avaient permis à Henry de conquérir cette place dans son affection. Il avait travaillé patiemment et bien avant de mettre sa fortune à l'épreuve. «Je t'épouserais demain si les choses étaient différentes. Mais je suis sur scène et je veux y rester. La plupart des filles veulent s'en sortir, mais pas moi. Et une chose que je ne ferai jamais, c'est d'épouser quelqu'un qui n'exerce pas cette profession. Ma sœur Geneviève l'a fait, et regardez ce qui lui est arrivé. Elle a épousé un voyageur de commerce et croyez-moi, il a voyagé. Elle ne le voyait jamais plus de cinq minutes par an, sauf lorsqu'il vendait des bas pour hommes dans la même ville où elle exerçait sa spécialité raffinée , puis il lui faisait simplement signe de la main, passait à toute vitesse et recommençait à voyager. Mon mari doit être à proximité, là où je peux le voir. Je suis désolé, Henry, mais je sais que j'ai raison.

Cela semblait définitif, mais Henry ne désespérait pas complètement. C'était un jeune homme résolu. Il faut attendre longtemps devant les restaurants sous la pluie.

Il a eu une inspiration. Il cherchait un agent dramatique.

"Je veux monter sur scène, dans la comédie musicale."

« On se voit danser. »

«Je ne sais pas danser.»

«Chantez», dit l'agent. — Arrêtez de chanter, ajouta précipitamment l'agent.

« Partez et prenez une bonne tasse de thé chaud, dit l'agent d'un ton apaisant, et vous serez en forme comme n'importe quoi demain matin. »

Henri est parti.

Quelques jours plus tard, au Bureau, son collègue détective Simmonds l'a interpellé.

'Ici vous! Le patron te veut. Remonter le moral!'

M. Stafford parlait au téléphone. Il replaça le combiné alors qu'Henry entra.

« Oh, Rice, voici une femme qui veut que son mari soit suivi pendant qu'il est en route. Il est acteur. Je vous envoie. Allez à cette adresse, et récupérez des photos et tous les détails. Il faudra que tu prennes le train de onze heures vendredi.

'Oui Monsieur.'

« Il fait partie de la compagnie « The Girl From Brighton ». Ils ouvrent à Bristol.

Il semblait parfois à Henry que le destin l'avait fait exprès. Si la commission avait eu affaire à une autre société, cela aurait été très bien, car, professionnellement parlant, c'était la plus importante qu'on lui ait jamais confiée. S'il n'avait jamais rencontré Alice Weston et entendu ses opinions sur le travail de détective, il aurait été ravi et flatté. Les choses étant telles qu'elles étaient, Henry était d'avis que le destin lui avait échappé.

D'abord, quelle torture d'être toujours près d'elle, sans pouvoir se dévoiler ; pour la surveiller pendant qu'elle se démenait en compagnie d'autres hommes. Il serait déguisé et elle ne le reconnaîtrait pas ; mais il la reconnaîtrait, et ses souffrances seraient terribles.

Deuxièmement, devoir ramper et espionner pratiquement en sa présence…

Pourtant, les affaires restaient les affaires.

À onze heures moins cinq du matin, il était à la gare, une fausse barbe et des lunettes cachant son identité aux yeux du public. Si vous lui aviez posé la question , il vous aurait répondu qu'il était un homme d'affaires écossais. En fait, il ressemblait beaucoup plus à une automobile traversant une botte de foin.

La plate-forme était bondée. Des amis de l'entreprise étaient venus voir l'entreprise partir. Henry regardait discrètement derrière un gros porteur, dont la masse formait un écran majuscule. Malgré lui, il fut impressionné. La scène de près l'a toujours enthousiasmé. Il a reconnu des célébrités. Le gros homme au costume marron était Walter Jelliffe , le comédien et star de la compagnie. Il le regardait fixement à travers ses lunettes. D'autres personnalités célèbres étaient dispersées. Il a vu Alice. Elle parlait à un homme au visage de hachette et souriait aussi, comme si cela lui plaisait. Derrière le feuillage emmêlé qu'il s'était infligé au visage, les dents d'Henry se rejoignirent en un claquement.

Dans les semaines qui suivirent, alors qu'il poursuivait la compagnie « The Girl From Brighton » de ville en ville, il serait difficile de dire si Henry était heureux ou malheureux. D'une part, se rendre compte qu'Alice était si proche et pourtant si inaccessible était une source constante de misère ; mais, d'un autre côté, il ne pouvait s'empêcher d'admettre qu'il s'amusait vraiment bien à flâner ainsi à travers le pays.

Il était fait pour ce genre de vie, considérait-il. Le destin l'avait placé dans un bureau londonien, mais ce qui lui plaisait vraiment, c'était ce voyage sans entrave. Une certaine tension gitane en lui rendait agréables même les inconforts évidents des tournées théâtrales. Il aimait prendre le train ; il aimait envahir les hôtels étranges ; par-dessus tout, il se délectait du plaisir artistique d'observer ses semblables sans méfiance comme s'ils étaient autant de fourmis.

C'était vraiment la meilleure partie de tout cela. C'était très bien pour Alice de parler d'espionnage et d'espionnage, mais, si l'on y réfléchissait sans parti pris, il n'y avait rien de dégradant là-dedans. C'était un art. Il fallait de l'intelligence et un génie du déguisement pour faire d'un homme un liane et un espion à succès . Vous ne pouviez pas simplement vous dire : « Je vais ramper ». Si vous tentiez de le faire vous-même, vous seriez détecté instantanément. Vous deviez être un adepte du masquage de votre personnalité. Il fallait être un homme à Bristol et un autre homme tout à fait différent à Hull, surtout si, comme Henry, vous étiez d'un caractère grégaire et aimiez la société des acteurs.

La scène avait toujours fasciné Henry. Rencontrer même des membres mineurs de la profession en dehors des conseils d'administration lui procurait une émotion. Il y avait dans sa pension un jeune au repos, de calibre bien équipé , qui pouvait toujours tirer un shilling de lui simplement en racontant comment il s'était lancé dans l'aventure et avait sauvé la vedette dans les hameaux qu'il avait visités au cours de son séjour. ses pérégrinations. Et lors de cette tournée « Girl From Brighton », il était en contact constant avec des hommes qui représentaient vraiment quelque chose. Walter Jelliffe avait été une célébrité lorsque Henry allait à l'école ; et Sidney Crane, le baryton, et d'autres membres de la longue distribution, n'étaient tous pas inconnus à Londres. Henry les courtisait assidûment.

Il n'avait pas été difficile de faire connaissance avec eux. Les dirigeants de l'entreprise logeaient toujours dans le meilleur hôtel et, ses dépenses étant payées par son employeur, Henry aussi. C'était la chose la plus simple possible de combler, avec un whisky et un soda au bon moment, le fossé entre la non-connaissance et l'amitié chaleureuse. Walter Jelliffe , en particulier, était particulièrement accessible. Chaque fois qu'Henry l'abordait – comme un individu différent, bien sûr – et renouvelait sous un nouveau déguisement l'amitié dont il avait joui dans la dernière ville, Walter Jelliffe le rencontrait plus qu'à mi-chemin.

C'est au cours de la sixième semaine de la tournée que le comédien, faisant sa promotion au départ d'une simple connaissance fortuite, l'invita à monter dans sa chambre et à fumer un cigare.

Henry était content et flatté. Jelliffe était un personnage toujours entouré d'admirateurs, et le compliment était par conséquent de premier ordre.

Il alluma son cigare. Parmi ses amis du Green-Room Club, il était unanimement estimé que les cigares de Walter Jelliffe le mettaient sous le coup de la loi interdisant le port d'armes dissimulées ; mais Henry aurait fumé le cadeau d'un tel homme, si c'eût été une feuille de chou. » Il souffla avec contentement. Il était maquillé en vieux colonel indien cette semaine-là, et il complimenta son hôte sur l'arôme avec une belle courtoisie d'antan.

Walter Jelliffe semblait satisfait.

'Assez confortable?' Il a demandé.

— Tout à fait , je vous remercie, dit Henry en caressant sa moustache argentée.

'C'est exact. Et maintenant, dis-moi, mon vieux, lequel d'entre nous tu traques ?

Henry faillit avaler son cigare.

'Que veux-tu dire?'

« Oh, viens, » protesta Jelliffe ; 'il n'est pas nécessaire de continuer avec moi. Je sais que tu es un détective. La question est : qui est l'homme que vous recherchez ? C'est ce que nous nous demandons tous depuis tout ce temps.

Tous! Ils se demandaient tous ! C'était pire que ce qu'Henry aurait pu imaginer. Jusqu'à présent, il avait imaginé sa position à l'égard de la société "The Girl From Brighton" plutôt comme celle d'un scientifique qui, voyant mais invisible, surveille les habitants d'une goutte d'eau sous son microscope. Et ils l'avaient tous détecté – chacun d'entre eux.

Ce fut un coup époustouflant. S'il y avait une chose dont Henry était fier, c'était l'impénétrabilité de ses déguisements. Il est peut-être lent ; il est peut-être du côté des stupides ; mais il pouvait se déguiser. Il avait une variété de déguisements, chacun étant conçu pour embrouiller le public plus désespérément que le précédent.

En descendant la rue, vous rencontreriez un voyageur de commerce typique , pimpant et alerte. Anon, vous avez rencontré un Australien très barbu. Plus tard, peut-être, c'est un vieux colonel courtois à la retraite qui vous a arrêté et vous a demandé le chemin de Trafalgar Square. Plus tard encore, un individu plutôt tapageur, du type sportif, vous a demandé une allumette pour son cigare. Auriez-vous soupçonné un instant que chacune de ces personnalités si différentes était en réalité un seul homme ?

Certainement .

Henry ne le savait pas, mais il avait acquis, aux yeux du petit domestique qui sonnait à la porte de sa pension, une réputation bien établie d'humoriste du genre plus pratique. C'était son habitude d'essayer ses déguisements sur elle. Il sonnait, demandait quelle était la propriétaire, et quand Bella était partie, montait les escaliers jusqu'à sa chambre. Ici, il enlevait son déguisement, reprenait son apparence normale et redescendait en fredonnant d'un air insouciant. Bella, pendant ce temps, dans la cuisine, confiait à son allié le cuisinier que « M. Rice était entré en plaisantant, il avait encore l'air « plutôt drôle ».

Il s'assit et regarda Walter Jelliffe bouche bée . Le comédien le regarda avec curiosité.

« Vous avez l'air d'avoir au moins cent ans, dit-il. « En quoi es-tu maquillé ? Un morceau de Gorgonzola ?

Henry jeta un coup d'œil rapide au miroir. Oui, il avait l'air plutôt vieux. Il a dû exagérer certaines rides sur son front. Il avait l'air d'un jeune centenaire et d'un nonagénaire qui avait connu bien des ennuis.

« Si vous saviez à quel point vous démoralisez l'entreprise, poursuivit Jelliffe , vous l'abandonneriez. Des garçons aussi stables et silencieux que jamais vous avez rencontrés jusqu'à votre arrivée. Maintenant, ils ne font plus que parier sur le déguisement que vous allez choisir pour la prochaine ville. Je ne vois pas pourquoi il faut changer si souvent. Vous étiez bien en tant qu'Écossais à Bristol. Nous disions tous à quel point tu étais jolie. Vous auriez dû vous en tenir à cela. Mais que faire à Hull, sinon arriver avec une moustache broussailleuse et un costume en tweed, l'air pourri. Cependant, tout cela est hors de propos. C'est un pays libre. Si vous aimez gâcher votre beauté, je suppose qu'il n'y a aucune loi contre cela. Ce que je veux savoir, c'est qui est cet homme ? Sur quelle piste reniflez-vous, Bill ? Vous me pardonnerez de vous appeler Bill. Dans l'entreprise, vous êtes connu sous le nom de Bill the Bloodhound. Qui est l'homme?'

« Peu importe, dit Henry.

Il était conscient, en le faisant, que ce n'était pas une réplique très efficace, mais il se sentait trop mou pour avoir une répartie satisfaisante. Les critiques du Bureau concernant sa prétendue solidité du crâne ne lui plaisaient pas. Il les attribuait au désir naturel de l'homme de plaisanter sur son prochain. Mais être ainsi démasqué auprès du grand public était une autre affaire. Cela a frappé à la racine de toutes choses.

"Mais ça me dérange", objecta Jelliffe . «C'est le plus important. Beaucoup d'argent en dépend. Nous organisons un tirage au sort dans l'entreprise, le détenteur du nom gagnant remportera l'intégralité des reçus. Allez. Qui est-il?'

Henry se leva et se dirigea vers la porte. Ses sentiments étaient trop profonds pour être décrits. Même un détective mineur a sa fierté professionnelle ; et le fait de savoir que son espionnage sert de base à des tirages au sort organisés par sa carrière coupe le vif du sujet.

« Tiens, n'y va pas ! Où vas-tu?'

« Retour à Londres », dit Henry avec amertume. « C'est vraiment bien de rester ici maintenant, n'est-ce pas ?

«Je devrais dire que c'était... pour moi. Ne soyez pas pressé. Vous pensez que, maintenant que nous savons tout sur vous, votre utilité en tant que détective a diminué dans une certaine mesure. Est-ce que c'est ça?'

'Bien?'

« Eh bien, pourquoi s'inquiéter ? Qu'est-ce que cela vous importe ? Vous n'êtes pas payé en fonction des résultats, n'est-ce pas ? Votre patron a dit "Suivez votre chemin". Eh bien, fais-le, alors. Je devrais détester te perdre. Je suppose que tu ne le sais pas, mais tu as été la meilleure mascotte de cette tournée que j'ai jamais rencontrée. Dès le début, nous avons joué un rôle énorme. Je préfère tuer un chat noir plutôt que de te perdre. Laissez tomber les déguisements et restez avec nous. Venez derrière autant que vous voulez et soyez sociable.

Un détective n'est qu'un humain. Moins il est détective, plus il est humain. Henry n'était pas vraiment un détective et ses traits humains étaient par conséquent très développés. Depuis son enfance, il n'avait jamais pu résister à la curiosité. Si une foule se rassemblait dans la rue , il s'y ajoutait toujours, et il se serait arrêté pour regarder bouche bée devant une fenêtre avec écrit « Attention à cette fenêtre », s'il avait couru pour sauver sa vie devant des taureaux sauvages. Il avait, et avait toujours eu, un désir intense de pénétrer un jour dans les coulisses d'un théâtre.

Et il y avait autre chose. Enfin, s'il acceptait cette invitation, il pourrait voir et parler à Alice Weston, et gêner les manœuvres de l'homme au visage de hache de guerre, sur lequel il couvait avec suspicion et jalousie depuis ce premier matin à la gare. Pour voir Alice ! Peut-être, avec éloquence, pour la dissuader de sa résolution ridicule !

«Eh bien, il y a quelque chose là-dedans», dit-il.

'Plutôt! Eh bien, c'est réglé. Et maintenant, en ce qui concerne ce balayage, qui *est* -ce ?

« Je ne peux pas vous le dire. Vous voyez, en ce qui concerne cela, je suis exactement là où j'étais avant. Je peux toujours regarder, peu importe qui je regarde.

« Lance-le, pour que tu puisses. Je n'y avais pas pensé", a déclaré Jelliffe , qui possédait une conscience sensible. "Purement entre nous, ce n'est pas *moi* , n'est-ce pas ?"

Henry le regardait d'un air impénétrable. Il pouvait parfois paraître impénétrable.

«Ah!» » dit-il, et il partit rapidement, avec le sentiment que, même s'il s'était montré mal lors de l'entretien lui-même, sa sortie avait été bonne. Il aurait peut-être échoué en matière de déguisement, mais personne n'aurait pu mettre un caractère plus sinistre dans ce « Ah ! Cela a beaucoup contribué à l'apaiser et à lui garantir une nuit de sommeil paisible.

La nuit suivante, pour la première fois de sa vie, Henry se retrouva dans les coulisses d'un théâtre et commença instantanément à éprouver toutes les émotions complexes qui surviennent au profane dans cette situation. C'est-à-dire qu'il se sentait comme un chat égaré dans une étrange cour hostile. Il se trouvait dans un nouveau monde, habité par des créatures étranges, qui voltigeaient dans une pénombre inquiétante, comme des animaux aux couleurs vives dans une caverne.

« The Girl From Brighton » était l'une de ces productions exotiques spécialement conçues pour l'homme d'affaires fatigué. Son succès reposait en grande partie sur la taille et l'apparence de son chœur, ainsi que sur son changement constant de costume. Henry, en conséquence, était le centre d'un tourbillon kaléidoscopique de beauté féminine, habillé pour représenter une flore et une faune aussi variées que des lapins, des étudiants parisiens, des collégiennes, des paysans hollandais et des jonquilles. La comédie musicale est le ragoût irlandais du drame. On peut y mettre n'importe quoi, avec la certitude que cela améliorera l'effet général.

Il scruta la foule à la recherche d'Alice. Souvent, même s'il avait vu la pièce au cours de ses six semaines d'errance dans la nature , il n'avait jamais réussi à la reconnaître de devant la maison. Très probablement, pensa-t-il, elle était peut-être déjà sur scène, cachée dans un rosier ou quelque autre arbuste, prête au signal à surgir sur le public en jupes courtes ; car dans « The Girl From Brighton », presque n'importe quoi pouvait soudainement se transformer en choriste.

Puis il la vit, parmi les jonquilles. Ce n'était pas une jonquille particulièrement convaincante, mais elle paraissait bien à Henry. Les genoux vacillants, il se fraya un chemin à travers la foule et lui saisit la main avec enthousiasme.

« Eh bien, Henri ! D'où viens-tu?'

'Je *suis* content de te voir!'

'Comment es-tu arrivé là?'

'Je *suis* content de te voir!'

À ce stade, le metteur en scène, hurlant depuis la boîte de dialogue, exhorta Henry à s'abstenir. C'est l'un des mystères de l'acoustique des coulisses que le murmure d'un membre mineur de la compagnie puisse être entendu dans toute la maison, tandis que le régisseur peut s'éclater sans déranger le public.

Henry, impressionné par l'autorité, retomba dans le silence. De la scène invisible est venu le son de quelqu'un chantant une chanson sur la lune. Le mois de juin a également été évoqué. Il reconnut que cette chanson l'avait toujours ennuyé. Il n'aimait pas la femme qui la chantait – une Miss Clarice Weaver, qui jouait l'héroïne de la pièce pour le héros de Sidney Crane.

Selon lui, il n'était pas seul. Miss Weaver n'était pas populaire dans l'entreprise. Elle avait obtenu ce rôle plutôt en signe d'estime personnelle de la direction qu'en raison d'une capacité innée. Elle chantait mal, agissait avec indifférence et ne savait pas quoi faire de ses mains. Toutes ces choses auraient pu lui être pardonnées, mais elle les complétait par le crime connu dans les milieux scéniques sous le nom de « jeter tout son poids ». C'est-à-dire qu'elle était difficile à plaire et, lorsqu'elle n'était pas contente, elle avait tendance à le dire sans équivoque. À ses amis personnels, Walter Jelliffe avait souvent confié que, même s'il n'était pas un homme riche, il était sur le marché avec une récompense substantielle pour quiconque était assez homme pour lâcher une tonne de fer sur Miss Weaver.

Ce soir, la chanson agaçait Henry plus que d'habitude, car il savait que très bientôt les jonquilles devaient monter sur scène pour confirmer la vraisemblance de la scène en dansant le tango avec les lapins. Il s'efforçait de profiter au maximum du temps dont il disposait.

'Je *suis* content de te voir!' il a dit.

' Chut !' dit le régisseur.

Henri était découragé. Roméo n'aurait pas pu faire l'amour dans ces conditions. Et puis, au moment où il se ressaisissait pour recommencer, elle fut arrachée à lui par les exigences de la pièce.

Il s'éloigna d'un air maussade dans la pénombre poussiéreuse. Il évitait la boîte à invites, d'où il aurait pu l'apercevoir, répugnant à rencontrer le metteur en scène en ce moment.

Walter Jelliffe s'est approché de lui, alors qu'il était assis sur une boîte et ruminait la vie.

« Un peu moins du double fort, vieil homme, dit-il. « Miss Weaver s'est plaint du bruit sur le côté. Elle voulait que tu sois expulsé, mais j'ai dit que tu étais ma mascotte et que je mourrais plutôt que de me séparer de toi. Mais je devrais quand même y aller doucement avec les notes de poitrine, je pense.

Henry hocha la tête d'un air maussade. Il était déprimé. Il avait le sentiment, si facile à l'intrus dans les coulisses, que personne ne l'aimait.

La pièce a continué. Devant la salle, des éclats de rire indiquaient la présence sur scène de Walter Jelliffe , tandis que de temps en temps un silence léthargique suggérait que Miss Clarice Weaver était en action. De temps en temps, l'espace vide autour de lui se remplissait de filles habillées selon la fantaisie exubérante du producteur de la pièce. Lorsque cela se produisait, Henry sautait de son siège et s'efforçait de localiser Alice ; mais toujours, exactement comme il le pensait, l'orchestre caché éclatait en mélodie et le chœur était appelé au premier plan.

Ce n'est que tard dans le deuxième acte qu'il trouva l'occasion de parler davantage.

L'intrigue de « The Girl From Brighton » avait alors atteint un stade critique. La situation était la suivante : Le héros, déshérité par son père riche et titré pour être tombé amoureux de l'héroïne, une pauvre vendeuse, s'est déguisé (en portant une cravate d'une couleur différente) et s'est lancé à sa poursuite. dans une station balnéaire réputée, où, après s'être déguisée en changeant de robe, elle sert de serveuse dans la Rotonde, sur l'Esplanade. Le majordome de la famille, déguisé en homme de chaise de bain, a suivi le héros, et le père riche et titré, déguisé en chanteur d'opéra italien, est venu sur place pour une raison qui, quoique extrêmement valable, échappe pour le moment. la mémoire. Quoi qu'il en soit, il est là et ils se retrouvent tous sur l'Esplanade. Chacun reconnaît l'autre, mais se croit lui-même méconnu. Tous *sortent* précipitamment, laissant l'héroïne seule sur scène.

C'est une crise dans la vie de l'héroïne. Elle y fait face avec courage. Elle chante une chanson intitulée « My Honolulu Queen », avec un chœur de jeunes filles japonaises et d'officiers bulgares.

Alice était l'une des filles japonaises.

Elle se tenait un peu à l'écart des autres filles japonaises. Henry était sur elle d'un bond. C'était maintenant son heure. Il se sentait excité, plein de paroles persuasives. Dans l'intervalle qui s'était écoulé depuis leur dernière conversation, des émotions leveuses avaient joué le jeu de sa maîtrise de soi. Il est pratiquement impossible pour un novice, soudain introduit dans les coulisses d'une comédie musicale, de ne pas tomber amoureux de quelqu'un ; et s'il est déjà amoureux, sa ferveur s'accroît jusqu'à un point dangereux.

Henry sentait que c'était maintenant ou jamais. Il oubliait qu'il était tout à fait possible – et même raisonnable – d'attendre la fin de la représentation et de renouveler son appel à Alice pour qu'elle l'épouse sur le chemin du retour à son hôtel. Il avait le sentiment qu'il ne lui restait qu'un quart de minute environ. Une action rapide! C'était le slogan d'Henry.

Il lui saisit la main.

"Alice!"

' Chut !' siffla le régisseur.

'Écouter! Je t'aime. Je suis fou de toi. Qu'importe que je sois sur scène ou pas ? Je t'aime.'

« Arrêtez cette dispute là ! »

« Ne veux-tu pas m'épouser ?

Elle le regarda. Il lui sembla qu'elle hésitait.

'Découper!' » beugla le régisseur, et Henry coupa la parole.

Et à ce moment où tout son sort était en jeu, sortit de la scène cette note aiguë dévastatrice qui est le signe que le solo est terminé et que le chœur va maintenant se mobiliser. Comme attirée par une force magnétique, elle s'éloigna brusquement de lui et monta sur scène.

Un homme dans la position et l'état d'esprit d'Henry n'est pas responsable de ses actes. Il ne voyait qu'elle ; il ne se rendait pas compte que d'importantes manœuvres étaient en cours. Tout ce qu'il comprenait, c'était qu'elle s'éloignait de lui et qu'il devait l'arrêter et régler cette affaire.

Il s'agrippa à elle. Elle était hors de portée et s'éloignait à chaque instant.

Il s'élança.

Le conseil qui devrait être donné à tout jeune homme qui débute dans la vie est le suivant : si vous êtes dans les coulisses d'un théâtre, ne vous précipitez jamais. Toute l'architecture du lieu est conçue pour défaire ceux qui s'y précipitent. Des heures auparavant, les menuisiers de scène ont tendu leurs pièges, et dans la pénombre, on ne peut que tomber dedans.

Le piège dans lequel Henry est tombé était une planche surélevée. Ce n'était pas un conseil d'administration très élevé. Ce n'était pas aussi profond qu'un puits, ni aussi large qu'une porte d'église, mais c'était suffisant : il servait. L'écrasant carrément avec son orteil, Henry se précipita en avant, tous bras et toutes jambes.

C'est l'instinct de l'Homme, dans une telle situation, de s'agripper au support le plus proche. Henry s'est emparé de l'Hôtel Superba, la fierté de l'Esplanade. C'était un mince édifice en bois qui le soutenait pendant peut-être un dixième de seconde. Puis il chancela sous les feux de la rampe, trébucha sur un officier bulgare qui se gonflait pour une note grave, et finalement tomba en un tas compliqué, exactement au centre de la scène, comme s'il eût été une star de longue date.

Ça s'est bien passé; il n'en était pas question. Le public précédent avait toujours été plutôt froid envers cette chanson en particulier, mais celle-ci s'est levée et a crié pour en savoir plus. De toute la maison sont venues des demandes enthousiastes pour qu'Henry revienne et recommence.

Mais Henry ne faisait aucun rappel. Il se leva, un peu abasourdi, et commença machinalement à épousseter ses vêtements. L'orchestre, énervé par cette infusion inopinée de nouvelles affaires, avait arrêté de jouer. Les officiers bulgares et les jeunes filles japonaises semblaient inadaptés à la situation. Ils restèrent là, attendant que la prochaine chose se déchaîne. De quelque part au loin retentissait faiblement la voix du metteur en scène inventant de nouveaux mots, de nouvelles combinaisons de mots et de nouveaux bruits de gorge.

Et puis Henry, massant un coude blessé, se rendit compte de Miss Weaver à ses côtés. Levant les yeux, il croisa le regard de Miss Weaver.

Une mise en scène familière du mélodrame dit : « Sortez prudemment à travers une brèche dans la haie ». C'était la première apparition d'Henry sur une scène, mais il l'a fait comme un vétéran.

«Mon cher ami», dit Walter Jelliffe . Il était minuit et il était assis dans la chambre d'Henry à l'hôtel. En sortant du théâtre, Henry s'était couché presque instinctivement. Le lit semblait être le seul refuge pour lui. « Mon cher, ne vous excusez pas. Vous m'avez soumis à des obligations durables. D'abord, grâce à votre sens infaillible de la scène, vous avez repéré l'endroit où la pièce avait besoin d'être animée, et vous l'avez animée. C'était bien; mais il valait bien mieux que vous ayez également plongé notre Miss Weaver dans une violente crise de colère, dont elle est sortie pour remettre son avis. Elle nous quitte demain.

Henry était consterné par l'ampleur du désastre dont il était responsable.

'Que ferez-vous?'

'Faire! Eh bien, c'est ce pour quoi nous avons tous prié : un miracle qui devrait éjecter Miss Weaver. Il fallait un génie comme vous pour y parvenir. La femme de Sidney Crane peut jouer le rôle sans répétition. Elle a tout doublé la saison dernière à Londres. Crane vient de lui parler au téléphone et elle prend le express de nuit.

Henry s'assit sur le lit.

'Quoi!'

« Quel est le problème maintenant ? »

« La femme de Sydney Crane ?

'À propos d'elle?'

Une tristesse s'abattit sur l'âme d'Henry.

«C'était la femme qui m'employait. Maintenant, je vais perdre mon travail et je dois retourner à Londres.

« Vous ne voulez pas dire que c'était vraiment la femme de Crane ?

Jelliffe le regardait avec une sorte de respect.

« Mon garçon , dit-il d'une voix feutrée, tu me fais presque peur. Il semble y avoir aucune limite à vos pouvoirs en tant que mascotte. Tu remplis la maison tous les soirs, tu te débarrasses de la femme Weaver, et maintenant tu me dis ça. J'ai tiré Crane lors du balayage, et j'aurais pris deux pence pour avoir une chance de gagner.

"Je recevrai demain un télégramme de mon patron me rappelant."

'N'y va pas. Reste avec moi. Rejoignez la troupe.

Henry le regarda.

'Que veux-tu dire? Je ne peux ni chanter ni jouer.

de Jelliffe était vibrante de sérieux.

« Mon garçon, je peux descendre le Strand et trouver une centaine de gars capables de chanter et de jouer. Je n'en veux pas. Je les repousse. Mais un septième fils d'un septième fils comme toi, un fer à cheval humain comme toi, un roi de mascottes comme toi, on n'en fabrique plus de nos jours. Ils ont perdu le modèle. Si vous souhaitez venir avec moi, je vous proposerai un contrat pour le nombre d'années que vous suggérerez. J'ai besoin de toi dans mes affaires. Il se leva. « Réfléchissez-y, mon garçon , et prévenez-moi demain. Regardez ici cette photo et celle-là. En tant que détective, vous êtes pauvre. On ne pouvait pas détecter une grosse caisse dans une cabine téléphonique. Vous n'avez pas d'avenir. Vous êtes simplement parmi les personnes présentes. Mais en tant que mascotte, mon garçon, tu es la seule chose en vue. On ne peut s'empêcher de réussir sur scène. Vous n'avez pas besoin de savoir comment agir. Regardez les dizaines de bons acteurs qui sont au chômage. Pourquoi? Malchanceux. Aucune autre raison. Avec votre chance et un peu d'expérience, vous deviendrez une star avant même de savoir que vous avez commencé. Réfléchissez-y et prévenez-moi demain matin.

Devant les yeux d'Henry apparut une vision soudaine d'Alice : Alice n'était plus inaccessible ; Alice marchant sur son bras dans l'allée ; Alice répare ses chaussettes ; Alice de ses mains célestes doigte son enveloppe salariale.

« N'y allez pas, » dit-il. 'N'y va pas. Je vous le ferai savoir maintenant.

La scène est le Strand, à côté de Bedford Street ; le temps, cette heure reposante de l'après-midi où eux, aux visages noueux et aux vêtements clairs, se rassemblent en groupes pour se dire à quel point ils sont bons.

Écoutez ! Une voix.

'Plutôt! Courtneidge et le Guv'nor continuent d'essayer de m'avoir, mais je refuse à chaque fois. "Non", ai-je dit hier à Malone, "pas pour moi ! Je pars avec le vieux Wally Jelliffe , comme d'habitude, et il n'y a pas d'argent à la Monnaie pour m'en sortir." Malone était tout énervé. Il-'

C'est la voix de Pifield Rice, acteur.

EXTRAIRE JEUNE GUSSIE

Elle me l'a lancé avant le petit-déjeuner. Voilà, en sept mots, une esquisse complète du personnage de ma tante Agatha. Je pourrais parler indéfiniment de brutalité et de manque de considération. Je dis simplement qu'elle m'a fait sortir du lit pour écouter son histoire douloureuse quelque part au petit matin. Il ne devait pas être onze heures et demie lorsque Jeeves, mon homme, m'a sorti de mon état de manque de rêves et m'a annoncé la nouvelle :

« Mme Gregson vous verra, monsieur.

Je pensais qu'elle devait marcher dans son sommeil, mais j'ai rampé hors du lit et j'ai enfilé une robe de chambre. Je connaissais assez tante Agathe pour savoir que si elle était venue me voir, elle me verrait. C'est le genre de femme qu'elle est.

Elle était assise bien droite sur une chaise, le regard fixé dans le vide. Quand je suis entrée, elle m'a regardé avec cet air sacrément critique qui me donne toujours l'impression d'avoir de la gélatine là où ma colonne vertébrale devrait être. Tante Agatha fait partie de ces femmes fortes d'esprit. Je devrais penser que la reine Elizabeth devait lui ressembler. Elle dirige son mari, Spencer Gregson, un petit bonhomme battu de la Bourse. Elle dirige ma cousine, Gussie Mannering-Phipps. Elle dirige sa belle-sœur, la mère de Gussie . Et le pire dans tout, c'est qu'elle me dirige. Elle a un œil comme celui d'un poisson mangeur d'hommes, et elle a la persuasion morale jusqu'au bout.

J'ose dire qu'il y a des gens dans le monde – des hommes de sang et de fer, vous ne savez pas, et tout ce genre de choses – qu'elle ne pouvait pas intimider ; mais si vous êtes un fripon comme moi, friand d'une vie tranquille, vous vous roulez simplement en boule quand vous la voyez arriver et vous espérez que tout ira pour le mieux. D'après mon expérience, lorsque tante Agatha veut que vous fassiez quelque chose, vous le faites, ou bien vous vous demandez pourquoi ces gars d'autrefois faisaient tant d'histoires alors qu'ils avaient des problèmes avec l'Inquisition espagnole.

« Salut , tante Agatha ! » J'ai dit

« Bertie, dit-elle, tu es superbe. Vous avez l'air parfaitement dissipé.

J'avais l'impression d'être un paquet de papier kraft mal emballé. Je ne suis jamais au meilleur de ma forme tôt le matin. Je l'ai dit.

'Tôt le matin! J'ai pris mon petit-déjeuner il y a trois heures et depuis, je me promène dans le parc pour essayer de rassembler mes pensées.

Si jamais je déjeunais à huit heures et demie , je marcherais sur le quai, essayant de finir tout cela dans une tombe aqueuse.

« Je suis extrêmement inquiète, Bertie. C'est pourquoi je suis venu vers vous.

Et puis j'ai vu qu'elle allait commencer quelque chose, et j'ai bêlé faiblement pour que Jeeves m'apporte du thé. Mais elle avait commencé avant que je puisse l'obtenir.

« Quels sont vos projets immédiats, Bertie ?

« Eh bien, j'ai plutôt pensé à sortir en chancelant pour déjeuner un morceau plus tard, puis éventuellement à me rendre au club en titubant, et après cela, si je me sentais assez fort, je pourrais me rendre à Walton Heath pour une partie de golf. »

vacillements et vos ruissellements ne m'intéressent pas . Je veux dire, avez-vous des engagements importants dans la semaine prochaine ?

J'ai flairé le danger.

« Plutôt, dis-je. « Des tas ! Des millions! Réservé solide ! »

'Quels sont-ils?'

« Je… euh… eh bien, je ne sais pas vraiment.

'C'est ce que je pensais. Vous n'avez aucun engagement. Très bien, alors, je veux que vous partiez immédiatement pour l'Amérique.

'Amérique!'

Il ne faut pas perdre de vue que tout cela se passait le ventre vide, peu après le lever de l'alouette.

« Oui, l'Amérique. Je suppose que vous aussi avez entendu parler de l'Amérique ?

« Mais pourquoi l'Amérique ?

"Parce que c'est là que ton cousin Gussie l'est. Il est à New York et je ne peux pas l'atteindre.

« Que fait Gussie ?

« Gussie se rend complètement idiot. »

Pour celui qui connaissait le jeune Gussie aussi bien que moi, ces mots ouvraient un large champ de spéculation.

« De quelle manière ? »

"Il a perdu la tête à cause d'une créature."

Sur les performances passées, cela sonnait vrai. Depuis qu'il était arrivé au domaine des hommes, Gussie perdait la tête face aux créatures. C'est ce genre de type. Mais comme les créatures ne semblaient jamais perdre la tête à cause de lui, cela n'avait jamais donné grand-chose.

« J'imagine que tu sais parfaitement pourquoi Gussie est allé en Amérique, Bertie. Vous savez à quel point votre oncle Cuthbert était extravagant.

Elle a fait allusion au gouverneur de Gussie , le défunt chef de famille, et je dois dire qu'elle a dit la vérité. Personne n'aimait plus que moi le vieil oncle Cuthbert, mais tout le monde sait que, lorsqu'il s'agissait d'argent, il était l'idiot le plus complet des annales de la nation. Il avait une soif coûteuse. Il n'a jamais soutenu un cheval qui n'avait pas eu un genou de servante au milieu de la course. Il avait un système pour battre la banque à Monte-Carlo qui obligeait l'administration à déployer des banderoles et à faire sonner les clochettes lorsqu'il était aperçu à l'horizon. Prenez-le pour tout compte fait, le cher vieil oncle Cuthbert était un dépensier aussi disposé que jamais, traitant l'avocat de la famille de vampire suceur de sang parce qu'il ne laissait pas oncle Cuthbert couper du bois pour en élever mille autres.

« Il a laissé à votre tante Julia très peu d'argent pour une femme dans sa situation. Beechwood nécessite beaucoup d'entretien, et le pauvre cher Spencer, bien qu'il fasse de son mieux pour l'aider, n'a pas de ressources illimitées. On comprenait clairement pourquoi Gussie était allé en Amérique. Il n'est pas intelligent, mais il est très beau, et, bien qu'il n'ait aucun titre, les Mannering- Phipps sont une des meilleures et des plus anciennes familles d'Angleterre. Il avait d'excellentes lettres de présentation, et lorsqu'il écrivit à sa maison pour me dire qu'il avait rencontré la plus charmante et la plus belle fille du monde, je me sentis très heureux. Il a continué à s'extasier sur elle pendant plusieurs courriers, et puis ce matin une lettre est arrivée de lui dans laquelle il dit, tout à fait négligemment, après coup, qu'il sait que nous sommes assez larges d'esprit pour ne pas avoir une mauvaise opinion d'elle parce qu'elle est sur la scène du vaudeville.

"Oh, je dis!"

«C'était comme un coup de foudre. Il semble que le nom de la fille soit Ray Denison et, selon Gussie , elle fait quelque chose qu'il décrit comme un single à grande échelle. Ce que peut être cette performance dégradée, je n'en ai pas la moindre idée. Comme recommandation supplémentaire, il déclare qu'elle les a fait sortir de leur siège chez Mosenstein la semaine dernière. Qui elle peut être, et comment ou pourquoi, et qui ou quoi M. Mosenstein l'est peut-être, je ne peux pas vous le dire.

« Par Dieu , dis-je, c'est comme une sorte de machin-bob, n'est-ce pas ?
Une sorte de destin, quoi ?

« Je ne vous comprends pas.

« Eh bien, tante Julia, tu sais, tu ne sais pas ? L'hérédité, etc. Ce qui est né
dans les os ressortira dans le lavage, et tout ce genre de choses, vous savez.

« Ne sois pas absurde, Bertie.

Tout cela était très bien, mais c'était une coïncidence pour autant.
Personne n'en parle jamais et la famille essaie de l'oublier depuis vingt-cinq
ans, mais c'est un fait connu que ma tante Julia, la mère de Gussie , était
autrefois une artiste de vaudeville, et une très bonne aussi, je suis dit. Elle
jouait à la pantomime à Drury Lane quand oncle Cuthbert la vit pour la
première fois. C'était bien avant mon époque, bien sûr, et bien avant que je
sois en âge de m'en rendre compte, la famille en avait tiré le meilleur parti, et
tante Agatha avait remonté ses chaussettes et fait beaucoup de travail
éducatif, et avec un microscope, vous Je ne pouvais pas distinguer tante Julia
d'un véritable aristocrate invétéré. Les femmes s'adaptent si vite !

J'ai une amie qui a épousé Daisy Trimble de la Gaiety, et quand je la
rencontre maintenant, j'ai envie de sortir d'elle à reculons. Mais la chose était
là, et on ne pouvait pas y échapper. Gussie avait du sang de vaudeville en lui,
et on aurait dit qu'il revenait au type, ou peu importe comment on l'appelle.

« Par Jupiter », dis-je, car je m'intéresse à ces histoires d'hérédité, « peut-
être que cela va être une tradition familiale régulière, comme on en parle dans
les livres – une sorte de malédiction des manières Phippses , pour ainsi dire.
. Peut-être que chaque chef de famille va se marier pour toujours dans le
vaudeville. À la génération comment l'appelez-vous, vous ne savez pas ?

« S'il vous plaît, ne soyez pas complètement idiot, Bertie. Il y a un chef de
famille qui ne le fera certainement pas, c'est Gussie . Et vous allez en
Amérique pour l'arrêter.

« Oui, mais pourquoi moi ?

'Pourquoi toi? Vous êtes trop ennuyeux, Bertie. N'avez-vous aucun
sentiment pour la famille ? Vous êtes trop paresseux pour essayer de faire
honneur à vous-même, mais au moins vous pouvez vous efforcer d'empêcher
Gussie de nous déshonorer. Tu vas en Amérique parce que tu es le cousin de
Gussie , parce que tu as toujours été son ami le plus proche, parce que tu es
le seul de la famille qui n'a absolument rien pour occuper son temps à part le
golf et les boîtes de nuit.

«Je joue beaucoup aux enchères .»

« Et comme tu dis, des jeux de hasard idiots dans des repaires bas. Si vous avez besoin d'une autre raison, vous y allez parce que je vous le demande par faveur personnelle .

Ce qu'elle voulait dire, c'est que si je refusais, elle déploierait tout son génie naturel pour faire de ma vie un Hadès. Elle me tenait de son œil brillant. Je n'ai jamais rencontré quelqu'un qui puisse donner une meilleure imitation de l'Ancien Marin.

« Alors tu vas commencer tout de suite, n'est-ce pas, Bertie ?

Je n'ai pas hésité.

'Plutôt!' J'ai dit . ' Bien sur'

Jeeves est entré avec le thé.

« Jeeves, dis-je, nous partons pour l'Amérique samedi. »

« Très bien, monsieur, dit-il ; 'quel costume vas-tu porter ?'

New York est une grande ville idéalement située aux confins de l'Amérique, de sorte que vous y descendez du paquebot sans effort. Vous ne pouvez pas vous perdre. Vous sortez d'une grange et descendez quelques escaliers, et vous voilà au milieu de celle-ci. La seule objection possible que tout type raisonnable pourrait trouver à cet endroit est qu'il vous y laisse tomber du bateau à une heure aussi impie.

J'ai quitté Jeeves pour récupérer mes bagages en toute sécurité devant un groupe de pirates à l'esprit méfiant qui cherchaient des trésors enfouis parmi mes nouvelles chemises, et je me suis rendu à l' hôtel de Gussie , où j'ai demandé à l'équipe d'employés courtois derrière le bureau de le présenter.

C'est là que j'ai eu mon premier choc. Il n'était pas là. Je les ai suppliés de réfléchir à nouveau, et ils ont réfléchi à nouveau, mais cela n'a servi à rien. Pas d'Augustus Mannering-Phipps sur place.

J'avoue que j'ai été durement touché. Là, j'étais seul dans une ville étrange et aucun signe de Gussie . Quelle a été la prochaine étape ? Je ne suis jamais l'un des maîtres d'esprit du petit matin ; le vieux haricot ne semble pas reprendre son rythme avant assez tard dans l'après-midi, et je ne savais pas quoi faire. Cependant, un instinct m'a fait franchir une porte au fond du hall, et je me suis retrouvé dans une grande pièce avec un énorme tableau s'étendant sur tout un mur, et sous le tableau un comptoir, et derrière le comptoir divers chappies dans blanc, servant des boissons. Vous ne savez pas qu'ils ont des barmen à New York, pas des barmaids. Idée rhum !

Je me remets sans réserve entre les mains d'un des chappies blancs . C'était une âme amicale et je lui ai raconté toute la situation. Je lui ai demandé ce qui, selon lui, pourrait répondre à l'affaire.

Il a déclaré que dans une situation de ce genre, il prescrivait généralement un « siffleur éclair », une invention qui lui était propre. Il a dit que c'était sur cela que les lapins s'entraînaient lorsqu'ils étaient confrontés à des grizzlis, et qu'il n'y avait qu'un seul cas enregistré où l'ours avait tenu trois rounds. Alors j'en ai essayé quelques-uns, et, par Jupiter ! l'homme avait parfaitement raison. Alors que je vidais le deuxième, un grand fardeau semblait tomber de mon cœur et je sortis d'une manière assez forte pour jeter un coup d'œil à la ville.

J'ai été surpris de trouver les rues bien remplies. Les gens s'affairaient comme si c'était une heure raisonnable et non l'aube grise. Dans les tramways, ils se tenaient absolument sur le cou. Je vais au travail ou quelque chose comme ça, je suppose. Merveilleux Johnny !

Le plus étrange, c'est qu'après le premier choc provoqué par toute cette énergie effrayante, la chose ne semblait plus si étrange. Depuis, j'ai parlé à des gens qui sont allés à New York, et ils m'ont dit qu'ils l'avaient trouvé quand même. Apparemment, il y a quelque chose dans l'air, soit de l'ozone, soit des phosphates, ou quelque chose comme ça, qui vous fait vous asseoir et y prêter attention. Une sorte de zip, pour ainsi dire. Une sorte de liberté folle, si vous voyez ce que je veux dire, qui vous coule dans le sang et vous remonte le moral, et vous fait ressentir que...

Dieu est dans son ciel :

Tout va bien dans le monde,

et ça ne vous dérange pas si vous portez des chaussettes bizarres. Je ne peux pas l'exprimer mieux qu'en disant que la pensée qui me venait à l'esprit, alors que je me promenais dans cet endroit qu'on appelle Times Square, était qu'il y avait trois mille milles d'eau profonde entre moi et ma tante Agatha.

C'est drôle de chercher des choses. Si vous cherchez une aiguille dans une botte de foin , vous ne la trouvez pas. Si vous vous en fichez de savoir si vous voyez ou non l'aiguille, elle vous heurte la première fois que vous vous appuyez contre la pile. Au moment où je me promenais de long en large une ou deux fois, visitant les sites touristiques et laissant le correctif du Chappie blanc imprégner mon organisme, je sentais que je m'en ficherais si Gussie et moi ne nous revoyions plus jamais, et je suis déçu si je Je n'ai pas soudainement aperçu le vieux garçon, aussi grand que nature, qui se dirigeait vers une porte dans la rue.

Je l'ai appelé, mais il ne m'a pas entendu, alors je me suis lancé à sa poursuite et je l'ai surpris en train d'entrer dans un bureau au premier étage. Le nom inscrit sur la porte était Abe Riesbitter , agent du Vaudeville, et de l'autre côté de la porte, de nombreuses voix retentissaient.

Il s'est retourné et m'a regardé.

« Bertie ! Que diable fais-tu ? D'où viens-tu ? Quand es-tu arrivé?'

« Atterri ce matin. Je suis allé à ton hôtel, mais ils ont dit que tu n'étais pas là. Ils n'avaient jamais entendu parler de vous.

«J'ai changé de nom. Je m'appelle George Wilson.

'Pourquoi diable?'

« Eh bien, essayez de vous appeler Augustus Mannering-Phipps ici, et voyez comment cela vous frappe. Tu sens un cul parfait. Je ne sais pas ce qu'il en est de l'Amérique, mais le fait général est que ce n'est pas un endroit où l'on peut s'appeler Augustus Mannering-Phipps. Et il y a une autre raison. Je te dirai plus tard. Bertie, je suis tombé amoureux de la fille la plus chère du monde.

Le pauvre vieux cinglé me regardait avec un tel regard de chat, la bouche ouverte, attendant qu'on le félicite, que je n'ai tout simplement pas eu le cœur de lui dire que je savais déjà tout cela et que j'étais venu. au pays dans le but exprès de lui poser une impasse.

Alors je l'ai félicité.

« Merci beaucoup, vieil homme, dit-il. « C'est un peu prématuré, mais je pense que tout ira bien. Venez ici, je vous en parlerai.

« Que veux-tu dans cet endroit ? Ça ressemble à un endroit pour rami.

« Oh, cela fait partie de l'histoire. Je vais tout vous raconter.

Nous avons ouvert la porte marquée « Salle d'attente ». Je n'ai jamais vu un endroit aussi fréquenté de ma vie. La salle était pleine à craquer jusqu'à ce que les murs se gonflent.

Gussie .

« Des pros, dit-il, des artistes de music-hall, vous savez, qui attendent de voir le vieil Abe Riesbitter .» Nous sommes le premier septembre, jour d'ouverture du vaudeville. Le début de l'automne, dit Gussie , qui est un peu poète à sa manière, est le printemps du vaudeville. Dans tout le pays, au déclin du mois d'août, les comédiennes étincelantes fleurissent, la sève s'agite dans les veines des cyclistes vagabonds, et les contorsionnistes de l'année dernière, réveillés de leur sommeil d'été, se nouent timidement. Ce que je veux dire, c'est que c'est le début de la nouvelle saison et que tout le monde est à la recherche de réservations.

« Mais que veux-tu ici ? »

"Oh, je dois juste voir Abe à propos de quelque chose. Si vous voyez un gros homme avec environ cinquante-sept mentons sortir par cette porte, attrapez-le, car ce sera Abe. Il fait partie de ces gars qui annoncent chaque avancement qu'ils font dans le monde en faisant pousser un autre menton. On m'a dit que dans les années 90, il n'en avait que deux. Si vous attrapez Abe, rappelez-vous qu'il me connaît sous le nom de George Wilson.

"Vous avez dit que vous alliez m'expliquer cette affaire de George Wilson, Gussie , vieil homme."

"Eh bien, c'est par là..."

À ce moment-là, le cher vieux Gussie s'interrompit, se leva de son siège et se jeta avec une vivacité indescriptible sur un type extraordinairement gros qui était soudainement apparu. Il y eut une sacrée ruée pour lui, mais Gussie avait pris un bon départ, et le reste des chanteurs, danseurs, jongleurs, acrobates et équipes de dessinateurs raffinés semblaient reconnaître qu'il avait gagné le tour, car ils refluèrent. retournâmes à leur place, et Gussie et moi entrâmes dans la pièce intérieure.

M Riesbitter alluma un cigare et nous regarda solennellement par-dessus sa zareba de menton.

"Maintenant, laisse-moi te dire quelque chose", dit-il à Gussie . 'Tu m'aimes .'

Gussie témoigna une attention respectueuse. M Riesbitter réfléchit un instant et bombarda le crachoir d'un tir indirect par-dessus le bord du bureau.

« Lizzun m'appelle, » répéta-t-il. « Je vous ai vue répéter, comme je l'avais promis à Miss Denison. Tu n'es pas mal pour un amateur. Tu as beaucoup à apprendre, mais c'est en toi. En fin de compte, je peux vous soigner quatre par jour, si vous en prenez trente-cinq par jour. Je ne peux pas faire mieux que ça, et je ne l'aurais pas fait si la petite dame ne m'avait pas suivi . À prendre ou a laisser. Que dites-vous?'

«Je vais le prendre», dit Gussie d'une voix rauque. 'Merci.'

Dans le couloir, Gussie gargouillait de joie et me frappait dans le dos. « Bertie, mon vieux, tout va bien. Je suis l'homme le plus heureux de New York.

'Maintenant quoi?'

« Eh bien, voyez-vous, comme je vous le disais quand Abe est arrivé, le père de Ray exerçait ce métier. Il était avant notre époque, mais je me souviens avoir entendu parler de lui : Joe Danby. Il était bien connu à Londres avant de venir en Amérique. Eh bien, c'est un bon vieux garçon, mais aussi obstiné qu'une mule, et il n'aimait pas l'idée que Ray m'épouse parce que je n'étais pas dans le métier. Je n'en entendrais pas parler. Eh bien, vous vous souvenez qu'à Oxford, je pouvais toujours assez bien chanter une chanson ; alors Ray a contacté le vieux Riesbitter et lui a fait promettre de venir m'entendre répéter et de me trouver des réservations s'il aimait mon travail. Elle se tient debout à ses côtés. Elle m'a coaché pendant des semaines, la chérie. Et maintenant, comme vous l'avez entendu dire, il m'a engagé en peu de temps à trente-cinq dollars par semaine.

Je me suis appuyé contre le mur. Les effets des réparateurs fournis par mon copain au bar de l'hôtel commençaient à se faire sentir et je me sentais un peu faible. A travers une sorte de brouillard , il me semblait avoir la vision de tante Agatha apprenant que le chef des Mannering- Phipps allait apparaître sur la scène du vaudeville. Le culte que tante Agatha voue au nom de famille s'apparente à une obsession. Les Mannering- Phippses étaient un clan très ancien lorsque Guillaume le Conquérant était un petit garçon se promenant jambes nues et muni d'une catapulte. Pendant des siècles, ils ont appelé les rois par leur prénom et ont aidé les ducs à payer leur loyer hebdomadaire ; et il n'y a pratiquement rien qu'un Mannering-Phipps puisse faire qui n'efface pas son écusson. Alors, ce que tante Agatha dirait — en plus de dire que tout était de ma faute — lorsqu'elle apprenait l'horrible nouvelle, cela me dépassait.

«Reviens à l'hôtel, Gussie », dis-je. « Il y a là un sportif qui mélange des choses qu'il appelle des « siffleurs de foudre ». Quelque chose me dit que j'en ai besoin maintenant. Et excusez-moi une minute, Gussie . Je veux envoyer un câble.

Il était désormais clair pour moi que tante Agatha n'avait pas choisi la bonne personne pour arracher Gussie aux griffes de la profession de vaudeville américaine. Ce dont j'avais besoin, c'était de renforts. Un instant, j'ai pensé à télégraphier à Tante Agathe pour qu'elle vienne chez moi, mais la raison m'a dit que ce serait exagérer. Je voulais de l'aide, mais pas si mal que ça. J'ai touché ce qui me semblait être le juste milieu. J'ai télégraphié à la mère de Gussie et j'ai rendu la chose urgente.

« De quoi parliez-vous ? » demanda Gussie plus tard.

" Oh, juste pour dire que j'étais arrivé sain et sauf, et tout ce genre de conneries", répondis-je.

Gussie a débuté sa carrière de vaudeville le lundi suivant dans une sorte d'endroit de rami du centre-ville où ils avaient de temps en temps des films et, entre les deux, un ou deux numéros de vaudeville. Il lui avait fallu beaucoup de soins pour le mettre à niveau. Il semblait prendre ma sympathie et mon aide pour acquises, et je ne pouvais pas le décevoir. Mon seul espoir, qui grandissait à mesure que je l'écoutais répéter, était qu'il serait si affreux à sa première apparition qu'il n'oserait plus jamais jouer ; et comme cela annulerait automatiquement le mariage, il me paraissait préférable de laisser l'affaire continuer.

Il ne prenait aucun risque. Le samedi et le dimanche , nous vivions pratiquement dans une petite salle de musique bestiale dans les bureaux des éditeurs dont il proposait d'utiliser les chansons. Un petit bonhomme au nez crochu suçait une cigarette et jouait du piano toute la journée. Rien ne pouvait fatiguer ce garçon. Il semblait s'intéresser personnellement à la chose.

Gussie se tranchait la gorge et commençait :

"Il y a un grand tchou-tchou qui attend au deepo ."

LE CHAPPIE (jouant des accords) : « Est-ce vrai ? Qu'est-ce qu'il attend ?

GUSSIE (plutôt secoué par l'interruption) : 'Je m'attends.'

LA CHAPPIE (surprise) : Pour vous ?'

GUSSIE (collant): 'Je m'attends-e- ee !'

LE CHAPPIE (sceptique) : 'Tu ne dis pas !'

GUSSIE : « Car je pars pour le Tennessee. »

THE CHAPPIE (concédant un point) : "Maintenant, j'habite à Yonkers."

Il a fait ça tout au long de la chanson. Au début, le pauvre vieux Gussie lui a demandé d'arrêter, mais le type a répondu : Non , c'était toujours fait. Cela a aidé à donner du peps à la chose. Il m'a demandé si la chose ne voulait pas un peu de peps, et j'ai répondu qu'elle voulait tout le peps possible. Et le gars a dit à Gussie : " Et voilà ! " Donc Gussie a dû le supporter.

L'autre chanson qu'il avait l'intention de chanter était une de ces chansons lunaires. Il m'a dit à voix basse qu'il l'utilisait parce que c'était l'une des chansons que la fille Ray chantait en les soulevant de leur siège chez Mosenstein et ailleurs. Ce fait semblait lui donner des associations sacrées.

Vous me croirez à peine, mais la direction s'attendait à ce que Gussie apparaisse et commence à jouer à une heure de l'après-midi. Je lui ai dit qu'ils ne pouvaient pas être sérieux, car ils devaient savoir qu'il sortirait pour un petit déjeuner à cette heure-là, mais Gussie a dit que c'était la chose habituelle dans les quatre par jour, et il ne l'a pas fait. supposons qu'il puisse à nouveau déjeuner jusqu'à ce qu'il atterrisse sur le grand moment. J'étais juste en train de lui présenter mes condoléances, quand j'ai découvert qu'il prenait pour acquis que je devrais être là aussi à une heure. Mon idée avait été que je devrais venir la nuit, quand – s'il survivait – il reviendrait pour la quatrième fois ; mais je n'ai jamais abandonné un ami en détresse, alors j'ai dit au revoir au petit déjeuner que j'avais prévu dans une taverne plutôt décente que j'avais découverte sur la Cinquième Avenue et j'ai continué. Ils montraient des photos lorsque j'atteignis mon siège. C'était un de ces westerns, où le cow-boy saute sur son cheval et traverse la campagne à cent cinquante milles à l'heure pour échapper au shérif, sans le savoir, pauvre con ! qu'il pourrait tout aussi bien rester où il est, le shérif ayant lui-même un cheval qui peut faire trois cents milles à l'heure sans tousser. J'allais juste fermer les yeux et essayer d'oublier jusqu'à ce qu'ils affichent le nom de Gussie quand j'ai découvert que j'étais assise à côté d'une fille diablement jolie.

Non, laissez-moi être honnête. Quand je suis entré, j'avais vu qu'il y avait une fille vraiment jolie assise sur ce siège en particulier, alors j'avais pris le suivant. Ce qui s'est passé maintenant, c'est que j'ai commencé, pour ainsi dire, à la boire. J'aurais aimé qu'ils allument les lumières pour que je puisse mieux la voir. Elle était plutôt petite, avec de grands yeux et un sourire éclatant. C'était dommage de laisser tout cela germer, pour ainsi dire, dans la pénombre.

Soudain, les lumières se sont rallumées et l'orchestre a commencé à jouer un air qui, même si je n'ai pas beaucoup d'oreille musicale, me semblait familier. L'instant d'après, le vieux Gussie sortit des coulisses, vêtu d'une redingote violette et d'un haut-de-forme marron, sourit faiblement au public, trébucha sur ses pieds, rougit et commença à chanter la chanson du Tennessee.

C'était pourri. Le pauvre cinglé avait tellement le trac que sa voix en était pratiquement arrachée. On aurait dit un écho lointain du passé « jodlant » à travers une couverture de laine .

Pour la première fois depuis que j'avais entendu dire qu'il s'apprêtait à se lancer dans le vaudeville, je sentis un faible espoir m'envahir. J'étais bien sûr désolé pour ce misérable, mais il était indéniable que la chose avait son bon côté. Aucune direction au monde ne continuerait à payer trente-cinq dollars par semaine pour ce genre de prestation. Cela allait être le premier et le seul de Gussie . Il devrait quitter la profession. Le vieux garçon disait : « Lâche ma fille ». Et, avec un peu de chance, je me suis vu conduire Gussie sur le prochain paquebot à destination de l'Angleterre et le remettre intact à tante Agatha.

Il a fini la chanson d'une manière ou d'une autre et a boité au milieu des rugissements de silence du public. Il y eut un bref répit, puis il ressortit.

Il a chanté cette fois comme si personne ne l'aimait. En tant que chanson, ce n'était pas une chanson très pathétique, parlant uniquement de coons en train de se coucher en juin sous la lune, etc., mais Gussie l'a traité d'une manière si triste et écrasée qu'il y avait une véritable angoisse dans chaque ligne. Au moment où il atteignit le refrain, j'étais presque en larmes. Cela semblait être un monde tellement pourri avec tout ce genre de choses qui s'y passait.

Il commença le refrain, et alors la chose la plus effrayante arriva. La fille à côté de moi s'est levée, a renversé la tête en arrière et a commencé à chanter elle aussi. Je dis « aussi », mais ce n'était pas vraiment trop, car sa première note a arrêté Gussie net, comme s'il avait été frappé à coups de hache.

Je ne me suis jamais senti aussi visible de ma vie. Je me suis recroquevillé sur mon siège et j'aurais aimé pouvoir relever mon col. Tout le monde semblait me regarder.

Au milieu de mon agonie , j'ai aperçu Gussie . Un changement complet s'était produit chez le vieux garçon. Il avait l'air terriblement renversé. Je dois dire que la fille chantait terriblement bien, et cela semblait agir sur Gussie comme un tonique. Quand elle arriva à la fin du refrain, il le reprit, et ils le chantèrent ensemble, et à la fin, il s'éloigna du héros populaire. Le public a crié pour en savoir plus et n'a été calmé que lorsqu'il a éteint les lumières et a projeté un film.

Une fois rétabli, je me suis retourné pour voir Gussie . Je l'ai trouvé assis sur une caisse derrière la scène, ressemblant à quelqu'un qui avait eu des visions.

« N'est-elle pas une merveille, Bertie ? dit-il avec dévotion. «Je ne pensais pas qu'elle serait là. Elle joue à l'Auditorium cette semaine, et elle a tout juste eu le temps de se remettre à sa *matinée* . Elle a risqué d'être en retard, juste pour venir m'accompagner. C'est mon bon ange, Bertie. Elle m'a sauvé. Si elle ne m'avait pas aidé, je ne sais pas ce qui serait arrivé. J'étais tellement nerveux que je ne savais pas ce que je faisais. Maintenant que j'ai terminé le premier spectacle , tout ira bien.

J'étais content d'avoir envoyé ce câble à sa mère. J'allais avoir besoin d'elle. La chose m'avait dépassé.

Au cours de la semaine suivante, j'ai vu beaucoup de vieux Gussie et j'ai été présenté à la jeune fille. J'ai aussi rencontré son père, un vieux garçon formidable, aux sourcils rapides et à l'air déterminé. Le mercredi suivant, tante Julia arriva. Mme Mannering-Phipps, ma tante Julia, est, je pense, la personne la plus digne que je connaisse. Elle n'a pas le punch de tante Agatha, mais d'une manière discrète, elle a toujours réussi à me faire sentir, depuis mon enfance, que j'étais un pauvre ver. Non pas qu'elle me harcèle comme tante Agatha. La différence entre les deux est que tante Agatha donne l'impression qu'elle me considère personnellement responsable de tous les péchés et de tous les chagrins du monde, tandis que les manières de tante Julia semblent suggérer que je suis plus à plaindre qu'à censurer.

S'il ne s'agissait pas d'un fait historique, j'aurais tendance à croire que tante Julia n'était jamais montée sur la scène du vaudeville. Elle est comme une duchesse de scène.

Elle me semble toujours sur le point de demander au majordome d'ordonner au premier valet de pied de servir le déjeuner dans la salle bleue qui donne sur la terrasse ouest. Elle respire la dignité. Pourtant, il y a vingt-cinq ans, d'après ce que m'ont raconté des vieux garçons qui étaient des garçons de la ville à l'époque, elle les frappait au Tivoli dans un double acte intitulé "Fun in a Tea-Shop", dans lequel elle portait des collants et chantait une chanson avec un refrain qui commençait par « Rumpty - tiddley -umpty-ay ».

Il y a certaines choses qu'un esprit de type refuse absolument d'imaginer, et tante Julia chantant « Rumpty - tiddley -umpty-ay » en fait partie.

Elle est allée droit au but cinq minutes après notre rencontre.

« Qu'est-ce que c'est à propos de Gussie ? Pourquoi m'as-tu télégraphié, Bertie ?

« C'est une histoire assez longue, dis-je, et compliquée. Si cela ne vous dérange pas, je vous laisse l'avoir dans une série de films. Supposons que nous regardions l'Auditorium pendant quelques minutes.

La jeune fille, Ray, avait été réembauchée pour une deuxième semaine à l'Auditorium, en raison du grand succès de sa première semaine. Son numéro se composait de trois chansons. Elle s'est bien comportée en matière de costumes et de décors. Elle avait une voix déchirante. Elle était terriblement jolie ; et dans l'ensemble, l'acte était, d'une manière générale, une reine.

Tante Julia n'a pas parlé jusqu'à ce que nous soyons à notre place. Puis elle poussa une sorte de soupir.

« Cela fait vingt-cinq ans que je n'étais pas dans un music-hall !

Elle n'en dit pas plus, mais resta assise là, les yeux rivés sur la scène.

Après environ une demi-heure, les gars qui s'occupaient du système de fiches sur le côté de la scène ont annoncé le nom de Ray Denison, et il y a eu de nombreux applaudissements.

«Regardez ce numéro, tante Julia», dis-je.

Elle ne semblait pas m'entendre.

'Vingt cinq ans! Qu'as-tu dit, Bertie ?

"Regardez cet acte et dites-moi ce que vous en pensez."

'Qui est-ce? Rayon. Oh!'

«Pièce à conviction A», dis-je. « La fille avec qui Gussie est fiancée. »

La jeune fille a fait son acte et la maison s'est levée contre elle. Ils ne voulaient pas la laisser partir. Elle devait revenir encore et encore. Lorsqu'elle eut finalement disparu, je me tournai vers tante Julia.

'Bien?' J'ai dit .

«J'aime son travail. C'est une artiste.

« Nous allons maintenant, si cela ne vous dérange pas, nous diriger vers le centre-ville. »

Et nous avons pris le métro jusqu'à l'endroit où Gussie , le film humain, gagnait ses trente-cinq dollars. Par chance, nous n'étions pas sur place depuis dix minutes lorsqu'il est sorti.

«Pièce B», dis-je. ' Gussie .'

Je ne sais pas vraiment ce que j'attendais d'elle, mais je ne m'attendais certainement pas à ce qu'elle reste assise là sans un mot. Elle ne bougea pas d'un muscle, mais se contenta de regarder Gussie qui bavait sur la lune. J'étais désolé pour cette femme, car cela a dû être un choc pour elle de voir son fils unique vêtu d'une redingote mauve et d'un haut-de-forme marron, mais j'ai pensé qu'il valait mieux la laisser maîtriser les subtilités de l'histoire. situation le plus rapidement possible. Si j'avais essayé d'expliquer l'affaire sans l'aide d' illustrations , j'aurais parlé toute la journée et je l'aurais laissée perplexe quant à savoir qui allait épouser qui et pourquoi.

J'ai été étonné de l'amélioration du cher vieux Gussie . Il avait retrouvé sa voix et s'en sortait bien. Cela m'a rappelé la nuit à Oxford où, alors âgé de dix-huit ans, il chantait « Let's All Go Down the Strand » après un souper difficile, debout jusqu'aux genoux dans la fontaine du collège. Il mettait exactement la même touche à la chose maintenant.

Quand il fut parti, tante Julia resta longtemps restée parfaitement immobile, puis elle se tourna vers moi. Ses yeux brillaient étrangement.

« Qu'est-ce que cela signifie, Bertie ?

Elle parlait assez doucement, mais sa voix tremblait un peu.

« Gussie s'est lancé dans cette affaire, dis-je, parce que le père de la jeune fille ne le laissait pas l'épouser à moins qu'il ne le fasse. Si vous vous en sentez capable, cela ne vous dérangerait peut-être pas de vous rendre à la Cent trente-troisième rue et de discuter avec lui. C'est un vieux garçon avec des sourcils, et il est la pièce C sur ma liste. Quand je vous ai mis en relation avec lui, j'ai plutôt l'impression que ma part de l'affaire est terminée, et c'est à vous de décider.

Les Danby vivaient dans un de ces grands appartements du centre-ville qui semblent coûter la terre et qui coûtent en réalité environ la moitié du prix d'une chambre dans les années quarante. On nous fit entrer dans le salon et bientôt le vieux Danby entra.

«Bonjour, M. Danby», ai-je commencé.

J'en étais là lorsqu'il y eut une sorte de cri haletant dans mon coude.

«Joe!» s'écria tante Julia en chancelant contre le canapé.

Pendant un instant, le vieux Danby la regarda fixement, puis sa bouche s'ouvrit et ses sourcils se dressèrent comme des fusées.

«Julie!»

Et puis ils s'étaient pris la main et se secouaient jusqu'à ce que je me demande si leurs bras ne s'étaient pas dévissés.

Je ne suis pas capable de faire ce genre de choses dans des délais aussi brefs. Le changement chez tante Julia m'a donné le vertige. Elle avait complètement perdu son air de *grande dame* , rougissait et souriait. Je n'aime pas dire de telles choses d'une de mes tantes, sinon j'irais plus loin et je consignerais qu'elle riait. Et le vieux Danby, qui ressemblait habituellement à un croisement entre un empereur romain et un Napoléon Bonaparte de mauvaise humeur, se comportait comme un petit garçon.

«Joe!»

«Julie!»

« Cher vieux Joe ! Envie de vous revoir !'

« D'où viens-tu, Julie ?

Eh bien, je ne savais pas de quoi il s'agissait, mais je me sentais un peu déconnecté. Je suis intervenu :

« Tante Julia veut avoir une conversation avec vous, M. Danby.

"Je t'ai connu en une seconde, Joe!"

« Cela fait vingt-cinq ans que je ne t'ai pas vu, gamin, et tu n'as pas l'air d'un jour de plus.

« Ah, Joe ! Je suis une vieille femme !

« Qu'est-ce que tu fais ici ? Je suppose (la gaieté du vieux Danby faiblit un peu) je suppose que votre mari est avec vous ?

« Mon mari est mort il y a très, très longtemps, Joe.

Le vieux Danby secoua la tête.

« Vous n'auriez jamais dû vous marier en dehors de votre profession, Julie. Je ne dis pas un mot contre le défunt – je ne me souviens plus de son nom ; je n'aurais jamais pu le faire, mais vous n'auriez pas dû le faire, un artiste comme vous. Dois-je un jour oublier la façon dont tu les frappais avec « Rumpty - tiddley -umpty-ay » ?

'Ah! comme tu étais merveilleux dans ce numéro, Joe. Tante Julia soupira. « Vous souvenez-vous des chutes que vous faisiez dans les escaliers ? J'ai toujours dit que vous faisiez le meilleur retour en arrière de la profession.

"Je ne pourrais pas le faire maintenant!"

« Vous souvenez-vous de la façon dont nous l'avons présenté au Canterbury, Joe ? Penses-y! Le Canterbury est désormais une maison de cinéma, et le vieux Mogul dirige des revues françaises.

"Je suis content de ne pas être là pour les voir."

« Joe, dis-moi, pourquoi as-tu quitté l'Angleterre ?

« Eh bien, je–je voulais un changement. Non, je vais te dire la vérité, gamin. Je te voulais, Julie. Vous êtes parti épouser ce… quel que soit le nom de Johnny, ce porte-scène – et ça m'a complètement brisé.

Tante Julia le regardait. C'est ce qu'on appelle une femme bien conservée. Il est facile de comprendre qu'il y a vingt-cinq ans, elle devait être quelque chose d'assez extraordinaire à regarder. Même maintenant, elle est presque belle. Elle a de très grands yeux bruns, une masse de cheveux gris doux et un teint de fille de dix-sept ans.

« Joe, tu ne vas pas me dire que tu m'aimais toi-même !

« Bien sûr que je t'aimais. Pourquoi t'ai-je laissé tout le gras dans "Fun in a Tea-Shop" ? Pourquoi suis-je resté dans les coulisses pendant que tu chantais " Rumpty - tiddley -umpty-ay " ? Vous souvenez-vous que je vous ai donné un sac de petits pains lorsque nous étions sur la route à Bristol ?

'Oui mais-'

« Vous souvenez-vous que je vous ai servi les sandwichs au jambon à Portsmouth ?

«Joe!»

« Vous souvenez-vous que je vous ai offert un gâteau aux graines à Birmingham ? Que pensais-tu que tout cela signifiait, sinon que je t'aimais ? Eh bien, j'étais sur le point de te le dire tout de suite quand tu es soudainement partie et que tu as épousé ce mec suceur de canne. C'est pourquoi je ne laisserais pas ma fille épouser ce jeune homme, Wilson, à moins qu'il ne se lance dans la profession. C'est une artiste...

"Elle l'est certainement, Joe."

« Vous l'avez vue ? Où?'

« À l'Auditorium tout à l'heure. Mais, Joe, tu ne dois pas l'empêcher d'épouser l'homme dont elle est amoureuse. C'est aussi un artiste.

'Dans le peu de temps.'

« Tu étais dans le petit temps autrefois, Joe. Il ne faut pas le mépriser parce que c'est un débutant. Je sais que vous pensez que votre fille se marie en dessous d'elle, mais...

« Comment diable savez-vous quelque chose sur le jeune Wilson ?

« C'est mon fils.»

'Ton fils?'

« Oui, Joe. Et je viens de le regarder travailler. Oh, Joe, tu ne peux pas imaginer à quel point j'étais fier de lui ! Il l'a en lui. C'est le destin. C'est mon fils et il est dans le métier ! Joe, tu ne sais pas ce que j'ai enduré pour lui. Ils ont fait de moi une dame. Je n'ai jamais travaillé aussi dur de ma vie que pour devenir une vraie dame. Ils n'arrêtaient pas de me répéter que je devais le faire passer, peu importe le prix, pour qu'il n'ait pas honte de moi. L'étude était quelque chose de terrible. J'ai dû me surveiller chaque minute pendant des années, et je ne savais jamais quand je pourrais bousiller mes lignes ou échouer dans une affaire. Mais je l'ai fait parce que je ne voulais pas qu'il ait honte de moi, même si tout le temps j'avais juste envie de retrouver ma place.

Le vieux Danby se jeta sur elle et la prit par les épaules.

« Reviens à ta place, Julie ! » il pleure. « Votre mari est mort, votre fils est un pro. Revenir! C'était il y a vingt-cinq ans, mais je n'ai pas changé. Je te veux toujours. Je t'ai toujours voulu. Tu dois revenir, gamin, à ta place.

Tante Julia poussa une sorte de déglutition et le regarda.

«Joe!» dit-elle dans une sorte de murmure.

«Tu es là, gamin», dit le vieux Danby d'une voix rauque. « Tu es revenu... Vingt-cinq ans !... Tu es revenu et tu vas rester !

Elle se jeta dans ses bras et il la rattrapa.

« Ah, Joe ! Joe ! Joe ! » dit-elle. 'Tenez-moi. Ne me laisse pas partir. Prends soin de moi.'

Et je me suis dirigé vers la porte et je me suis glissé hors de la pièce. Je me sentais faible. Le vieux grain tiendra une certaine quantité, mais c'était trop. Je suis sorti à tâtons dans la rue et j'ai réclamé un taxi.

Gussie m'a appelé à l'hôtel ce soir-là. Il entra dans la pièce comme s'il l'avait achetée ainsi que le reste de la ville.

«Bertie», dit-il, «j'ai l'impression de rêver.»

«J'aimerais pouvoir me sentir comme ça, vieux haut», dis-je, et je jetai un autre coup d'œil à un câble arrivé il y a une demi-heure de tante Agatha. Depuis, je l'ai regardé de temps en temps.

« Ray et moi sommes rentrés à son appartement ce soir. À votre avis, qui était là ? La mère ! Elle était assise main dans la main avec le vieux Danby.
'Oui?'
«Il était assis main dans la main avec elle.»
'Vraiment?'
«Ils vont se marier.»
'Exactement.'
« Ray et moi allons nous marier. »
'Je suppose.'
« Bertie, vieil homme, je me sens immense. Je regarde autour de moi et tout semble complètement bouché. Le changement dans la matière est merveilleux . Elle a vingt-cinq ans de moins. Elle et le vieux Danby parlent de relancer "Fun in a Tea-Shop" et de prendre la route avec.
Je me suis levé.

« Gussie , mon vieux, dis-je, laisse-moi un moment. Je serais seul. Je pense que j'ai une fièvre cérébrale ou quelque chose comme ça.

« Désolé, vieil homme ; peut-être que New York n'est pas d'accord avec vous. Quand comptez-vous retourner en Angleterre ?

J'ai regardé à nouveau le câble de tante Agatha.

« Avec de la chance, dis-je, dans une dizaine d'années.

Après son départ, j'ai repris le câble et je l'ai relu.

'Ce qui se passe?' il a lu. « Dois-je venir ? »

J'ai sucé un crayon pendant un moment, puis j'ai écrit la réponse.
Ce n'était pas un câble facile à rédiger, mais j'y suis parvenu.
«Non», ai-je écrit, «reste où tu es. Profession surpeuplée.

LES VACANCES DE WILTON

Lorsque Jack Wilton est arrivé pour la première fois à Marois Bay, aucun d'entre nous ne rêvait qu'il était un homme avec un chagrin caché dans sa vie. Il y avait quelque chose chez cet homme qui rendait l'idée absurde, ou l'aurait rendue absurde s'il n'avait pas lui-même été l'autorité de l'histoire. Il avait l'air tellement satisfait de la vie et de lui-même. Il faisait partie de ces hommes que vous qualifiez instinctivement de « forts ». Il était si en bonne santé, si en forme et avait un air si confiant, mais sympathique, que vous aviez l'impression dès que vous le voyiez que c'était là la seule personne que vous auriez choisie comme destinataire de votre histoire de malchance. On sentait que sa force bienveillante aurait été une chose sur laquelle s'appuyer.

En fait, c'est en essayant de s'appuyer dessus que Spencer Clay a mis la main sur les faits de l'affaire ; et quand le jeune Clay mettait la main sur quelque chose, la baie de Marois dans son ensemble l'avait chaud et frais quelques heures plus tard ; car Spencer faisait partie de ces jeunes bouches molles qui sont constitutionnellement incapables de préserver un secret.

Ainsi, moins de deux heures après la conversation de Clay avec Wilton, tout le monde dans la salle savait que, aussi joyeux et chaleureux que puisse paraître le nouveau venu, il y avait ce qui lui rongeait le cœur qui rendait sa gaieté extérieure tout simplement héroïque.

Clay, semble-t-il, qui est le pire spécimen d'apitoiement sur lui-même, était allé voir Wilton, en qui, en tant que nouveau venu, il voyait naturellement un nouveau dépôt pour ses récits de malheur, et avait commencé par un long fil de quelque malheur ou autre. J'oublie de quoi il s'agissait ; il aurait pu s'agir de n'importe lequel d'une douzaine qu'il avait constamment en stock, et peu importe de quoi il s'agissait. Le fait est que, après l'avoir écouté très poliment et patiemment, Wilton lui a répondu avec une histoire qui a fait taire même Clay. Spencer était égal à la plupart des choses, mais même lui ne pouvait pas continuer à se plaindre de la façon dont il avait trompé son putting et avait été snobé à la table de bridge, ou quoi que ce soit dont il se plaignait à ce moment-là, quand un homme lui disait l'histoire d'une vie brisée.

« Il m'a dit de ne pas aller plus loin », a déclaré Clay à toutes les personnes qu'il a rencontrées, « mais bien sûr, cela n'a pas d'importance de vous le dire. C'est une chose qu'il n'aime pas savoir. Il me l'a dit parce qu'il disait qu'il y avait quelque chose en moi qui semblait m'arracher des confidences — une sorte de force, dit-il. On ne le croirait pas en le regardant, mais sa vie est un vide absolu. Absolument ruiné, tu ne sais pas. Il m'a tout raconté si simplement et si franchement que cela m'a complètement brisé. Il paraît qu'il était fiancé il y a quelques années, et le matin du mariage – absolument le jour du mariage – la jeune fille est tombée soudainement malade, et…

'Et mouru?'

'Et mouru. Mort dans ses bras. Absolument dans ses bras, mon vieux.

« Quelle chose terrible ! »

'Absolument. Il ne s'en est jamais remis. Vous ne laisserez pas les choses aller plus loin, n'est-ce pas, mon vieux ?

Et Spencer est parti à toute vitesse pour raconter l'histoire à quelqu'un d'autre.

Tout le monde était terriblement désolé pour Wilton. C'était un si bon garçon, un si sportif, et surtout si jeune, qu'on détestait l'idée que, malgré ses rires, sous son rire se cachait la douleur de cet affreux souvenir. Il avait l'air si heureux aussi. Ce n'était que dans les moments de confiance, dans ces conversations à cœur ouvert où les hommes révèlent leurs sentiments les plus profonds, qu'il laissait entendre que tout n'allait pas bien pour lui. Ainsi, par exemple, lorsqu'Ellerton , qui est toujours amoureux de quelqu'un, le plaça un soir dans un coin et commença à lui raconter l'histoire de sa dernière liaison, il avait à peine commencé qu'une telle expression de douleur apparut sur le visage de Wilton qu'il il cessa instantanément. Il a dit plus tard que la prise de conscience soudaine de l'horrible rupture qu'il était en train de faire l'avait frappé comme une balle, et la manière dont il avait tourné la conversation pratiquement sans s'arrêter de l'amour à une discussion sur la meilleure méthode pour sortir du bunker au septième jour. Ce fut, dans ces circonstances, un triomphe du tact.

du Marois est un endroit tranquille même en été, et la tragédie de Wilton a naturellement fait beaucoup parler. Cela fait réfléchir d'avoir un aperçu de la tristesse sous-jacente de la vie comme celle-là, et il y avait au début une disposition de la part de la communauté à se comporter en sa présence d'une manière qui rappelait les porteurs de cercueil lors d'un enterrement. Mais les choses se sont vite adaptées. Il était si joyeux en apparence qu'il semblait ridicule pour nous autres de marcher doucement et de parler à voix basse. Après tout, quand on venait l'examiner, c'était son affaire, et c'était à lui de dicter les lignes dans lesquelles il fallait la traiter. S'il a choisi de cacher sa douleur sous un sourire éclatant et un rire de hyène doté d'un sens de l' humour plus aigu que d'habitude , notre ligne était évidemment de suivre son exemple.

Nous l'avons fait ; et peu à peu, le fait que sa vie ait été définitivement gâchée est devenu presque une légende. Au fond de notre esprit, nous en étions conscients, mais cela ne s'immisçait pas dans les affaires quotidiennes. Ce n'est que lorsque quelqu'un, oubliant, comme Ellerton l'avait fait, essaya de s'attirer sa sympathie pour quelque malheur qui lui était propre, que l'expression de douleur dans ses yeux et le pincement soudain de ses lèvres nous rappelèrent qu'il se souvenait encore.

Les choses en étaient à ce stade depuis peut-être deux semaines lorsque Mary Campbell arriva.

L'attirance sexuelle est si purement une question de goût de l'individu que le sage ne discute jamais à ce sujet. Il accepte ses caprices comme faisant partie du mystère humain et en reste là. Pour moi, Mary Campbell n'avait aucun charme. Il se peut qu'à ce moment-là j'étais amoureux de Grace Bates, d'Héloïse Miller et de Clarice Wembley, car à Marois Bay, l'été, un homme qui vaut son sel vaut plus que trois amours simultanées. - mais bon, elle m'a laissé froid. Pas un seul frisson ne pouvait éveiller en moi. Elle était petite et, à mon avis, insignifiante. Certains hommes disaient qu'elle avait de beaux yeux. Ils me semblaient des yeux ordinaires. Et ses cheveux n'étaient que des cheveux ordinaires. En fait, ordinaire était le mot qui la décrivait.

Mais dès le début, il était clair qu'elle semblait merveilleuse avec Wilton, ce qui était d'autant plus remarquable qu'il était le seul homme d'entre nous qui aurait pu avoir n'importe quelle fille de Marois Bay qu'il voulait. Lorsqu'un homme mesure six pieds de haut, est une combinaison d'Hercule et d'Apollon et joue au tennis, au golf et au banjo avec une vivacité presque surhumaine, son parcours avec les filles d'une station balnéaire d'été est plutôt fluide. Mais, quand on ajoute à tout cela une tragédie comme celle de Wilton, on ne peut le décrire que comme un simple passant.

Les filles adorent les tragédies. Du moins, c'est le cas de la plupart des filles. Cela rend un homme intéressant pour eux. Grace Bates disait toujours à quel point Wilton était intéressant. Héloïse Miller aussi. Clarice Wembley aussi. Mais ce n'est qu'avec l'arrivée de Mary Campbell qu'il manifesta un réel enthousiasme pour l'élément féminin de la baie de Marois . Nous l'attribuions au fait qu'il ne pouvait pas oublier, mais la vraie raison, je le sais maintenant, était qu'il considérait que les filles étaient une nuisance sur les terrains de golf et sur les courts de tennis. Je suppose qu'un golfeur plus deux et un joueur de tennis sauvage , comme Wilton, ressentent cela. Personnellement, je pense que les filles ajoutent au plaisir de la chose. Mais mon handicap est de douze et, même si je joue au tennis depuis de nombreuses années, je doute d'avoir réussi mon premier service – le plus rapide – au-dessus du filet plus d'une demi-douzaine de fois.

Mais Mary Campbell a vaincu les préjugés de Wilton en vingt-quatre heures. Il semblait se sentir seul sur les liens sans elle, et il l'a encouragée à devenir sa partenaire en double. Ce que Mary pensait de lui, nous ne le savions pas. Elle faisait partie de ces filles impénétrables.

Et ainsi les choses ont continué. Si je n'avais pas connu l'histoire de Wilton, j'aurais classé cela parmi ces amours d'été auxquelles l' air de la baie du Marois se prête si particulièrement. La seule raison pour laquelle quelqu'un revient d'un été à la Baie du Marois sans être fiancé , c'est parce qu'il y a tellement de filles dont il tombe amoureux que ses vacances sont terminées avant qu'il puisse, pour ainsi dire, se concentrer.

Mais dans le cas de Wilton, cela était hors de question. Un homme ne se remet pas du genre de coup qu'il a reçu, du moins depuis de nombreuses années : et nous avions compris que sa tragédie était relativement récente.

Je doute que j'ai jamais été plus étonné dans ma vie que la nuit où il s'est confié à moi. Pourquoi il aurait dû me choisir comme confident, je ne peux pas le dire. J'ai tendance à penser que je me trouvais seule avec lui au moment psychologique où un homme doit se confier à quelqu'un ou éclater ; et Wilton a choisi le moindre mal.

Je me promenais le long du rivage après le dîner, fumant un cigare et pensant à Grace Bates, Heloise Miller et Clarice Wembley, lorsque je suis tombé sur lui. C'était une belle nuit, et nous nous sommes assis et avons bu pendant un moment. La première fois que j'ai eu l'impression que tout n'allait pas bien pour lui, c'est lorsqu'il a soudainement émis un gémissement creux.

L'instant d'après, il avait commencé à se confier.

«Je suis dans deux trous», dit-il. « Que feriez-vous à ma place ?

'Oui?' J'ai dit .

«J'ai proposé à Mary Campbell ce soir.»

'Toutes nos félicitations.'

'Merci. Elle m'a refusé.

« Je vous ai refusé ! »

« Oui, à cause d'Amy. »

Il me semblait que le récit nécessitait des notes de bas de page.

« Qui est Amy ? » J'ai dit .

"Amy est la fille..."

'Quelle fille?'

« La fille qui est morte, tu sais. Mary avait saisi toute l'histoire. En fait, c'est l'immense sympathie dont elle a fait preuve qui m'a encouragé à proposer.

Sans cela, je n'aurais pas eu le courage. Je ne suis pas digne de noircir ses chaussures.

Bizarre la mauvaise opinion qu'un homme a toujours, lorsqu'il est amoureux, de ses attraits personnels. Il y a eu des moments où je pensais à Grace Bates, Heloise Miller et Clarice Wembley, où je me sentais comme une de ces bêtes qui périssent. Mais bon, je n'ai rien d'extraordinaire, alors que la moindre lueur d'intelligence aurait dû dire à Wilton qu'il était une sorte de garde Ouida.

« Ce soir, j'ai réussi tant bien que mal à le faire. Elle était extrêmement gentille à ce sujet – elle disait qu'elle m'aimait beaucoup et tout ça – mais c'était tout à fait hors de question à cause d'Amy.

«Je ne suis pas ça. Que voulait-elle dire ?

"C'est parfaitement clair, si vous gardez à l'esprit que Mary est la fille la plus sensible, la plus spirituelle et la plus nerveuse qui ait jamais respiré", dit Wilton un peu froidement. « Sa position est la suivante : elle sent que, à cause d'Amy, elle ne pourra jamais avoir complètement mon amour ; entre nous, il y aurait toujours le souvenir d'Amy. Ce serait comme si elle épousait un veuf.

"Eh bien, les veufs se marient."

« Ils n'épousent pas des filles comme Mary. »

Je ne pouvais m'empêcher de penser que c'était un peu de chance pour les veufs ; mais je ne l'ai pas dit. Il ne faut jamais oublier que les opinions diffèrent à propos des filles. La pêche des uns, pour ainsi dire, est le poison des autres. J'ai rencontré des hommes qui n'aimaient pas Grace Bates, des hommes qui, si Heloise Miller ou Clarice Wembley leur avaient donné leurs photographiès, les auraient utilisées pour découper les pages d'un roman.

"Amy se tient entre nous", a déclaré Wilton.

J'ai respiré un reniflement sympathique. Je ne trouvais rien de vraiment approprié à dire.

« Se tient entre nous », répéta Wilton. « Et le plus stupide dans tout ça, c'est qu'il n'y a pas d'Amy. Je l'ai inventée.

'Tu quoi!'

'Je l'ai inventée. Je l'ai inventée. Non je ne suis pas fou. J'avais une raison. Voyons voir, vous venez de Londres, n'est-ce pas ?

'Oui.'

« Alors tu n'as pas d'amis. C'est différent avec moi. Je vis dans une petite ville de campagne et tout le monde est mon ami. Je ne sais pas ce que j'ai, mais pour une raison quelconque, d'aussi loin que je me souvienne, j'ai été considéré comme l'homme fort de ma ville, l'homme qui va *bien* . Est-ce que je suis clair ?

'Pas assez.'

« Eh bien, ce que j'essaie de dire, c'est ceci. Soit parce que je suis un type fort à regarder, et que je n'ai évidemment jamais été malade de ma vie, soit parce que je ne peux m'empêcher d'avoir l'air plutôt joyeux, tout Bridley -in-the- Wold semble le prendre pour étant entendu que je ne peux pas avoir de problèmes moi-même et que, par conséquent, je suis un proie équitable pour quiconque a une quelconque inquiétude. J'ai des manières sympathiques et ils viennent me voir pour se remonter le moral. Si quelqu'un est amoureux, il se précipite vers moi et me raconte tout. Si quelqu'un a vécu un deuil, je suis le rocher sur lequel il s'appuie. Eh bien, je suis un homme patient et, en ce qui concerne Bridley -in-the- Wold , je suis prêt à jouer ce rôle. Mais un homme fort a besoin de vacances occasionnelles, et j'ai décidé de les obtenir. Dès mon arrivée, j'ai vu que le même vieux jeu allait commencer. Spencer Clay s'est immédiatement précipité sur moi. Je suis aussi attiré par l'idiot maudlin du type Spencer Clay que l'herbe à chat l'est avec un chat. Eh bien, je pouvais le supporter à la maison, mais j'étais pendu si je voulais que mes vacances soient gâchées. Alors j'ai inventé Amy. Maintenant, tu vois ?

' Certainement, je vois. Et je perçois autre chose que vous semblez avoir négligé. Si Amy n'existe pas – ou plutôt n'a jamais existé – elle ne peut pas s'interposer entre vous et Miss Campbell. Dis-lui ce que tu m'as dit et tout ira bien.

Il secoua la tête.

« Vous ne connaissez pas Mary. Elle ne me le pardonnerait jamais. Vous ne savez pas quelle sympathie, quelle sympathie angélique elle m'a témoignée à propos d'Amy. Je ne peux pas lui dire que tout cela était une fraude. Cela la rendrait tellement stupide.

« Vous devez prendre le risque. Au pire, vous ne perdez rien.

Il s'éclaira un peu.

«Non, c'est vrai», dit-il. «J'ai à moitié envie de le faire.»

« Réfléchissez-y pleinement, dis-je, et vous gagnerez. »

J'ai eu tort. Parfois je le suis. Le problème était, apparemment, que je ne connaissais pas Mary. Je suis sûr que Grace Bates, Heloise Miller ou Clarice Wembley n'auraient pas agi comme elle l'a fait. Ils auraient pu être un peu abasourdis au début, mais ils se seraient vite réveillés et tout aurait été joie. Mais avec Mary, non. Ce qui s'est passé lors de l'entretien, je ne le sais pas ;

mais Marois Bay s'aperçut rapidement que l'alliance Wilton-Campbell était rompue. Ils ne marchaient plus ensemble, ne jouaient plus au golf ensemble et ne jouaient plus au tennis du même côté du filet. Ils ne se parlaient même pas.

Je ne peux parler du reste de l'histoire que par ouï-dire. Comment est-il devenu propriété publique, je ne le sais pas. Mais il y avait une tendance à la confiance chez Wilton, et j'imagine qu'il s'est confié à quelqu'un, qui s'est confié à quelqu'un d'autre. En tout cas, il est enregistré dans les archives non écrites de Marois Bay, d'où je l'extrait maintenant.

Pendant quelques jours après la rupture des relations diplomatiques, Wilton parut trop pulvérisé pour reprendre l'offensive. Il rêvait tout seul des liens, jouant un jeu choquant, et se comportait généralement comme un homme qui a cherché une fuite de gaz avec une bougie allumée. En matière d'amour, les hommes les plus forts se comportent généralement avec l'indécision la plus molle. Wilton pesait treize pierres et ses muscles étaient comme des câbles d'acier ; mais il n'aurait pas pu faire preuve de moins de courage dans cette crise de sa vie s'il avait été un œuf poché. C'était pitoyable de le voir.

Marie, à cette époque, ne pouvait tout simplement pas voir qu'il était sur terre. Elle regardait autour de lui, au-dessus de lui et à travers lui, mais jamais vers lui ; ce qui était pourri du point de vue de Wilton, car il avait développé une sorte d'expression nostalgique - je suis convaincu qu'il la pratiquait devant le miroir après son bain - qui aurait dû faire des merveilles, si seulement il avait pu agir avec. Mais elle évitait son regard comme s'il eût été un créancier qu'elle essayait de contourner dans la rue.

Elle m'a énervé. Laisser la brèche se creuser ainsi était absurde. Wilton, quand je lui ai dit cela, a dit que cela était dû à sa merveilleuse sensibilité et à sa grande tension , et que c'était juste une preuve de plus pour lui de la hauteur de son âme et de son horreur rétrécie pour toute forme de tromperie. En fait, il me donnait l'impression que, même si cette affaire lui déchirait les entrailles, il prenait un triste plaisir à contempler sa perfection.

Un après-midi, Wilton emmena sa misère faire une longue promenade le long du bord de mer. Il marcha longuement sur le sable et finit par arriver dans une petite crique adossée à de hautes falaises et parsemée de rochers. Le rivage autour de la baie du Marois en regorge.

À ce moment-là, le soleil de l'après-midi commençait à être trop chaud pour être confortable, et Wilton se rendit compte qu'il pourrait être beaucoup plus à l'aise de soigner son cœur blessé avec son dos contre l'un des rochers plutôt que de piétiner plus loin sur le sable. La majeure partie du paysage de la Baie du Marois est simplement conçue comme un décor pour soigner un cœur blessé. Les falaises sont d'un indigo sombre , sinistre et inquiétant ; et même aux jours les plus beaux, la mer a un curieux air maussade. Il suffit de s'éloigner de la foule près des machines à laver, d'atteindre une de ces petites criques, de poser son livre contre un rocher et sa pipe bien allumée, et l'on peut tout simplement se vautrer dans la misère. Je l'ai fait moi-même. Le jour où Heloise Miller est allée jouer au golf avec Teddy Bingley, j'ai passé tout l'après-midi dans l'une de ces retraites. Il est vrai qu'après vingt minutes de contemplation des brisants, je m'endormis ; mais cela est inévitable.

C'est arrivé à Wilton. Pendant peut-être une demi-heure, il réfléchit, puis sa pipe tomba de sa bouche et il tomba dans un sommeil paisible. Et le temps a passé.

Ce fut une pointe de crampe qui finit par le réveiller. Il se leva en poussant un cri et resta là à masser son mollet. Et à peine s'était-il débarrassé de la douleur, qu'une exclamation de surprise brisa le silence primitif ; et là, de l'autre côté du rocher, se trouvait Mary Campbell.

Maintenant, si Wilton avait eu le moindre raisonnement inductif dans sa composition, il aurait été extrêmement ravi. Une fille ne se dirige pas vers une crique lointaine de la baie de Marois à moins qu'elle ne soit malheureuse ; et si Mary Campbell était malheureuse , elle devait être malheureuse à son sujet ; et si elle n'était pas contente de lui, il lui suffisait de faire preuve d'un peu de détermination et de remettre les choses au clair. Mais Wilton, que le chagrin avait réduit au niveau mental d'une huître, n'a pas réfléchi à cela ; et sa vue le privait de pratiquement toutes ses facultés, y compris la parole. Il est resté là et a crié.

« M'avez-vous suivi jusqu'ici, M. Wilton ? dit Mary très froidement.

Il secoua la tête. Finalement, il parvint à dire qu'il était venu là par hasard et qu'il s'était endormi sous le rocher. Comme c'était exactement ce que Mary avait fait, elle ne pouvait raisonnablement pas se plaindre. Cela conclut donc la conversation pour le moment. Elle s'éloigna sans ajouter un mot vers la baie du Marois , et bientôt il la perdit de vue au détour d'un détour des falaises.

Sa position était désormais extrêmement désagréable. Si elle éprouvait un tel dégoût pour sa présence, la décence commune exigeait qu'il lui donne un bon départ dans le voyage de retour. Il ne pouvait pas parcourir quelques mètres à l'arrière tout le long du trajet. Il dut donc rester là où il était jusqu'à ce qu'elle soit complètement hors de propos. Et comme il portait un mince costume de flanelle, que le soleil était rentré et qu'une brise fraîche s'était levée, ses troubles mentaux étaient pratiquement submergés par un inconfort physique.

Alors qu'il avait décidé qu'il pouvait maintenant agir, il fut surpris de la voir revenir.

Wilton était vraiment ravi de cela. L'interprétation qu'il en faisait était qu'elle avait cédé et qu'elle revenait lui passer les bras autour du cou. Il se préparait juste à l'affrontement, lorsqu'il croisa son regard, et il faisait aussi froid et hostile que la mer.

«Je dois faire le tour dans l'autre sens», dit-elle. « L'eau est montée trop loin de ce côté-là.

Et elle le dépassa jusqu'à l'autre bout de la crique.

La perspective d'une nouvelle attente glaça Wilton jusqu'aux moelles. Le vent était maintenant devenu tout simplement glacial, et il traversait sa fine combinaison et se promenait partout sur lui d'une manière qui lui causait un inconfort exquis. Il commença à sauter pour se réchauffer.

Il sautait vers le ciel pour la centième fois, quand, par hasard, jetant un coup d'œil de côté, il aperçut Marie qui revenait. À ce moment-là, sa misère physique avait si complètement vaincu les émotions les plus douces de son cœur que son seul sentiment était désormais celui d'une profonde irritation. Ce n'était pas juste, pensait-il, qu'elle participe ainsi au départ et qu'elle le laisse traîner ici à attraper froid. Il la regarda, quand elle arriva à portée, d'un air assez menaçant.

« Il est également impossible, dit-elle, de contourner ce chemin.

On s'habitue tellement dans ce monde à ce que tout se passe bien, que l'idée du danger réel ne lui est pas encore venue. D'où elle se trouvait au milieu de la crique, la mer paraissait si lointaine que le fait qu'elle ait fermé les seules voies de sortie était pour le moment simplement ennuyeux. Elle ressentait à peu près la même chose qu'elle aurait ressenti si elle était arrivée à une gare pour prendre un train et qu'on lui avait dit que le train ne circulait pas.

Elle s'assit donc sur un rocher et contempla l'océan. Wilton marchait de long en large. Ni l'un ni l'autre ne montraient aucune disposition à exercer ce don de parole qui place l'homme dans une classe à part, au-dessus du bœuf, de l'âne, du phacochère commun et du reste des animaux inférieurs. Ce n'est que lorsqu'une vague déferla sur la base de son rocher que Mary rompit le silence.

«La marée monte » , balbutia-t-elle.

Elle regardait la mer avec des sentiments tellement altérés qu'elle lui semblait être une mer complètement différente.

Il y en avait beaucoup à regarder. Elle remplissait toute l'embouchure de la petite baie, tourbillonnant dans le sable et fouettant les rochers d'une manière qui faisait ressortir une pensée parmi toutes les autres dans son esprit : le souvenir qu'elle ne savait pas nager.

« Monsieur Wilton !

Wilton s'inclina froidement.

" M. Wilton, la marée. Ça arrive.

Wilton jeta un regard dédaigneux à la mer.

« Alors, dit-il, je comprends. »

"Mais qu'allons-nous faire?"

Wilton haussa les épaules. Il se sentait en guerre contre la Nature et l'Humanité réunies. Le vent s'était déplacé de quelques points vers l'est et explorait son anatomie avec l'habileté d'un chirurgien qualifié.

«Nous allons nous noyer», s'écria Miss Campbell. « Nous allons nous noyer. Nous allons nous noyer. Nous allons nous noyer.

Tout le ressentiment de Wilton l'a quitté. Jusqu'à ce qu'il entende ce gémissement pitoyable, ses seules pensées avaient été pour lui-même.

'Marie!' dit-il avec beaucoup de tendresse dans la voix.

Elle s'approcha de lui comme un petit enfant s'approche de sa mère, et il l'entoura de ses bras.

« Oh, Jack ! »

'Mon chéri!'

'Je suis effrayée!'

'Mon précieux!'

C'est dans les moments de péril, lorsque le souffle froid de la peur souffle sur nos âmes, les débarrassant de la mesquinerie, que nous nous trouvons.

Elle regarda autour d'elle avec un air furieux.

« Pourrions-nous escalader les falaises ?

'J'en doute.'

"Si nous appelions à l'aide..."

"Nous pourrions faire ça."

Ils élevèrent la voix, mais la seule réponse fut le fracas des vagues et le cri des oiseaux marins. L'eau tourbillonnait à leurs pieds et ils se retirèrent à l'abri des falaises. Là, ils restèrent silencieux, regardant.

«Mary», dit Wilton à voix basse, «dis-moi une chose.»

« Oui, Jack ? »

«M'as-tu pardonné?»

'Je vous ai pardonné ! Comment peux-tu demander dans un moment pareil ? Je t'aime de tout mon cœur et de toute mon âme.

Il l'embrassa et une étrange expression de paix apparut sur son visage.

'Je suis content.'

'Moi aussi.'

Une tache de mousse lui toucha le visage et elle frissonna.

«Ça valait le coup», dit-il doucement. "Si tous les malentendus sont dissipés et que plus rien ne peut s'interposer entre nous, ce sera un petit prix à payer, aussi désagréable soit-il lorsqu'il viendra."

— Peut-être… peut-être que ce ne sera pas très désagréable. On dit que la noyade est une mort facile.

« Je ne parlais pas de noyade, ma chérie. Je voulais dire un rhume à la tête.

« Un rhume à la tête !

Il hocha gravement la tête.

«Je ne vois pas comment cela pourrait être évité. Vous savez à quel point il fait froid ces nuits de fin d'été. Il nous faudra beaucoup de temps avant de pouvoir nous enfuir.

Elle eut un rire aigu et contre nature.

« Vous parlez ainsi pour me garder le courage. Vous savez dans votre cœur qu'il n'y a aucun espoir pour nous. Rien ne peut nous sauver maintenant. L'eau viendra en rampant… en rampant… »

« Laissez-le ramper ! Il ne peut pas passer ce rocher là-bas.

'Que veux-tu dire?'

'Ce n'est pas possible. La marée ne monte plus. Je le sais, parce que j'ai été arrêté ici la semaine dernière.

Pendant un instant, elle le regarda sans parler. Alors elle poussa un cri où le soulagement, la surprise et l'indignation étaient si bien mêlés qu'il eût été impossible de dire lequel prédominait.

Il regardait les eaux qui approchaient avec un sourire indulgent.

« Pourquoi ne me l'as-tu pas dit ? elle a pleuré.

«Je vous l'ai dit.»

'Vous savez ce que je veux dire. Pourquoi m'as-tu laissé continuer à penser que nous étions en danger, alors que… »

«Nous *étions* en danger. Nous allons probablement attraper une pneumonie.

« Isch ! »

'Là! Vous êtes déjà en train d'éternuer.

«Je n'éternue pas. C'était une exclamation de dégoût.

«Cela ressemblait à un éternuement. Cela a dû l'être, car vous avez toutes les raisons d'éternuer, mais pourquoi devriez-vous pousser des exclamations de dégoût, je ne peux pas imaginer.

« Je suis dégoûté par toi… par ta méchanceté. Vous m'avez délibérément trompé en me faisant dire...'
'En disant-'
Elle était silencieuse.
« Ce que tu as dit, c'est que tu m'aimais de tout ton cœur et de toute ton âme. Vous ne pouvez pas y échapper, et cela me suffit.
"Eh bien, ce n'est plus vrai."
«Oui, c'est vrai», dit Wilton confortablement; 'Bénis-le.'
'Ce n'est pas. Je pars tout de suite et je ne vous parlerai plus jamais.
Elle s'éloigna de lui et se prépara à s'asseoir.
"Il y a une méduse juste là où tu vas t'asseoir", dit Wilton.
'Je m'en fiche.'
'Ce sera. Je parle par expérience, comme quelqu'un sur qui vous vous êtes si souvent assis.
'Ça ne me fait pas rire.'
'Avoir de la patience. Je peux être plus drôle que ça.
« S'il vous plaît, ne me parlez pas. »
'Très bien.'
Elle s'assit, lui tournant le dos. La dignité exigeait des représailles, alors il s'assit en lui tournant le dos ; et l'océan futile se déchaînait contre eux, et le vent devenait de plus en plus froid à chaque minute.

Le temps passait. L'obscurité est tombée. La petite baie devenait une caverne noire, parsemée çà et là de blanc, où la brise fouettait la surface de l'eau.

Wilton soupira. Il était seul, assis là tout seul. Combien cela aurait été plus joyeux si...

Une main toucha son épaule et une voix parla – doucement.

« Jack, mon chéri, il… il fait terriblement froid. Ne penses-tu pas que si nous devions… nous blottir contre… »

Il tendit la main et l'enlaça dans une étreinte qui aurait suscité l'enthousiasme professionnel de Hackenschmidt et suscité les félicitations gutturales de Zbysco . Elle craqua, mais ne craqua pas, sous la tension.

«C'est beaucoup plus agréable», dit-elle doucement. "Jack, je ne pense pas que la marée ait encore commencé à penser à descendre."

"J'espère que non", a déclaré Wilton.

LE MÉLANGEUR

I. *Il rencontre un gentleman timide*

Avec le recul, je considère toujours que ma carrière de chien à proprement parler a vraiment commencé lorsque j'ai été acheté pour la somme d'une demi-couronne par le Shy Man. Cet événement a marqué la fin de mon enfance. Le fait de savoir que je valais vraiment de l'argent pour quelqu'un m'a donné le sentiment de nouvelles responsabilités. Cela m'a dégrisé. D'ailleurs, ce n'est qu'après que cette demi-couronne ait changé de mains que je suis sorti dans le grand monde ; et, si intéressante que soit la vie dans un pub de l'East End, ce n'est que lorsque vous allez dans le monde que vous élargissez vraiment votre esprit et commencez à voir les choses.

Dans ses limites, ma vie avait été singulièrement pleine et vivante. Je suis né, comme je l'ai dit, dans un pub de l'East End, et, même si un pub peut manquer de raffinement et de vraie culture, il procure certainement beaucoup d'excitation. Avant l'âge de six semaines, j'avais contrarié trois policiers en me mettant entre leurs jambes lorsqu'ils se dirigeaient vers la porte latérale, pensant avoir entendu des bruits suspects ; et je me souviens encore de la sensation intéressante d'être poursuivi dix-sept fois dans la cour avec un manche à balai après une descente bien planifiée et parfaitement réussie dans le garde-manger. Ces événements et d'autres de même nature ont apaisé pour le moment mais n'ont pas pu guérir l'inquiétude qui a toujours été un trait si marqué de mon caractère. J'ai toujours été agité, incapable de m'installer au même endroit et impatient de passer à autre chose. Cela peut être dû à une souche gitane dans mes ancêtres - un de mes oncles a voyagé avec un cirque - ou peut-être au tempérament artistique, acquis d'un grand-père qui, avant de mourir d'un excès de pâte dans la salle des propriétés du Bristol Le Coliseum, qu'il visitait au cours d'une tournée professionnelle, avait une réputation bien établie sur la scène du music-hall comme l'un des caniches performants du professeur Pond.

C'est à cette inquiétude que je dois la plénitude et la variété de ma vie, car j'ai souvent quitté des foyers confortables pour suivre un parfait étranger qui avait l'air de se rendre dans un endroit intéressant. Parfois, je pense que je dois avoir du sang de chat en moi.

Le Shy Man est entré dans notre jardin un après-midi d'avril, alors que je dormais avec ma mère au soleil sur un vieux pull que nous avions emprunté à Fred, l'un des barmen. J'ai entendu ma mère grogner, mais je n'y ai pas prêté attention. La mère est ce qu'on appelle un bon chien de garde, et elle grogne contre tout le monde sauf contre le maître. Au début, quand elle le faisait, je me levais et aboyais, mais plus maintenant. La vie est trop courte pour aboyer après tous ceux qui entrent dans notre jardin. C'est derrière le pub, et ils y gardent des bouteilles vides et tout, donc les gens vont et viennent toujours.

En plus, j'étais fatigué. J'avais eu une matinée très chargée, aidant les hommes à apporter beaucoup de caisses de bière, courant dans le salon pour parler à Fred et m'occupant de tout. Alors j'étais à nouveau en train de m'endormir, quand j'ai entendu une voix dire : "Eh bien, il est assez laid !" Ensuite, j'ai su qu'ils parlaient de moi.

Je ne me l'ai jamais caché, et personne ne me l'a jamais caché, que je ne suis pas un beau chien. Même ma mère ne m'a jamais trouvée belle. Elle n'était pas Gladys Cooper elle-même, mais elle n'hésitait jamais à critiquer mon apparence. En fait, je n'ai encore rencontré personne qui l'ait fait. La première chose que les étrangers disent de moi, c'est : « Quel vilain chien !

Je ne sais pas ce que je suis. J'ai un visage de bouledogue, mais le reste de moi est un terrier. J'ai une longue queue qui se dresse droit dans les airs. Mes cheveux sont raides. Mes yeux sont bruns. Je suis noir de jais, avec une poitrine blanche. J'ai entendu une fois Fred dire que j'étais un amateur de fromage Gorgonzola, et j'ai généralement trouvé Fred fiable dans ses déclarations.

Quand j'ai découvert que j'étais en discussion, j'ai ouvert les yeux. Le Maître se tenait là, me regardant, et à ses côtés l'homme qui venait de dire que j'étais assez laide. L'homme était mince, avait à peu près l'âge d'un barman et était plus petit qu'un policier. Il portait des chaussures marron rapiécées et un pantalon noir.

"Mais il a un caractère doux", dit le maître.

C'était vrai, heureusement pour moi. Mère disait toujours : « Un chien sans influence ni moyens privés, pour réussir dans le monde, doit avoir soit une belle apparence, soit de l'amabilité. Mais, selon elle, j'en ai exagéré. « Un chien, disait-elle, peut avoir bon cœur sans pour autant s'entendre avec tous les Tom, Dick et Harry qu'il rencontre. Votre comportement n'est parfois pas celui d'un chien. Mère était fière d'être le chien d'un seul homme. Elle restait seule et n'embrassait personne sauf Maître, pas même Fred.

Maintenant, je suis mixeur. Je n'y peux rien. C'est ma nature. J'aime les hommes. J'aime le goût de leurs bottes, l'odeur de leurs jambes et le son de leurs voix. C'est peut-être faible de ma part, mais il suffit qu'un homme me parle et une sorte de frisson me parcourt le dos et me fait remuer la queue.

Je l'ai remué maintenant. L'homme m'a regardé d'un air plutôt lointain. Il ne m'a pas caressé. Je soupçonnais — ce que j'ai découvert par la suite — qu'il était timide, alors je me suis jeté sur lui pour le mettre à l'aise. Mère grogna encore. J'avais l'impression qu'elle n'approuvait pas.

"Eh bien, il s'est déjà pris d'affection pour vous", dit le maître.

L'homme n'a pas dit un mot. Il semblait réfléchir à quelque chose. Il faisait partie de ces hommes silencieux. Il m'a rappelé Joe, le vieux chien du coin de l'épicerie, qui reste toute la journée devant la porte, clignant des yeux et ne parlant à personne.

Le Maître a commencé à parler de moi. Cela m'a surpris, la façon dont il m'a félicité. Je ne soupçonnais pas qu'il m'admirait autant. D'après ce qu'il a dit, on aurait pu penser que j'avais gagné des prix et des rubans au Crystal Palace. Mais l'homme ne semblait pas impressionné. Il continuait à ne rien dire.

j'étais un chien merveilleux jusqu'à ce que je rougis, l'homme parla.

«Moins de ça», dit-il. « Une demi-couronne est mon offre, et s'il était un ange d'en haut, vous ne pourriez pas obtenir de moi un centime de plus. Et alors ?

Un frisson parcourut ma colonne vertébrale et sortit par ma queue, car bien sûr, je voyais maintenant ce qui se passait. L'homme voulait m'acheter et m'emmener. J'ai regardé le maître avec espoir.

«Il est plus comme un fils pour moi que comme un chien», dit le maître, un peu mélancolique.

«C'est son visage qui vous fait ressentir cela», dit l'homme sans sympathie. « Si vous aviez un fils, c'est à ça qu'il ressemblerait. Je vous offre une demi-couronne, et je suis pressé.

« Très bien, » dit le maître avec un soupir, « même si c'est le trahir, un chien précieux comme celui-là. Où est ta demi-couronne ?

L'homme a pris un morceau de corde et l'a attaché autour de mon cou.

Je pouvais entendre ma mère aboyer des conseils et me dire de faire honneur à la famille, mais j'étais trop excitée pour écouter.

« Au revoir, maman, dis-je. « Au revoir, maître. Au revoir, Fred. Au revoir tout le monde. Je pars voir la vie. The Shy Man m'a acheté pour une demi-couronne. Ouah!'

J'ai continué à courir en rond et à crier, jusqu'à ce que l'homme me donne un coup de pied et me dise d'arrêter.

Alors je l'ai fait.

Je ne sais pas où nous sommes allés, mais c'était un long chemin. Je n'étais jamais sorti de notre rue de ma vie et je ne savais pas que le monde entier était à moitié aussi grand que cela. Nous avons marché encore et encore, et l'homme tirait sur ma corde chaque fois que je voulais m'arrêter et regarder quelque chose. Il ne me laissait même pas passer le temps de la journée avec les chiens que nous rencontrions.

Alors que nous avions parcouru une centaine de kilomètres et que nous allions nous diriger vers une porte sombre, un policier a soudainement arrêté l'homme. À la façon dont l'homme tirait sur ma corde et essayait de se dépêcher, je sentais qu'il ne voulait pas parler au policier. Plus je voyais cet homme, plus je voyais à quel point il était timide.

'Salut!' dit le policier, et nous avons dû nous arrêter.

«J'ai un message pour toi, mon vieux», dit le policier. « Cela vient du Conseil de Santé. Ils m'ont dit de te dire que tu avais besoin de changer d'air. Voir?'

'D'accord!' Dit l'homme.

« Et prends-le dès que tu veux. Sinon, vous constaterez que vous l'obtiendrez. Voir?'

J'ai regardé l'homme avec beaucoup de respect. C'était évidemment quelqu'un de très important, si l'on s'inquiétait autant de sa santé.

«Je descends à la campagne ce soir», dit l'homme.

Le policier semblait content.

"C'est un peu de chance pour le pays", a-t-il déclaré. "Ne change pas d'avis."

Et nous avons continué notre chemin, sommes entrés par la porte sombre, avons grimpé environ un million de marches et sommes entrés dans une pièce qui sentait les rats. L'homme s'est assis et a juré un peu, et je me suis assis et je l'ai regardé.

Actuellement, je ne pouvais plus le garder.

« Est-ce qu'on vit ici ? J'ai dit . « Est-ce vrai que nous allons à la campagne ? Ce policier n'était-il pas un bon type ? Vous n'aimez pas les policiers ? Je connaissais beaucoup de policiers au pub. Y a-t-il d'autres chiens ici ? Qu'y a-t-il pour le dîner ? Qu'est-ce qu'il y a dans ce placard ? Quand vas-tu m'emmener faire une autre course ? Puis-je sortir et voir si je peux trouver un chat ?

« Arrête de crier », dit-il.

« Quand nous irons à la campagne, où vivrons-nous ? Allez-vous devenir gardien dans une maison ? Le père de Fred est gardien dans une grande maison du Kent. J'ai entendu Fred en parler. Vous n'avez pas rencontré Fred quand vous êtes venu au pub, n'est-ce pas ? Tu aimerais Fred. J'aime Fred. Maman aime Fred. Nous aimons tous Fred.

J'allais lui parler beaucoup plus de Fred, qui avait toujours été l'un de mes amis les plus chaleureux, lorsqu'il s'est soudainement emparé d'un bâton et m'a frappé avec.

« Vous restez silencieux quand on vous le demande », dit-il.

C'était vraiment l'homme le plus timide que j'aie jamais rencontré. Cela semblait lui faire mal qu'on lui parle. Cependant, c'était lui le patron et je devais lui faire plaisir , alors je n'en ai pas dit plus.

Nous sommes descendus à la campagne cette nuit-là, comme l'homme l'avait dit au policier. J'étais tout énervé, car j'avais tellement entendu parler du pays par Fred que j'avais toujours voulu y aller. Fred partait parfois en moto passer la nuit avec son père dans le Kent, et une fois il rapportait un écureuil avec lui, que je pensais que c'était pour moi de le manger, mais ma mère a dit non. « La première chose qu'un chien doit apprendre, disait souvent sa mère, c'est que le monde entier n'a pas été créé pour qu'il puisse manger.

Il faisait assez sombre lorsque nous arrivâmes à la campagne, mais l'homme semblait savoir où aller. Il a tiré sur ma corde et nous avons commencé à marcher le long d'une route sans personne. Nous avons marché encore et encore, mais tout cela était si nouveau pour moi que j'avais oublié à quel point j'étais fatigué. Je pouvais sentir mon esprit s'élargir à chaque pas que je faisais.

De temps en temps, nous passions devant une très grande maison, qui avait l'air vide, mais je savais qu'il y avait un gardien à l'intérieur, à cause du père de Fred. Ces grandes maisons appartiennent à des gens très riches, mais ils ne veulent pas y vivre avant l'été, alors ils ont mis des gardiens, et les gardiens ont un chien pour éloigner les cambrioleurs. Je me demandais si c'était pour cela que j'avais été amené ici.

«Vas-tu devenir gardien?» J'ai demandé à l'homme.

« Tais-toi, dit-il.

Alors je me tais.

Après avoir marché longtemps, nous arrivâmes à une chaumière. Un homme est sorti. Mon homme semblait le connaître, car il l'appelait Bill. J'ai été assez surpris de voir que l'homme n'était pas du tout timide avec Bill. Ils semblaient très sympathiques.

'Est-ce que c'est lui?' dit Bill en me regardant.

«Je l'ai acheté cet après-midi», dit l'homme.

"Eh bien," dit Bill, "il est assez laid. Il a l'air féroce. Si vous voulez un chien, c'est le genre de chien que vous voulez. Mais pourquoi en veux-tu un ? Il me semble que c'est beaucoup de peine à prendre, alors qu'il n'y a aucune raison d'en avoir. Pourquoi ne pas faire ce que j'ai toujours voulu faire ? Qu'y a-t-il de mal à simplement soigner le chien, comme on le fait toujours, et à entrer et à se servir soi-même ?

«Je vais vous dire ce qui ne va pas», dit l'homme. « Pour commencer, on ne peut pas s'approcher du chien pour le soigner, sauf le jour, lorsqu'ils le laissent sortir. La nuit, il est enfermé dans la maison. Et supposons que vous le répariez pendant la journée, que se passe-t-il alors ? Soit le type en prend un autre avant la nuit, soit il reste assis toute la nuit avec un flingue. Ce n'est pas comme si ces types étaient des types ordinaires. Ils sont ici pour s'occuper de la maison. C'est leur travail et ils ne prennent aucun risque.

C'était le discours le plus long que j'aie jamais entendu cet homme faire, et il a semblé impressionner Bill. Il était plutôt humble.

«Je n'y avais pas pensé», dit-il. « Nous ferions mieux de commencer à entraîner ce type immédiatement. »

Ma mère me disait souvent, lorsque je lui disais que je voulais aller dans le monde et voir la vie : « Tu le regretteras quand tu le feras. Le monde n'est pas que des os et du foie. Et je ne vivais pas depuis longtemps avec cet homme et Bill dans leur cottage avant de découvrir à quel point elle avait raison.

C'était la timidité de l'homme qui était à l'origine de tous les ennuis. On aurait dit qu'il détestait qu'on le remarque.

Cela a commencé dès ma toute première nuit au chalet. Je m'étais endormi dans la cuisine, épuisé par toute l'excitation de la journée et les longues promenades que j'avais faites, quand quelque chose me réveilla en sursaut. C'était quelqu'un qui grattait la fenêtre pour essayer d'entrer.

Eh bien, je vous le demande, je demande à n'importe quel chien, qu'auriez-vous fait à ma place ? Depuis que j'étais en âge d'écouter, ma mère me répétait sans cesse ce que je devais faire dans un cas comme celui-ci. C'est l'ABC de l'éducation d'un chien. « Si vous êtes dans une pièce et que vous entendez quelqu'un essayer d'entrer, disait ma mère, aboyez. Il se peut que ce soit quelqu'un qui a des affaires là-bas, ou non. Aboie d'abord et renseigne-toi ensuite. Les chiens sont faits pour être entendus et non vus.

J'ai levé la tête et j'ai crié. J'ai une bonne voix grave, à cause d'une souche de chien dans mon pedigree, et au pub, quand il y avait la pleine lune, j'ai souvent vu des gens se pencher par les fenêtres et dire des choses tout au long de la rue. J'ai pris une profonde inspiration et j'ai laissé tomber.

'Homme!' J'ai crié. 'Facture! Homme! Viens vite! Voilà un cambrioleur qui entre !

Puis quelqu'un a allumé une lumière, et c'était l'homme lui-même. Il était entré par la fenêtre.

Il a pris un bâton et m'a frappé. Je ne pouvais pas le comprendre. Je ne pouvais pas voir où j'avais fait la mauvaise chose. Mais c'était lui le patron, donc il n'y avait rien à dire.

Si vous me croyez, c'est la même chose qui se produit chaque nuit. Chaque nuit! Et parfois deux ou trois fois avant le matin. Et à chaque fois, j'aboyais le plus fort et l'homme allumait une lumière et me frappait. La chose était déroutante. Je ne pouvais pas me tromper sur ce que ma mère m'avait dit. Elle le disait trop souvent pour ça. Aboyer! Aboyer! Aboyer! C'était l'élément principal de tout son système d'éducation. Et pourtant, j'étais là, me faisant tabasser tous les soirs pour l'avoir fait.

J'y ai réfléchi jusqu'à en avoir mal à la tête, et finalement j'ai bien compris. J'ai commencé à voir que les perspectives de ma mère étaient étroites. Sans doute, vivant avec un homme comme maître au cabaret, un homme sans aucune trace de timidité dans sa composition, aboyer était acceptable. Mais les circonstances changent les cas. J'appartenais à un homme qui était une masse de nerfs, qui sursautait si on lui parlait. Ce que je devais faire, c'était oublier la formation que j'avais reçue de ma mère, aussi valable soit-elle en général, et m'adapter aux besoins de l'homme en particulier qui m'avait acheté. J'avais essayé la méthode de ma mère, et tout ce que cela m'avait apporté, c'était de me cogner, alors maintenant je réfléchirais par moi-même.

Alors la nuit suivante, quand j'ai entendu la fenêtre claquer, je suis resté là sans un mot, même si cela allait à l'encontre de tous mes meilleurs sentiments. Je n'ai même pas grogné. Quelqu'un est entré et s'est déplacé dans le noir, avec une lanterne, mais, même si j'ai senti que c'était l'homme, je ne lui ai pas posé une seule question. Et bientôt, l'homme a allumé une lumière et est venu vers moi et m'a donné une tape, ce qu'il n'avait jamais fait auparavant.

'Bon chien!' il a dit. "Maintenant, tu peux avoir ça."

Et il m'a laissé lécher la casserole dans laquelle le dîner avait été cuit.

Après cela, nous nous sommes bien entendus. Chaque fois que j'entendais quelqu'un à la fenêtre, je restais recroquevillé sans y prêter attention, et chaque fois j'avais un os ou quelque chose de bon. C'était facile, une fois qu'on avait pris le coup.

C'était environ une semaine plus tard que l'homme m'a fait sortir un matin, et nous avons marché un long chemin jusqu'à ce que nous nous arrêtions devant de grandes portes et avons suivi une route très lisse jusqu'à ce que nous arrivions à une grande maison, debout toute seule au milieu du paysage. au milieu d'un grand nombre de pays. Il y avait une grande pelouse devant, et tout autour il y avait des champs et des arbres, et au fond un grand bois.

L'homme a sonné, la porte s'est ouverte et un vieil homme est sorti.

'Bien?' » dit-il, pas très cordialement.

«J'ai pensé que vous voudriez peut-être acheter un bon chien de garde», dit l'homme.

"Eh bien, c'est bizarre, vous dites cela", dit le gardien. 'C'est une coïncidence. C'est exactement ce que je veux acheter. Je pensais juste y aller et essayer d'en obtenir un. Mon vieux chien a ramassé ce matin quelque chose qu'il n'aurait pas dû, et il est mort, le pauvre homme.

«Pauvre homme», dit l'homme. "J'ai trouvé un vieil os avec du phosphore dessus, je suppose."

« Que veux-tu pour celui-ci ?

« Cinq shillings. »

« Est-ce un bon chien de garde ?

"C'est un grand chien de garde."

"Il a l'air assez féroce."

«Ah!»

Alors le gardien a donné ses cinq shillings à l'homme, et l'homme est parti et m'a laissé.

Au début, la nouveauté de tout, les odeurs inhabituelles et la connaissance du gardien, qui était un vieil homme sympathique, m'ont empêché de manquer cet homme, mais au fur et à mesure que la journée avançait, j'ai commencé à réaliser qu'il était parti et qu'il ne reviendrait jamais. , je suis devenu très déprimé. J'ai crépité dans toute la maison en pleurnichant. C'était une maison très intéressante, plus grande que ce que je pensais, mais elle ne pouvait pas me remonter le moral. Vous trouverez peut-être étrange que me languit de cet homme, après tous les coups qu'il m'a donnés, et c'est étrange, quand on y pense. Mais les chiens sont des chiens, et ils sont construits comme ça. Au moment où le soir arrivait, j'étais complètement malheureux. J'ai trouvé une chaussure et une vieille brosse à linge dans une des chambres, mais je n'ai rien pu manger. Je me suis juste assis et j'ai fait du vélomoteur.

C'est une chose amusante, mais il semble qu'il arrive toujours que, juste au moment où vous vous sentez le plus malheureux, quelque chose d'agréable se produise. Alors que j'étais assis là, un bruit de moto est venu de l'extérieur et quelqu'un a crié.

C'était ce cher vieux Fred, mon vieux copain Fred, le meilleur vieux garçon qui ait jamais marché. J'ai reconnu sa voix en une seconde et j'ai gratté la porte avant que le vieil homme ait eu le temps de se lever de sa chaise.

Bien bien bien! Ce fut une agréable surprise ! J'ai couru cinq fois autour de la pelouse sans m'arrêter, puis je suis revenu et je lui ai sauté dessus.

« Que fais-tu ici, Fred ? » J'ai dit . « Est-ce que ce gardien est votre père ? Avez-vous vu les lapins dans le bois ? Combien de temps vas-tu t'arrêter ? Comment va maman ? J'aime le pays. Êtes-vous venu depuis le pub ? Je vis ici maintenant. Votre père m'a donné cinq shillings. C'est deux fois plus que ce que je valais la dernière fois que je t'ai vu.

"Eh bien, c'est le jeune nègre !" C'est comme ça qu'on m'appelait au saloon. 'Que faites-vous ici? Où as-tu trouvé ce chien, père ?

« Un homme me l'a vendu ce matin. Le pauvre vieux Bob a été empoisonné. Celui-ci devrait être un tout aussi bon chien de garde. Il aboie assez fort.

'Il devrait être. Sa mère est la meilleure chienne de garde de Londres. Ce chien à fromage appartenait au patron. C'est drôle qu'il descende ici.

Nous sommes entrés dans la maison et avons dîné. Et après le dîner, nous nous sommes assis et avons discuté. Fred n'était disponible que pour la nuit, a-t-il dit, parce que le patron voulait qu'il revienne le lendemain.

«Et j'aurais plus tôt mon travail que le tien, papa», dit-il. « De tous les endroits solitaires ! Je me demande que tu n'as pas peur des cambrioleurs.

« J'ai mon fusil de chasse et voilà le chien. J'aurais peut-être peur sans lui, mais il me donne en quelque sorte confiance. Le vieux Bob était pareil. Les chiens sont un réconfort à la campagne.

« Vous avez beaucoup de clochards ici ?

« Je n'en ai vu qu'un en deux mois, et c'est celui qui m'a vendu le chien ici.

Pendant qu'ils parlaient de l'homme, j'ai demandé à Fred s'il le connaissait. Ils se sont peut-être rencontrés au cabaret, lorsque l'homme m'achetait au patron.

«Vous l'aimeriez», dis-je. «J'aurais aimé que vous puissiez vous rencontrer.»

Ils m'ont tous les deux regardé.

« Pourquoi grogne-t-il ? demanda Fred. « Vous pensez qu'il a entendu quelque chose ?

Le vieil homme rit.

«Il ne grognait pas. Il parlait dans son sommeil. Tu es nerveux, Fred. Cela vient du fait de vivre en ville.

'Et bien je le suis. J'aime cet endroit le jour, mais il me donne du fil à retordre la nuit. C'est si calme. Comment tu peux rester ici tout le temps, je ne comprends pas. Deux nuits me permettraient de voir des choses.

Son père a ri.

« Si tu ressens ça, Fred, tu ferais mieux d'emporter l'arme au lit avec toi. Je serai très heureux sans cela.

«Je le ferai», dit Fred. « J'en prendrai six si vous les avez.

Et après cela, ils montèrent à l'étage. J'avais un panier dans le couloir qui appartenait à Bob, le chien qui avait été empoisonné. C'était un panier confortable, mais j'étais tellement excité d'avoir rencontré Fred à nouveau que je n'arrivais pas à dormir. En plus, il y avait une odeur de souris quelque part, et j'ai dû me déplacer pour essayer de la repérer.

J'étais en train de renifler un endroit dans le mur, quand j'ai entendu un bruit de grattement. Au début , j'ai pensé que c'étaient les souris qui travaillaient dans un endroit différent, mais en écoutant, j'ai découvert que le son venait de la fenêtre. Quelqu'un y faisait quelque chose de l'extérieur.

Si ça avait été ma mère, elle aurait soulevé le toit là-bas, et moi aussi, si ce n'était pas ce que cet homme m'avait appris. Je ne pensais pas qu'il était possible que ce soit l'homme qui revienne, car il était parti et n'avait rien dit sur le fait de me revoir un jour. Mais je n'ai pas aboyé. Je me suis arrêté là où j'étais et j'ai écouté. Et bientôt la fenêtre s'ouvrit et quelqu'un commença à entrer.

J'ai bien reniflé et j'ai su que c'était l'homme.

J'étais tellement ravi que pendant un instant, je me suis presque oublié et j'ai crié de joie, mais je me suis rappelé avec le temps à quel point il était timide et je me suis arrêté. Mais j'ai couru vers lui et j'ai bondi tout doucement, et il m'a dit de m'allonger. J'étais déçu qu'il ne semble pas plus heureux de me voir. Je m'allonge.

Il faisait très sombre, mais il avait apporté une lanterne avec lui et je le voyais se déplacer dans la pièce, ramassant des objets et les mettant dans un sac qu'il avait apporté avec lui. De temps en temps, il s'arrêtait et écoutait, puis il recommençait à bouger. Il a été très rapide, mais très silencieux. Il était clair qu'il ne voulait pas que Fred ou son père descendent le chercher.

Je n'arrêtais pas de penser à sa particularité pendant que je l'observais. Je suppose que, étant moi-même ami, j'ai du mal à comprendre que tout le monde dans le monde ne le soit pas aussi. Bien sûr, mon expérience au pub m'avait appris que les hommes sont tout aussi différents les uns des autres que les chiens. Si je mâchais la chaussure du maître, par exemple, il me donnait des coups de pied ; mais si je mâchais celui de Fred, Fred me chatouillerait sous l'oreille. Et, de la même manière, certains hommes sont timides et d'autres sont des mixeurs. J'ai vraiment apprécié cela, mais je ne pouvais m'empêcher de penser que cet homme poussait la timidité à un point où elle devenait morbide. Et il ne s'est pas donné la possibilité de s'en guérir. C'était le but. Imaginez un homme détestant tellement rencontrer des gens qu'il ne visitait leurs maisons qu'au milieu de la nuit, lorsqu'ils étaient au lit et endormis. C'était idiot. La timidité a toujours été quelque chose de tellement hors de ma nature que je suppose que je n'ai jamais vraiment été capable de la regarder avec sympathie. J'ai toujours pensé qu'on pouvait s'en remettre si on faisait un effort. Le problème avec cet homme, c'est qu'il ne faisait aucun effort. Il faisait tout son possible pour éviter de rencontrer des gens.

J'aimais cet homme. C'était le genre de personne qu'on ne connaît jamais très bien, mais nous étions ensemble depuis un bon moment et je n'aurais pas été un chien si je ne m'étais pas attachée à lui.

Alors que je m'asseyais et le regardais ramper dans la pièce, je me suis soudain rendu compte qu'il y avait là une chance de lui rendre un très bon service malgré lui. Fred était à l'étage et Fred, comme je le savais par expérience, était l'homme avec qui il était le plus facile de s'entendre au monde. Personne ne pouvait être timide avec Fred. Je sentais que si seulement je pouvais le réunir avec l'homme, ils s'entendraient à merveille et cela apprendrait à l'homme à ne pas être stupide et à éviter les gens. Cela contribuerait à lui donner la confiance dont il avait besoin. Je l'avais vu avec Bill et je savais qu'il pouvait être parfaitement naturel et facile quand il le voulait.

Il était vrai que l'homme pouvait s'y opposer au début, mais au bout d'un moment il verrait que j'avais agi simplement pour son bien et il m'en serait reconnaissant.

La difficulté était de savoir comment faire tomber Fred sans effrayer l'homme. Je savais que si je criais, il n'attendrait pas, mais il serait par la fenêtre et s'éloignerait avant que Fred puisse arriver. Ce que je devais faire, c'était aller dans la chambre de Fred, lui expliquer tranquillement toute la situation et lui demander de descendre et de se rendre agréable.

L'homme était bien trop occupé pour prêter attention à moi. Il était agenouillé dans un coin, me tournant le dos, mettant quelque chose dans son sac. J'en profitai pour sortir doucement de la pièce.

La porte de Fred était fermée et je pouvais l'entendre ronfler. J'ai gratté doucement, puis plus fort, jusqu'à ce que j'entende les ronflements s'arrêter. Il sortit du lit et ouvrit la porte.

«Ne fais pas de bruit», murmurai-je. « Viens en bas. Je veux que vous rencontriez un de mes amis.

Au début , il était assez maussade.

« Quelle est l'idée, dit-il, de venir gâcher le sommeil réparateur d'un homme ? Sortir.'

Il commença en fait à retourner dans la pièce.

"Non, honnêtement, Fred," dis-je, "je ne te trompe pas. Il y a un homme en bas. Il est entré par la fenêtre. Je veux que tu le rencontres. Il est très timide et je pense que cela lui fera du bien de discuter avec vous.

« De quoi te plains-tu ? » commença Fred, puis il s'interrompit brusquement et écouta. Nous pouvions tous les deux entendre les pas de l'homme tandis qu'il se déplaçait.

Fred retourna dans la pièce. Il est sorti avec quelque chose à la main. Il n'a rien dit de plus mais a commencé à descendre, très tranquillement, et je l'ai suivi.

Il y avait l'homme, toujours en train de mettre des affaires dans son sac. J'allais justement présenter Fred, quand Fred, l'idiot, a poussé un grand cri.

J'aurais pu le mordre.

« Pourquoi voulais-tu faire ça, espèce d'idiot ? » J'ai dit : "Je t'ai dit qu'il était timide". Maintenant, tu lui fais peur.

Il l'avait certainement fait. L'homme est sorti par la fenêtre plus vite que vous ne l'auriez cru possible. Il vient de s'envoler. Je lui ai crié qu'il n'y avait que Fred et moi, mais à ce moment-là, une arme a explosé avec un bruit énorme, donc il n'a pas pu m'entendre.

J'en avais vraiment marre. Tout avait mal tourné. Fred semblait avoir complètement perdu la tête. Il se comportait comme un connard parfait. Naturellement, l'homme avait eu peur qu'il agisse ainsi. J'ai sauté par la fenêtre pour voir si je pouvais trouver l'homme et lui expliquer, mais il avait disparu. Fred a sauté après moi et m'a presque écrasé.

Il faisait noir là-bas. Je ne pouvais rien voir. Mais je savais que l'homme n'aurait pas pu aller bien loin, sinon j'aurais dû l'entendre. J'ai commencé à flairer l'occasion de retrouver sa trace. Il ne m'a pas fallu longtemps avant de le frapper.

Le père de Fred était descendu maintenant et ils couraient partout. Le vieil homme avait une lumière. J'ai suivi le sentier et il aboutissait à un grand cèdre, non loin de la maison. Je me suis tenu en dessous et j'ai levé les yeux, mais bien sûr je ne pouvais rien voir.

« Es-tu là-haut ? » J'ai crié. «Il n'y a pas de quoi avoir peur. Il n'y avait que Fred. C'est un vieux copain à moi. Il travaille à l'endroit où tu m'as acheté. Son arme a explosé par accident. Il ne te fera pas de mal.

Il n'y avait pas un bruit. J'ai commencé à penser que j'avais dû faire une erreur.

«Il s'est enfui», ai-je entendu Fred dire à son père, et juste au moment où il le disait , j'ai entendu un léger bruit de quelqu'un bougeant dans les branches au-dessus de moi.

« Non, il ne l'a pas fait ! » J'ai crié. «Il est en haut de cet arbre.»

« Je crois que le chien l'a trouvé, papa !

« Oui, il est ici. Venez le rencontrer.

Fred arriva au pied de l'arbre.

« Toi là-haut, dit-il, descends.

Pas un bruit venant de l'arbre.

« Tout va bien, expliquai-je, il *est* là-haut, mais il est très timide. Demandez-lui encore.

«Très bien», dit Fred. « Reste là si tu veux. Mais je vais tirer avec ce pistolet dans les branches juste pour m'amuser.

Et puis l'homme a commencé à descendre. Dès qu'il a touché le sol, je lui ai sauté dessus.

'C'est bon!' J'ai dit : « Voici mon ami Fred. Vous l'aimerez.

Mais ce n'était pas bon. Ils ne s'entendaient pas du tout. Ils parlaient à peine. L'homme est entré dans la maison et Fred l'a poursuivi, portant son arme. Et quand ils sont entrés dans la maison, c'était pareil. L'homme était assis sur une chaise et Fred sur une autre, et après un long moment, des hommes sont arrivés en automobile et l'homme est parti avec eux. Il ne m'a pas dit au revoir.

Quand il fut parti, Fred et son père firent toute une histoire de moi. Je ne pouvais pas le comprendre. Les hommes sont tellement bizarres. L'homme n'était pas du tout content que je l'aie réuni avec Fred, mais Fred semblait ne pas pouvoir en faire assez pour moi pour l'avoir présenté à l'homme. Cependant, le père de Fred m'a préparé du jambon froid – mon plat préféré – et m'en a donné une grande quantité, alors j'ai arrêté de m'inquiéter à ce sujet. Comme disait ma mère : « Ne te préoccupe pas de ce qui ne te regarde pas. La seule chose dont un chien doit se soucier est la facture. Mangez votre petit pain et ne vous occupez pas des affaires des autres. La mère avait, à certains égards, une vision étroite, mais elle possédait une grande réserve de bon sens.

II. *Il bouge dans la société*

C'était une de ces choses dont personne n'est vraiment responsable. Ce n'était pas la faute du chauffeur, ni la mienne. J'avais une réunion amicale avec un de mes amis sur le trottoir ; il a traversé la route en courant ; J'ai couru après lui ; et la voiture est arrivée au coin et m'a percuté. Cela a dû aller assez lentement, sinon j'aurais dû être tué. Dans l'état actuel des choses, j'avais juste le souffle coupé. Vous savez ce que vous ressentez lorsque le boucher vous surprend au moment où vous sortez du magasin avec un peu de viande. C'était comme ça.

Je ne m'intéressais pas beaucoup aux choses pendant un certain temps , mais quand je l'ai fait , j'ai découvert que j'étais le centre d'un groupe de trois : le chauffeur, un petit garçon et la nourrice du petit garçon.

Le petit garçon était très bien habillé et avait l'air délicat. Il pleurait.

« Pauvre toutou, dit-il, pauvre toutou.

— Ce n'était pas ma faute, maître Peter, dit respectueusement le chauffeur. « Il s'est enfui sur la route avant que je ne le voie.

«C'est vrai», dis-je, car je ne voulais pas causer d'ennuis à cet homme.

"Oh, il n'est pas mort", dit le petit garçon. «Il a aboyé.»

«Il a grogné», dit l'infirmière. « Venez, maître Peter. Il pourrait vous mordre.

Les femmes essaient parfois. C'est presque comme s'ils avaient délibérément mal compris.

«Je ne reviendrai pas. Je vais le ramener chez moi et faire venir le médecin pour le voir. Il va être mon chien.

Cela sonnait bien. Dieu sait que je ne suis pas snob et que je peux être dur quand cela est nécessaire, mais j'aime le réconfort quand il m'arrive, et il m'a semblé que c'était là que je l'avais obtenu. Et j'ai aimé le garçon. Il était du bon genre.

L'infirmière, une femme très désagréable, a dû faire des objections.

« Maître Pierre ! Vous ne pouvez pas le ramener à la maison, un chien formidable, rude, féroce et commun ! Que dirait ta mère ?

« Je vais le ramener à la maison, répéta l'enfant avec une détermination que j'admirais de tout cœur, et il sera mon chien. Je l'appellerai Fido.

Il y a toujours un piège dans ces bonnes choses. Fido est un nom que je déteste particulièrement. Tous les chiens le font. Il y avait un chien qui s'appelait ainsi que je connaissais autrefois, et il tombait terriblement malade quand nous le criions après lui dans la rue. Il ne fait aucun doute qu'il y a eu des chiens respectables appelés Fido, mais à mon avis, c'est un nom comme Aubrey ou Clarence. Vous pourrez peut-être vivre cela, mais vous commencerez handicapé. Cependant, il faut prendre le dur avec le lisse, et j'étais prêt à céder.

"Si vous attendez, maître Peter, votre père vous achètera un beau et charmant chien..."

«Je ne veux pas d'un beau et adorable chien. Je veux ce chien.

L'insulte ne m'a pas blessé. Je ne me fais aucune illusion sur mon look. Le mien est un visage honnête, mais pas beau.

« Ça ne sert à rien de parler », dit le chauffeur en souriant. «Il a l'intention de l'avoir. Poussez-le dedans et revenons, sinon ils penseront que Ses Plumes ont été kidnappées.

J'ai donc été transporté jusqu'à la voiture. J'aurais pu marcher, mais j'avais l'idée qu'il valait mieux ne pas le faire. J'avais fait ma réussite en tant que chien infirme, et j'avais l'intention de rester un chien infirme jusqu'à ce que les choses se stabilisent davantage.

Le chauffeur a redémarré la voiture. Avec le choc que j'avais subi et le luxe de rouler en automobile, j'étais un peu désemparé et je ne pouvais pas dire jusqu'où nous sommes allés. Mais cela a dû faire des kilomètres et des kilomètres, car il nous a semblé que longtemps après, nous nous sommes arrêtés devant la plus grande maison que j'aie jamais vue. Il y avait des pelouses lisses et des parterres de fleurs, et des hommes en combinaison, et des fontaines et des arbres, et, tout à droite, des chenils avec environ un million de chiens à l'intérieur, tous poussant leur nez à travers les barreaux et criant. Ils voulaient tous savoir qui j'étais et quels prix j'avais gagné, et puis j'ai réalisé que j'évoluais dans la haute société.

J'ai laissé le petit garçon me prendre et me porter jusqu'à la maison, même si c'était tout ce qu'il pouvait faire, pauvre enfant, car j'étais un peu lourd. Il monta les marches en chancelant et longea une grande salle, puis me laissa m'effondrer sur le tapis de la plus belle pièce que vous ayez jamais vue. La moquette avait un mètre d'épaisseur.

Il y avait une femme assise sur une chaise et dès qu'elle m'a vu , elle a poussé un cri.

« J'ai dit à Maître Peter que vous ne seriez pas contente, madame », dit l'infirmière, qui semblait avoir pris une véritable aversion pour moi, « mais il ramènerait cette méchante brute à la maison.

« Ce n'est pas une méchante brute, mère. C'est mon chien et il s'appelle Fido. John l'a écrasé dans la voiture et je l'ai ramené à la maison pour vivre avec nous. Je l'aime.'

Cela semblait faire une impression. La mère de Peter semblait faiblir.

« Mais, Peter, mon cher, je ne sais pas ce que va dire ton père. Il est si particulier avec les chiens. Tous ses chiens sont des chiens primés, de race. C'est vraiment un bâtard.

« Un chien méchant, rude, laid et commun, madame », dit l'infirmière en enfonçant sa rame d'une manière absolument injustifiée.

A ce moment-là, un homme entra dans la pièce.

« Qu'est-ce qui se passe ? » dit-il en m'apercevant.

« C'est un chien que Peter a ramené à la maison. Il dit qu'il veut le garder.

"Je vais le garder", corrigea Peter fermement.

J'aime un enfant qui connaît son propre esprit. Je devenais de plus en plus affectueux envers Peter à chaque minute. J'ai levé la main et lui ai léché la main.

'Voir! Il sait que c'est mon chien, n'est-ce pas, Fido ? Il m'a léché.

"Mais, Peter, il a l'air si féroce." Ceci est malheureusement vrai. J'ai l'air féroce. C'est plutôt un malheur pour un chien parfaitement paisible. « Je suis sûr que ce n'est pas sûr que vous l'ayez. »

«C'est mon chien et il s'appelle Fido. Je vais dire au cuisinier de lui donner un os.

Sa mère regarda son père, qui eut un rire plutôt méchant.

« Ma chère Helen, dit-il, depuis que Peter est né, il y a dix ans, il n'a pas demandé, autant que je me souvienne, une seule chose qu'il n'ait pas obtenue.

Soyons cohérents. Je n'approuve pas cette caricature de chien, mais si Peter le veut, je suppose qu'il doit l'avoir.

'Très bien. Mais au premier signe de méchanceté qu'il montrera, il sera fusillé. Il me rend nerveux.

Alors ils en sont restés là et je suis parti avec Peter chercher mon os.

Après le déjeuner, il m'a emmené au chenil pour me présenter aux autres chiens. Je devais y aller, mais je savais que ce ne serait pas agréable, et ce n'était pas le cas. N'importe quel chien vous dira à quoi ressemblent ces chiens récompensés. Leurs têtes sont tellement enflées qu'ils doivent rentrer dans leur chenil à reculons.

C'était exactement comme je m'y attendais. Il y avait des mastiffs, des terriers, des caniches, des épagneuls, des bouledogues, des chiens de berger et toutes les autres espèces de chiens que vous pouvez imaginer, tous lauréats d'une centaine d'expositions, et chaque chien présent dans la salle rejetait simplement la tête en arrière et se moquait de lui-même. Je ne me suis jamais senti aussi petit de ma vie, et j'étais content quand tout s'est terminé et que Peter m'a emmené aux écuries.

J'avais juste l'impression que je ne voulais plus jamais voir un autre chien de ma vie, lorsqu'un terrier est sorti en courant en criant. Dès qu'il m'a vu, il s'est approché d'un air interrogateur, marchant les jambes très raides, comme le font les terriers lorsqu'ils voient un étranger.

« Eh bien, dis-je, et quel genre de lauréat êtes-vous en particulier ? Parlez-moi des rubans qu'ils vous ont donnés au Crystal Palace, et finissons-en.

Il a ri d'une manière qui m'a fait du bien.

'Devine encore!' il a dit. « Tu m'as pris pour une des cinglées du chenil ? Je m'appelle Jack et j'appartiens à l'un des palefreniers.

'Quoi!' J'ai pleuré. « Vous n'êtes pas le Champion Bowlegs Royal ou quoi que ce soit de ce genre ! Je suis heureux de vous rencontrer.'

Alors on s'est frotté le nez aussi amicalement qu'il vous plaisait. C'était un plaisir de rencontrer quelqu'un de son espèce. J'en avais assez de ces chiens hautains qui vous regardent comme si vous étiez quelque chose que l'éboueur avait oublié d'emporter.

« Alors vous avez parlé à la houle, n'est-ce pas ? » dit Jack.

«Il m'emmènerait», dis-je en désignant Peter.

'Oh, tu es son dernier en date, n'est-ce pas ? Alors tout va bien, tant que ça dure.

« Comment ça, tant que ça dure ?

«Eh bien, je vais vous raconter ce qui m'est arrivé. Un jour, le jeune Peter s'est pris d'affection pour moi. Je n'ai pas pu en faire assez pour moi pendant un moment. Puis il s'est lassé de moi et je suis sorti. Vous voyez, le problème est que même s'il est un très bon enfant, il a toujours eu tout ce qu'il voulait depuis sa naissance, et il se lasse assez facilement des choses. C'est un chemin de fer jouet qui m'a achevé. Dès qu'il a compris cela, je n'étais peut-être plus sur terre. J'ai eu de la chance que Dick, mon vieil homme actuel, veuille un chien pour éloigner les rats, ou Dieu sait ce qui ne m'est peut-être pas arrivé. Ici, ils n'aiment pas les chiens, à moins qu'ils n'aient arraché assez de rubans bleus pour couler un navire, et les bâtards comme vous et moi, sans vouloir vous offenser, ne durent pas longtemps. J'imagine que tu as remarqué que les adultes ne t'ont pas vraiment applaudi quand tu es arrivé ?

«Ils n'étaient pas amis.»

"Eh bien, crois-moi, ta seule chance est de les rendre amis. Si vous faites quelque chose pour leur plaire, ils pourraient vous laisser rester, même si Peter en avait assez de vous.

« Quel genre de chose ? »

« C'est à vous d'y réfléchir. Je n'en ai pas trouvé. Je pourrais te dire de sauver Peter de la noyade. Vous n'avez pas besoin d'un pedigree pour faire ça. Mais vous ne pouvez pas traîner l'enfant jusqu'au lac et le pousser dedans. C'est là le problème. Un chien a si peu d'opportunités. Mais croyez-moi, si vous ne faites pas quelque chose dans les deux semaines pour vous solidifier auprès des adultes, vous pouvez faire votre testament. Dans deux semaines , Peter vous aura complètement oublié. Ce n'est pas sa faute. C'est la façon dont il a été élevé. Son père a tout l'argent du monde et Peter est le seul enfant. Vous ne pouvez pas lui en vouloir. Tout ce que je dis, c'est de faire attention à toi. Eh bien, je suis heureux de vous avoir rencontré. Revenez quand vous le pouvez. Je peux vous donner de bons coups, et j'ai un os ou deux de côté. Si longtemps.'

Ce que Jack avait dit m'inquiétait beaucoup. Je n'arrivais pas à le sortir de mon esprit. Sans cela, j'aurais passé un bon moment, car Peter faisait certainement beaucoup d'histoires avec moi. Il m'a traité comme si j'étais le seul ami qu'il avait.

Et, d'une certaine manière, je l'étais. Quand on est le fils unique d'un homme qui possède tout l'argent du monde, il semble que l'on n'a pas le droit d'être comme un enfant ordinaire. Ils vous enferment, comme si vous étiez quelque chose de précieux qui serait contaminé au contact d'autres enfants.

Pendant tout le temps que j'ai passé à la maison, je n'ai jamais rencontré un autre enfant. Peter avait tout au monde, sauf quelqu'un de son âge avec qui vivre ; et cela le rendait différent de tous les enfants que j'avais connus.

Il aimait me parler. J'étais la seule personne autour qui le comprenait vraiment. Il parlait à l'heure et j'écoutais la langue pendante et hochais la tête de temps en temps.

Cela valait la peine d'écouter ce qu'il me disait. Il m'a raconté les choses les plus surprenantes. Je ne savais pas, par exemple, qu'il y avait des Indiens Rouges en Angleterre, mais il a dit qu'il y avait un chef nommé Big Cloud qui vivait dans les buissons de rhododendrons au bord du lac. Je ne l'ai jamais trouvé, même si je les ai parcourus attentivement un jour. Il a également dit qu'il y avait des pirates sur l'île du lac. Je ne les ai jamais vus non plus.

Ce qu'il aimait le plus me raconter, c'était la ville de l'or et des pierres précieuses où l'on arrivait en marchant assez loin dans les bois au fond des écuries. Il avait toujours eu l'intention de partir là-bas un jour et, d'après la façon dont il l'a décrit, je ne lui en voulais pas. C'était certainement une très bonne ville. C'était aussi parfait pour les chiens, dit-il, car il y avait des os, du foie, des gâteaux sucrés et tout ce qu'un chien pouvait désirer. Cela me mettait l'eau à la bouche de l'écouter.

Nous n'avons jamais été séparés. J'étais avec lui toute la journée et je dormais sur la natte dans sa chambre la nuit. Mais pendant tout ce temps, je n'arrivais pas à sortir de mon esprit ce que Jack avait dit. J'ai failli le faire une fois, car il me semblait que j'étais si nécessaire à Pierre que rien ne pouvait nous séparer ; mais juste au moment où je me sentais en sécurité, son père lui a donné un avion jouet , qui a volé lorsque vous l'avez remonté. Le jour où il l'a eu, je n'étais peut-être pas sur terre. J'ai suivi, mais il n'avait pas un mot à me dire.

Eh bien, quelque chose s'est mal passé avec l' avion le deuxième jour, et il ne voulait pas voler, et puis j'étais de nouveau en état solide ; mais j'avais réfléchi sérieusement et je savais exactement où j'en étais. J'étais le jouet le plus récent, c'est ce que j'étais, et quelque chose de plus nouveau pouvait arriver à tout moment, et alors ce serait la fin pour moi. La seule chose pour moi était de faire quelque chose pour impressionner les adultes, comme Jack l'avait dit.

Dieu sait que j'ai essayé. Mais tout ce que j'ai fait s'est avéré faux. Il semblait y avoir un destin là-dedans. Un matin, par exemple, je faisais le tour de la maison de bonne heure et j'ai rencontré un type que j'aurais juré être un cambrioleur. Il n'était pas un membre de la famille, ni un des domestiques, et il se promenait dans la maison d'une manière très suspecte. Je l'ai poursuivi jusqu'à un arbre et ce n'est que lorsque la famille est descendue prendre le petit-déjeuner, deux heures plus tard, que j'ai découvert qu'il s'agissait d'un invité arrivé pendant la nuit et sorti tôt pour profiter de la fraîcheur du matin et le soleil brillait sur le lac, c'était ce genre d'homme. Cela ne m'a pas beaucoup aidé.

Ensuite, je me suis trompé avec le patron, le père de Peter. Je ne sais pas pourquoi. Je l'ai rencontré dans le parc avec un autre homme, tous deux portant des fagots de bâtons et ayant l'air très sérieux et sérieux. Juste au moment où je l'atteignais, le patron souleva un des bâtons et frappa une petite boule blanche avec. Il n'avait jamais semblé vouloir jouer avec moi auparavant et j'ai pris cela comme un grand compliment. J'ai couru après le ballon qu'il avait frappé assez loin, je l'ai ramassé dans ma bouche et je le lui ai ramené. Je l'ai posé à ses pieds et je lui ai souri.

« Frappez-le encore, » dis-je.

Il n'était pas content du tout. Il a dit toutes sortes de choses et a essayé de me donner des coups de pied, et cette nuit-là, alors qu'il pensait que je n'écoutais pas, je l'ai entendu dire à sa femme que j'étais une peste et qu'il fallait s'en débarrasser. Cela m'a fait réfléchir.

Et puis j'ai mis le couvercle dessus. Avec les meilleures intentions du monde , je me suis mis dans un tel pétrin que je pensais que la fin était venue.

Cela s'est passé un après-midi dans le salon. Il y avait des visiteurs ce jour-là : des femmes ; et les femmes me semblent fatales. J'étais à l'arrière-plan, essayant de ne pas être vu, car, même si j'avais été amené par Peter, la famille n'aimait jamais mon entrée dans le salon. J'espérais un morceau de gâteau et je ne prêtais pas beaucoup d'attention à la conversation, qui concernait un certain Toto, que je n'avais pas rencontré. La mère de Peter a dit que Toto était un gentil petit chéri, il l'était ; et l'une des visiteurs a dit que Toto n'était pas du tout lui-même ce jour-là et qu'elle était très inquiète. Et bien plus sur le fait que tout ce que Toto prendrait pour le dîner était un peu de viande blanche de poulet, finement hachée. Ce n'était pas très intéressant et j'avais laissé mon attention vagabonder.

Et juste à ce moment-là, jetant un coup d'œil au coin de ma chaise pour voir s'il y avait des traces de gâteau, que devrais-je voir sinon une grosse brute bestiale de rat. Il se tenait juste à côté du visiteur, buvant du lait dans une soucoupe, s'il vous plaît !

J'ai peut-être mes défauts, mais la procrastination en présence de rats n'en fait pas partie. Je n'ai pas hésité une seconde. Voici ma chance. S'il y a une chose que les femmes détestent, c'est bien les rats. Ma mère disait toujours : « Si tu veux réussir dans la vie, fais plaisir aux femmes. Ce sont eux les vrais patrons. Les hommes ne comptent pas. En éliminant ce rongeur , je gagnerais la gratitude et l'estime de la mère de Peter et, si je le faisais, peu importe ce que le père de Peter pensait de moi.

J'ai bondi.

Le rat n'a pas eu la chance de s'échapper. J'avais raison sur lui. Je lui ai attrapé le cou, je l'ai secoué quelques fois et je l'ai jeté à travers la pièce. Ensuite, j'ai couru pour l'achever.

Juste au moment où je l'atteignais, il s'est assis et a aboyé après moi. Je n'ai jamais été aussi surpris de ma vie. Je me suis arrêté et je l'ai regardé.

«Je suis sûr que je vous demande pardon, monsieur», dis-je en m'excusant. «Je pensais que tu étais un rat.»

Et puis tout s'est déchaîné. Quelqu'un m'a attrapé par le col, quelqu'un d'autre m'a frappé à la tête avec un parasol et quelqu'un d'autre m'a donné des coups de pied dans les côtes. Tout le monde parlait et criait en même temps.

« Pauvre Toto chéri ! s'écria le visiteur en saisissant le petit animal. « Est-ce que la grande brute sauvage a essayé de vous assassiner !

« Donc absolument sans provocation ! »

« Il vient de voler vers la pauvre petite chose !

Ce n'était pas la peine d'essayer de l'expliquer. N'importe quel chien à ma place aurait fait la même erreur. La créature était un chien-jouet d'une de ces races extraordinaires – lauréat et champion, etc., bien sûr, et valant son pesant d'or. J'aurais mieux fait de mordre le visiteur que Toto. C'est ce que j'ai compris au fil de la conversation, puis, après avoir découvert que la porte était fermée, je me suis faufilé sous le canapé. J'étais embarrassé.

"C'est réglé!" dit la mère de Peter. « Le chien n'est pas en sécurité. Il doit être abattu.

Peter poussa un cri, mais pour une fois, il ne fit pas bouger le vote d'un pouce.

«Tais-toi, Peter», dit sa mère. « Il n'est pas prudent pour vous d'avoir un tel chien. Il est peut-être fou.

Les femmes sont très déraisonnables.

Toto, bien sûr, n'a pas voulu dire un mot pour expliquer comment l'erreur s'est produite. Il était assis sur les genoux du visiteur, criant sur ce qu'il m'aurait fait s'ils ne nous avaient pas séparés.

Quelqu'un tâta prudemment sous le canapé. J'ai reconnu les chaussures de Weeks, le majordome. Je suppose qu'ils lui avaient appelé pour qu'il vienne me chercher, et je pouvais voir que cela ne lui plaisait pas du tout. J'étais désolé pour Weeks, qui était un de mes amis, alors je lui ai léché la main, et cela a semblé lui remonter le moral beaucoup.

«Je l'ai maintenant, madame», l'entendis-je dire.

« Emmenez-le aux écuries et attachez-le, Weeks, et dites à l'un des hommes d'apporter son arme et de lui tirer dessus. Il n'est pas en sécurité.

Quelques minutes plus tard, j'étais dans une stalle vide, attachée à la mangeoire.

Tout était fini. Cela avait été agréable le temps que cela durait, mais j'étais maintenant au bout de mes forces. Je ne pense pas avoir eu peur, mais un sentiment de pathétique m'a envahi. J'avais si bien intentionné. Il semblait que les bonnes intentions ne servaient à rien dans ce monde. J'avais tellement essayé de plaire à tout le monde, et voici le résultat : ligoté dans une écurie sombre, attendant la fin.

Les ombres s'allongeaient dans la cour des écuries, et toujours personne ne venait. J'ai commencé à me demander s'ils m'avaient oublié, et bientôt, malgré moi, un faible espoir a commencé à surgir en moi que cela pourrait signifier que je n'allais finalement pas être fusillé. Peut-être que Toto, à la onzième heure, avait tout expliqué.

Et puis des pas ont retenti dehors, et l'espoir s'est éteint. J'ai fermé les yeux.

Quelqu'un a passé ses bras autour de mon cou et mon nez a touché une joue chaude. J'ai ouvert les yeux. Ce n'est pas l'homme armé qui est venu me tirer dessus. C'était Pierre. Il respirait très fort et pleurait.

'Calme!' Il murmura.

Il commença à dénouer la corde.

« Vous devez vous taire complètement, sinon ils nous entendront, et alors nous serons arrêtés. Je vais t'emmener dans les bois, et nous marcherons et marcherons jusqu'à arriver à la ville dont je t'ai parlé, c'est tout de l'or et des diamants, et nous y vivrons pour le reste de nos vies, et personne pourra nous faire du mal. Mais vous devez rester très silencieux.

Il se dirigea vers la porte de l'écurie et regarda dehors. Puis il m'a donné un petit coup de sifflet pour que je le poursuive. Et nous avons commencé à découvrir la ville.

Les bois étaient très loin, en bas d'une colline d'herbes hautes et de l'autre côté d'un ruisseau ; et nous allions très prudemment, restant dans l'ombre et courant à travers les espaces ouverts. Et de temps en temps, nous nous arrêtions et regardions en arrière, mais il n'y avait personne. Le soleil se couchait et tout était très frais et calme.

Bientôt nous arrivâmes au ruisseau et le traversâmes sur un petit pont de bois, puis nous nous trouvâmes dans les bois, où personne ne pouvait nous voir.

Je n'étais jamais allé dans les bois auparavant et tout était très nouveau et passionnant pour moi. Il y avait des écureuils, des lapins et des oiseaux, plus que je n'en avais jamais vu de ma vie, et de petites choses qui bourdonnaient, volaient et me chatouillaient les oreilles. J'avais envie de me précipiter et de tout regarder, mais Peter m'a appelé et je me suis mis au pas. Il savait où nous allions, mais pas moi, alors je l'ai laissé diriger.

Nous sommes allés très lentement. Le bois devenait de plus en plus épais à mesure que nous avancions. Il y avait des buissons difficiles à traverser et de longues branches couvertes d'épines qui se tendaient vers vous et vous déchiraient lorsque vous essayiez de vous échapper. Et bientôt il fit complètement noir, si sombre que je ne pouvais plus rien voir, pas même Peter, pourtant si proche. Nous allions de plus en plus lentement, et l'obscurité était pleine de bruits étranges. De temps en temps , Peter s'arrêtait et je courais vers lui et lui mettais mon nez dans la main. Au début , il m'a tapoté, mais au bout d'un moment, il ne m'a plus tapoté , mais m'a juste donné sa main à lécher, comme si c'était trop pour lui de la soulever. Je pense qu'il commençait à être très fatigué. C'était un garçon assez petit et pas fort, et nous avions parcouru un long chemin.

Il semblait faire de plus en plus sombre. J'entendais le bruit des pas de Peter, et ils semblaient traînants tandis qu'il se frayant un chemin à travers les buissons. Et puis, tout à coup, il s'est assis sans aucun avertissement, et quand j'ai couru, je l'ai entendu pleurer.

Je suppose qu'il y a beaucoup de chiens qui auraient su exactement ce qu'il fallait faire, mais je ne pouvais penser à rien d'autre qu'à mettre mon nez contre sa joue et à gémir. Il m'a passé son bras autour du cou et nous sommes restés longtemps ainsi, sans rien dire. Cela parut le réconforter, car au bout d'un moment il cessa de pleurer.

Je ne l'ai pas dérangé en lui demandant quelle était la merveilleuse ville où nous allions, car il était si fatigué. Mais je ne pouvais m'empêcher de me demander si nous en étions à proximité. Il n'y avait aucun signe d'une ville, rien que l'obscurité, des bruits étranges et le vent chantant dans les arbres. Des petits animaux curieux, comme je n'en avais jamais senti auparavant, sortirent des buissons pour nous regarder. Je les aurais poursuivis, mais le bras de Peter était autour de mon cou et je ne pouvais pas le quitter. Mais quand quelque chose qui sentait le lapin s'est approché si près que j'aurais pu tendre la patte et le toucher, j'ai tourné la tête et j'ai claqué ; puis ils se sont tous précipités dans les buissons et il n'y a plus eu de bruit.

Il y a eu un long silence. Alors Peter but une grande gorgée.

«Je n'ai pas peur», dit-il. 'Je ne suis pas!'

J'ai poussé ma tête plus près de sa poitrine. Il y eut un autre silence pendant un long moment.

— Je vais faire comme si nous avions été capturés par des brigands, dit enfin Peter. 'Écoutes-tu? Il y en avait trois, de grands hommes barbus, et ils se sont glissés derrière moi et m'ont attrapé et m'ont emmené ici dans leur antre. C'est leur repaire. L'un s'appelait Dick, les autres s'appelaient Ted et Alfred. Ils m'ont saisi et m'ont emmené à travers le bois jusqu'à ce que nous arrivions ici, puis ils sont repartis, avec l'intention de revenir bientôt. Et pendant leur absence, vous m'avez manqué et vous m'avez suivi à travers les bois jusqu'à ce que vous me trouviez ici. Et puis les brigands sont revenus, et ils ne savaient pas que vous étiez ici, et vous êtes restés assez silencieux jusqu'à ce que Dick soit tout près, puis vous avez sauté et l'avez mordu et il s'est enfui. Et puis tu as mordu Ted et tu as mordu Alfred, et ils se sont enfuis aussi. Nous sommes donc restés seuls et j'étais en sécurité parce que tu étais là pour prendre soin de moi . Et puis… Et puis… »

Sa voix s'éteignit, et le bras qui était autour de mon cou devint mou, et j'entendis à sa respiration qu'il dormait. Sa tête reposait sur mon dos, mais je ne bougeais pas. Je me suis tortillé un peu plus près pour le mettre aussi à l'aise que possible, puis je me suis endormi moi-même.

Je n'ai pas très bien dormi. Je faisais tout le temps des rêves amusants, pensant que ces petits animaux se rapprochaient suffisamment des buissons pour que je puisse les photographier sans déranger Peter.

Si je me réveillais une fois, je me réveillais une douzaine de fois, mais il n'y avait jamais rien. Le vent chantait dans les arbres et les buissons bruissaient, et au loin les grenouilles criaient.

Et puis je me suis réveillé une fois de plus avec le sentiment que cette fois-ci, quelque chose sortait vraiment des buissons. J'ai levé la tête aussi loin que je pouvais et j'ai écouté. Pendant un petit moment, rien ne s'est passé, puis, juste devant moi, j'ai vu des lumières. Et il y eut un bruit de piétinement dans les sous-bois.

Ce n'était pas le moment de penser à ne pas réveiller Peter. C'était quelque chose de précis, quelque chose auquel il fallait s'occuper rapidement. Je me suis levé d'un bond en criant. Peter a roulé sur mon dos et s'est réveillé, et il est resté assis là à écouter, pendant que je me tenais avec mes pattes avant sur lui et que je criais après les hommes. J'étais hérissé de partout. Je ne savais pas qui ils étaient ni ce qu'ils voulaient, mais d'après moi, tout pouvait arriver dans ces bois à cette heure de la nuit, et si quelqu'un venait pour commencer quelque chose, il devait tenir compte. avec moi.

Quelqu'un a appelé : « Pierre ! Tu es là, Peter ?

Il y a eu un fracas dans les buissons, les lumières se sont rapprochées de plus en plus, et puis quelqu'un a dit : « Le voilà ! et il y a eu beaucoup de cris. Je restais là où j'étais, prêt à bondir si nécessaire, car je ne prenais aucun risque.

'Qui es-tu?' J'ai crié. 'Que veux-tu?' Une lumière a brillé dans mes yeux.

« Eh bien, c'est ce chien ! »

Quelqu'un est apparu et j'ai vu que c'était le patron. Il avait l'air très anxieux et effrayé, et il souleva Peter du sol et le serra fort dans ses bras.

Peter n'était qu'à moitié réveillé. Il leva les yeux vers le patron d'un air somnolent et commença à parler de brigands, de Dick, de Ted et d'Alfred, comme il m'avait dit. Il n'y eut aucun bruit jusqu'à ce qu'il ait fini. Puis le patron a pris la parole.

« Des ravisseurs ! C'est ce que je pensais. Et le chien les a chassés !

Pour la première fois de notre connaissance, il m'a tapoté.

« Bon vieux ! » il a dit.

« C'est mon chien, dit Peter d'un ton endormi, et il ne faut pas qu'on lui tire dessus.

« Ce n'est certainement pas le cas, mon garçon », dit le patron. « Désormais, il est l' invité d'honneur . Il portera un collier en or et commandera ce qu'il veut pour le dîner. Et maintenant rentrons à la maison. Il est temps que tu sois au lit.

Maman disait : « Si tu es un bon chien, tu seras heureux. Si ce n'est pas le cas, vous ne le ferez pas », mais il me semble que dans ce monde, tout est une question de chance. Quand je faisais tout ce que je pouvais pour plaire aux gens, ils voulaient me tirer dessus ; et comme je ne faisais rien d'autre que m'enfuir, ils me ramenaient et me traitaient mieux que le lauréat le plus précieux du chenil. C'était déroutant au début, mais un jour j'ai entendu le patron parler à un ami qui venait de la ville.

L'ami m'a regardé et m'a dit : « Quel vilain bâtard ! Pourquoi diable l'avez-vous ici ? Je pensais que tu étais si exigeant avec tes chiens ?

Et le patron a répondu : « C'est peut-être un bâtard, mais il peut avoir tout ce qu'il veut dans cette maison. N'as-tu pas entendu comment il a sauvé Peter du kidnapping ?

Et c'est à cause des brigands que tout s'est produit.

« Le gamin les traitait de brigands », dit le patron. «Je suppose que c'est ainsi que cela frapperait un enfant de cet âge. Mais il n'arrêtait pas de prononcer le nom de Dick, ce qui mettait la police sur la piste. Il semble qu'il y ait un ravisseur bien connu de la police de tout le pays sous le nom de Dick the Snatcher. C'était presque certainement ce scélérat et sa bande. Comment ils ont emmené l'enfant, Dieu le sait, mais ils y sont parvenus, et le chien les a suivis et les a effrayés. Nous l'avons trouvé avec Peter ensemble dans les bois. Nous avons réussi à nous en sortir de justesse et nous devons remercier cet animal pour cela.

Qu'est-ce que je pourrais dire? Cela ne servait plus à rien d'essayer de les redresser que lorsque j'avais pris Toto pour un rat. Peter s'était endormi cette nuit-là en faisant semblant d'avoir affaire aux brigands pour passer le temps, et quand il se réveilla, il croyait toujours en eux. C'était ce genre d'enfant. Je ne pouvais rien y faire.

Au coin de la rue, pendant que le patron parlait, j'ai vu le gardien du chenil arriver avec une assiette à la main. Ça sentait bon et il se dirigeait droit vers moi.

Il a posé l'assiette devant moi. C'était du foie, que j'adore.

"Oui," continua le patron, "sans lui, Peter aurait été kidnappé et aurait été à moitié mort de peur, et je serais plus pauvre, je suppose, à cause de la raison pour laquelle ces scélérats ont choisi de me retenir. .'

Je suis un chien honnête et je déteste obtenir du crédit sous de faux prétextes , mais le foie est le foie. J'en suis resté là.

TÊTES COURONNÉES

Katie n'avait jamais été aussi surprise de sa vie que lorsque le jeune homme sérieux aux yeux marrons et au profil de Charles Dana Gibson l'éloignait de son amie et de Geneviève. Jusqu'à ce moment, elle s'était considérée comme jouant une sorte de rôle de « villageoise et de servante » auprès du héros du jeune homme aux yeux bruns et de l'héroïne de Geneviève. Elle savait qu'elle n'était pas jolie, même si quelqu'un (non identifié) avait dit un jour qu'elle avait de beaux yeux ; tandis que Geneviève était notoirement une beauté, sans cesse harcelée, selon la rumeur, par les régisseurs de comédies musicales pour monter sur scène.

Geneviève était grande et blonde, destructrice de la tranquillité d'esprit masculine. Elle disait « harf » et « plutôt », et on aurait facilement pu la prendre pour une duchesse anglaise au lieu d'un mannequin chez Macey. Vous auriez dit enfin qu'en matière de jeunes gens aimables, Geneviève aurait balayé le tableau. Pourtant, voilà que celui-ci la choisissait délibérément, Katie, pour sa compagne. C'était presque un miracle.

Il y était parvenu avec la plus grande dextérité au manège. Avec une politesse gagnante , il avait aidé Geneviève sur son cheval en bois, puis, alors que la machine commençait à fonctionner, il avait saisi le bras de Katie et l'avait conduite à une marche rapide vers le soleil. Le dernier aperçu de Geneviève par Katie avait été la vue de son visage étonné et offensé alors qu'il sifflait au coin de la rue, tandis que le mélodéon à vapeur noyait les protestations avec un plongeon fougueux dans « Alexander's Ragtime Band ».

Katie se sentait timide. Ce jeune homme était un parfait inconnu. Il est vrai qu'elle l'avait présenté formellement, mais seulement par Geneviève, qui l'avait connu deux minutes auparavant exactement. Cela s'était produit sur le ferry en route vers le parc des Palisades. L'œil vif de Geneviève, errant parmi la foule sur le pont inférieur, avait désigné ce jeune homme et son compagnon comme des cavaliers convenables pour l'expédition. Le jeune homme lui plaisait, et son ami, au nez cassé et au visage de bouledogue bon enfant, convenait évidemment à Katie.

L'étiquette n'est pas rigide sur les ferry-boats new-yorkais. Sans faire d'histoires ni de retard, elle entreprit de faire leur connaissance, au grand souci de Katie, car elle ne pourrait jamais s'habituer au court trajet de Geneviève avec les étrangers. La vie tranquille qu'elle avait menée l'avait rendue presque prude, et il y avait des moments où la conduite de Geneviève la choquait. Bien sûr, elle savait qu'il n'y avait aucun mal à Geneviève. Comme cette dernière l'avait elle-même dit un jour : « L'homme qui essaie de devenir gay avec moi va recevoir un appel qui le fera réclamer son pardessus d'hiver. Mais elle ne pouvait tout de même pas approuver. Et le résultat net de sa désapprobation fut de la rendre timide et silencieuse alors qu'elle marchait aux côtés de ce jeune homme.

Le jeune homme semblait deviner ses pensées.

"Dis, je suis au niveau", observa-t-il. « Vous voulez obtenir cela. Directement sur la place. Voir?'

"Oh, oui", dit Katie, soulagée mais néanmoins embarrassée. C'était gênant de voir ses pensées lues ainsi.

'Tu n'es pas comme ton ami. Ne pensez pas que je ne vois pas ça.

« Geneviève est une fille adorable », dit loyalement Katie.

« Un sacré spectacle trop doux. Quelqu'un devrait le dire à sa mère.

« Pourquoi lui as-tu parlé si tu ne l'aimais pas ?

«Je voulais faire votre connaissance», dit simplement le jeune homme.

Ils marchaient en silence. Le cœur de Katie battait avec une rapidité qui lui interdisait de parler. Rien de pareil à ce jeune homme très direct ne lui était jamais arrivé auparavant. Elle s'était tellement habituée à se considérer comme quelque chose de trop insignifiant et peu attrayant pour attirer l'attention du seigneur masculin qu'elle en était dépassée. Elle avait le vague sentiment qu'il y avait une erreur quelque part. Ce ne pouvait sûrement pas être elle qui se montrait si séduisante auprès de ce prince féerique. La nouveauté de la situation l'effrayait.

'Viens ici souvent?' demanda son compagnon.

«Je ne suis jamais venu ici auparavant.»

« Tu vas souvent à Coney ?

'Je n'ai jamais été.'

Il la regarda avec étonnement.

« Vous n'êtes jamais allé à Coney Island ! Eh bien, vous ne savez pas ce que c'est que ce genre de chose avant d'avoir rencontré Coney. Cet endroit n'est pas sur la carte avec Coney. Voulez-vous dire que vous n'avez jamais vu Luna Park, ou Dreamland, ou Steeplechase, ou les canards plongeurs ? N'avez-vous pas jeté un œil aux cascades du Mardi Gras ? Eh bien, Coney pendant le Mardi Gras est la plus grande chose sur terre. C'est un KO. Près d'un million de garçons et de filles passent le meilleur moment de leur vie. Dis, je suppose que tu ne sors pas beaucoup, n'est-ce pas ?

'Pas beaucoup.'

« Si ce n'est pas une question grossière, que faites-vous ? J'ai essayé de te situer depuis le début. Maintenant, je pense que ton amie travaille dans un magasin, n'est-ce pas ?

'Oui. C'est un modèle de manteau. Elle a une jolie silhouette, n'est-ce pas ?

«Je ne l'ai pas remarqué. Je suppose que oui, si elle est ce que tu dis. C'est pour ça qu'ils la paient, n'est- ce pas ? Travaillez-vous aussi dans un magasin ?

'Pas exactement. Je tiens une petite boutique.

'Par vous-même?'

«Je fais tout le travail maintenant. C'était la boutique de mon père, mais il est mort. Cela a commencé par appartenir à mon grand-père. Il l'a commencé. Mais il est si vieux maintenant que, bien sûr, il ne peut plus travailler, alors je m'occupe de tout.

« Dis, tu es une merveille ! Quel genre de magasin ?

« Ce n'est qu'une petite librairie d'occasion. Il n'y a vraiment pas grand-chose à faire.

'Où est-il?'

« Sixième Avenue. Près de Washington Square.

'Quel nom?'

'Bennett.'

« C'est votre nom, alors ? »

'Oui.'

« Autre chose que Bennett ?

«Je m'appelle Kate.»

Le jeune homme hocha la tête.

« Je ferais un très bon procureur », dit-il, désarmant tout ressentiment possible face à ce contre-interrogatoire. « Je suppose que vous vous demandez si je vais un jour arrêter de vous poser des questions. Eh bien, qu'est-ce que tu aimerais faire ?

« Tu ne penses pas que nous devrions retourner retrouver ton amie et Geneviève ? Ils se demanderont où nous sommes.

«Laissez- les », dit brièvement le jeune homme. «J'ai eu tout ce que je voulais de Jenny.»

"Je ne comprends pas pourquoi tu ne l'aimes pas."

'Je t'aime bien. Pouvons-nous prendre une glace, ou préférez-vous prendre le Scenic Railway ?

Katie a opté pour un plaisir plus paisible. Ils reprirent leur marche, léchant socialement deux cônes. Du coin de l'œil, Katie jeta un rapide coup d'œil au visage de son amie. C'était un jeune homme très sérieux. Il y avait quelque chose d'important et de beau chez lui. Un jour, alors qu'ils se frayaient un chemin à travers la foule, elle vit deux garçons le regarder avec presque révérence. Elle se demandait qui il pouvait être, mais était trop timide pour s'enquérir. Elle avait largement surmonté sa nervosité, mais il y avait encore des limites à ce qu'elle se sentait capable de dire. Il ne lui semblait pas qu'il était juste qu'elle pose quelques questions en échange de celles qu'il lui avait posées. Elle s'était toujours réprimée, et elle le fait maintenant. Elle se contentait d'être avec lui sans connaître son nom et son histoire.

Il a fourni le premier juste avant de finalement consentir à la laisser partir.

Ils étaient debout et regardaient la rivière. Le soleil avait épuisé sa force, et il faisait frais et agréable dans la brise qui montait de l'Hudson. Katie éprouvait un vague sentiment presque mélancolique. Cela avait été un bel après-midi et elle regrettait que ce soit fini.

Le jeune homme traînait les pieds sur les pierres meubles.

«Je suis très heureux de vous avoir rencontré», dit-il. « Dis, je viens te voir. Sur la Sixième Avenue. Cela ne vous dérange pas, n'est-ce pas ?

Il n'a pas attendu de réponse.

« Brady est mon nom. Ted Brady, Glencoe Athletic Club, dit-il en faisant une pause. "Je suis au niveau", a-t-il ajouté, avant de faire une nouvelle pause. «Je t'aime beaucoup. Voilà votre amie, Geneviève. Tu ferais mieux de la poursuivre, n'est-ce pas ? Au revoir.' Et il disparut, traversant rapidement la foule autour du kiosque à musique.

Katie est retournée auprès de Geneviève, et Geneviève était tout simplement horrible. Froide et hautaine, un bel iceberg de connard, elle refusa de prononcer un seul mot pendant tout le long voyage de retour vers la Sixième Avenue. Et Katie, dont le cœur tendre aurait été torturé en d'autres moments par cette hostilité, se renversa sur son siège et était heureuse. Son esprit était loin de la tristesse glacée de Geneviève, revivant les merveilleux événements de l'après-midi.

Oui, l'après-midi avait été merveilleux, mais des ennuis l'attendaient sur la Sixième Avenue. Les problèmes n'ont jamais été absents très longtemps de la vie altruiste de Katie. En arrivant à la petite librairie, elle trouva M. Murdoch, le vitrier, se préparant au départ. M. Murdoch venait les lundis, mercredis et vendredis pour jouer aux dames avec son grand-père, qui était paralysé à partir de la taille et incapable de quitter la maison, sauf lorsque Katie l'emmenait chaque matin dans sa chaise de bain pour sa sortie à Washington Square.

M. Murdoch a accueilli Katie avec joie.

«Je me demandais quand tu reviendrais, Katie. J'ai bien peur que le vieil homme soit un peu contrarié.

« Pas malade ?

« Pas malade. Bouleversé. Et c'était aussi de ma faute. Pensant qu'il serait intéressé, je lui ai lu un article du journal où j'avais vu parler de ces suffragettes anglaises , et il s'est envolé. Je suppose qu'il ira bien maintenant que tu es revenu. J'ai été idiot de le lire, je pense. J'ai un peu oublié pour le moment.

« S'il vous plaît, ne vous inquiétez pas, M. Murdoch. Il ira bientôt mieux. J'irai vers lui.

Dans la pièce intérieure, le vieil homme était assis. Son visage était rouge et il gesticulait de temps en temps.

«Je ne l'aurai pas», cria-t-il lorsque Katie entra. « Je vous le dis, je ne l'aurai pas. Si le Parlement ne peut rien faire, je l'enverrai s'occuper de ses affaires.

«Me voici, grand-père», dit rapidement Katie. «J'ai passé un très bon moment. C'était charmant là-haut. JE-'

« Je vous le dis, il faut que ça s'arrête. J'en ai déjà parlé. Je ne l'aurai pas.

«J'espère qu'ils font de leur mieux. C'est votre éloignement qui rend la tâche difficile pour eux. Mais je pense que vous pourriez leur écrire une lettre très pointue.

'Je vais. Je vais. Sortez le papier. Es-tu prêt?' Il s'arrêta et regarda Katie avec pitié. «Je ne sais pas quoi dire. Je ne sais pas par où commencer.

Katie a griffonné quelques lignes.

« Comment cela fonctionnerait-il ? "Sa Majesté informe son gouvernement qu'elle est très surprise et indignée qu'aucune attention n'ait été accordée à ses communications antérieures. Si cela continue, il sera contraint, à contrecœur, de remettre l'affaire entre d'autres mains."

Elle l'a lu avec désinvolture comme elle l'avait écrit. Cette formule avait été l'une des préférées de son défunt père, lorsqu'il s'en prenait aux clients offensants de la librairie.

Le vieil homme rayonnait. Son ressentiment avait disparu. Il était apaisé et heureux.

«Ça va les réveiller » , dit-il. « Je n'aurai pas ces choses-là tant que je serai roi, et s'ils n'aiment pas ça, ils savent quoi faire. Tu es une bonne fille, Katie.

Il en riant.

"J'ai battu Lord Murdoch cinq matchs à zéro", a-t-il déclaré.

Cela faisait maintenant près de deux ans depuis le matin où le vieux Matthew Bennett avait annoncé à un auditoire composé de Katie et d'un chat bleu enfumé, venu de Washington Square pour partager un repas à la chance, qu'il était le roi d'Angleterre.

Cela durait longtemps pour qu'une illusion du vieil homme puisse durer. Habituellement, ils allaient et venaient avec une rapidité qui rendait difficile à Katie, malgré tout son tact, de les suivre. Elle n'oublierait probablement pas le moment où il avait couché le président Roosevelt et réveillé le prophète Élie. C'était la seule occasion, au cours de toutes les années qu'ils avaient passées ensemble, où elle avait eu envie de céder et de se laisser aller à la crise de colère que la plupart des filles de son âge auraient naturellement eu.

Elle avait géré cette crise, et elle avait géré la crise actuelle avec la même douceur. Lorsque son grand-père a fait cette annonce, ce qu'il a fait plutôt comme une déclaration d'un fait généralement reconnu que comme si l'information était en quelque sorte sensationnelle, elle n'a ni crié ni s'est évanouie, et elle ne s'est pas non plus précipitée vers les voisins pour demander conseil. Elle se contenta de donner son petit-déjeuner au vieil homme, sans oublier de réserver une portion convenable pour le chat enfumé, puis alla informer M. Murdoch de ce qui s'était passé.

M. Murdoch, un excellent homme, reçut la nouvelle sans faire d'histoires ni d'excitation du tout, et promit de s'occuper de Schwartz, le gros tenancier de saloon, qui était le compagnon et l'antagoniste de M. Bennett aux dames les mardis, jeudis et samedis, et, comme il l'a exprimé, mettez-le au courant.

La vie se déroulait confortablement dans le nouveau rythme. Le vieux M. Bennett a continué à jouer aux dames et à se pencher sur ses classiques d'occasion. Chaque matin, il faisait sa sortie sur Washington Square où, du haut de sa chaise d'infirme, il surveillait les Italiens somnolents et les enfants qui faisaient du roller avec son vieil air d'approbation bienveillante. Katie, à qui les circonstances avaient appris à être reconnaissante pour les petites grâces, était parfaitement heureuse à l'ombre du trône. Elle aimait son travail;

elle aimait s'occuper de son grand-père ; et maintenant que Ted Brady était entré dans sa vie, elle commençait vraiment à se considérer comme une fille exceptionnellement chanceuse, une favorite gâtée de Fortune.

Car Ted Brady avait appelé, comme il l'avait dit, et dès le début, il avait clairement et directement exposé dans sa tombe les objets de ses visites. Il n'y avait aucune subtilité chez Ted, aucune finesse. Il était aussi franc qu'une chanson d'amour de music-hall.

Lors de sa première visite, après avoir remis à Katie un gros bouquet de roses avec la rigueur d'un messager remettant un colis, il avait commencé, pour établir sa *bonne foi* , à lui parler de lui. Il a fourni les faits dans un ordre désordonné, tels qu'ils lui venaient à l'esprit dans les longs silences qui ponctuaient son discours. Les petits faits bousculaient les grands faits. Il parlait de ses mœurs et de son fox-terrier dans le même souffle.

« Je suis au niveau. Demandez à tous ceux qui me connaissent. Ils vous le diront. Dis, j'ai le petit chien le plus mignon que tu aies jamais vu. Aimes tu les chiens? Je n'ai jamais été du genre à se mêler aux filles. Je ne les aime pas en général. Un joueur a trop à faire pour rester à l'entraînement, si son club attend de lui qu'il fasse des choses. J'appartiens au Glencoe Athletic. J'ai couru le sprint de cent mètres lors des derniers sports existants. Ils s'attendent à ce que je le fasse au Glencoe, donc je ne me suis jamais mêlé aux filles. Jusqu'à ce que je te voie cet après-midi, je pense que j'avais à peine regardé une fille, honnêtement. Ils ne semblaient pas vraiment avoir de succès auprès de moi. Et puis je t'ai vu , et je me suis dit : "C'est celui-là". Cela m'est venu en quelque sorte en un éclair . Je suis tombé amoureux de toi dès que je t'ai vu. Et je suis au niveau. N'oubliez pas ça.

Et plus encore, dans le même sens, s'appuyant sur le comptoir et regardant Katie dans les yeux avec une dévotion qui ajoutait de l'emphase à son discours mesuré.

Le lendemain, il revint et l'embrassa respectueusement mais fermement, faisant une sorte de saut traînant à travers le comptoir. S'éloignant, il fouilla dans sa poche et en sortit une bague qu'il se mit à lui passer au doigt avec l'air sérieux qui accompagnait tous ses actes.

«Ça me semble plutôt bien», dit-il en reculant et en le regardant.

Katie fut frappée, après son départ, par la manière dont les hommes faisaient les choses différemment. Geneviève racontait souvent des histoires d'hommes qui lui avaient proposé et, selon Geneviève, ils étaient toujours excités et émus, et pleuraient parfois. Ted Brady lui avait équipé la bague plus comme l'assistant d'un gantier qu'autre chose, et il n'avait pratiquement pas prononcé un mot du début à la fin. Il avait semblé prendre son acquiescement pour acquis. Et pourtant, les débats n'avaient rien de plat ni de décevant. Elle avait été ravie tout au long. Il faut supposer que M. Brady avait une force de caractère qui n'exige pas l'aide de la parole.

Ce n'est que lorsqu'elle annonça ses fiançailles au vieux M. Bennett que Katie comprit que le destin n'avait pas l'intention de lui être aussi bienveillant qu'elle le supposait.

Que son grand-père puisse s'y opposer ne lui était pas venu à l'esprit. Elle prenait son approbation pour acquise. Jamais, aussi loin qu'elle s'en souvienne, il n'avait été autre chose que gentil avec elle. Et les seules objections possibles au mariage du point de vue d'un grand-père – mauvaise moralité, moyens insuffisants ou infériorité de la position sociale – étaient dans ce cas glorieusement absentes.

Elle ne voyait pas comment quelqu'un, aussi hypercritique soit-il, pourrait trouver un défaut chez Ted. Son caractère était impeccable. Il était confortablement installé. Et loin d'être socialement inférieur, c'est lui qui condescendit. Car Ted, elle avait découvert lors d'une conversation avec M. Murdoch, le vitrier, n'était pas un jeune homme ordinaire. C'était une célébrité. À tel point que l'espace d'un instant, lorsqu'on lui avait annoncé la nouvelle des fiançailles, M. Murdoch, sorti de son tact habituel, avait manifesté une franche surprise que le grand Ted Brady n'ait pas dû viser plus haut.

"Tu es sûre d'avoir le bon nom, Katie ?" Il avait dit. « C'est vraiment Ted Brady ? Aucune erreur sur le prénom ? Un jeune homme bien bâti et beau aux yeux marrons ? Eh bien, ça me bat. Non pas, poursuivit-il précipitamment, qu'un jeune homme ne s'estime pas chanceux d'avoir une femme comme toi, Katie, mais Ted Brady ! Eh bien, il n'y a pas une fille dans cette partie de la ville, ni à Harlem ou dans le Bronx, d'ailleurs, qui ne donnerait ses yeux pour être à votre place. Eh bien, Ted Brady est le grand bruit. C'est la star du Glencoe.

"Il m'a dit qu'il appartenait au Glencoe Athletic."

« Ne le crois pas. Cela lui appartient. Eh bien, la façon dont ce garçon court et saute est la vraie limite. Il n'y a que Billy Burton, de l'Irlandais-Américain, qui peut le toucher. Vous avez certainement le choix, Katie.

Il la regarda avec admiration, comme s'il réalisait pour la première fois sa vraie valeur. Car M. Murdoch était un grand mécène du sport.

Avec ces faits en sa possession, Katie avait abordé l'entretien avec son grand-père avec beaucoup de confiance.

Le vieil homme écouta en silence son récit des qualités de M. Brady. Puis il secoua la tête.

« Ce n'est pas possible, Katie. Je ne pouvais pas l'avoir.

« Grand-père !

« Vous oubliez, ma chérie.

'Oubli?'

« Qui a déjà entendu parler d'une chose pareille ? La petite-fille du roi d'Angleterre épousant un roturier ! Cela ne suffirait pas du tout.

La consternation, la surprise et la misère ont gardé Katie muette. Elle avait appris dans une école difficile à se préparer aux coups soudains du destin, mais celui-ci était si totalement imprévu qu'il la trouva prise au dépourvu et elle en fut écrasée. Elle connaissait trop bien l'obstination de son grand-père pour contester cette décision.

« Oh non, pas du tout », répéta-t-il. "Oh, non, ça ne marcherait pas."

Katie n'a rien dit ; elle était au-delà de la parole. Elle se tenait là, les yeux écarquillés et silencieuse parmi les ruines de son petit château aérien. Le vieil homme lui tapota affectueusement la main. Il était content de sa docilité. C'était la bonne attitude, digne d'un de ses hauts rangs .

« Je suis vraiment désolé, ma chère, mais… oh non ! oh non! oh, non… » Sa voix se transforma en un marmonnement inintelligible. C'était un homme très âgé et il n'était pas toujours capable de concentrer ses pensées sur un sujet pendant un certain temps.

Ted Brady se rendit si peu compte au début de la véritable complexité de la situation qu'il fut enclin, lorsqu'il apprit la nouvelle, à traiter la crise de la manière désinvolte, fringante et amoureuse du serrurier, si populaire auprès des jeunes hommes du monde. esprit lorsqu'ils sont contrariés dans leurs amours par l'interférence des parents et des tuteurs.

Il fallut un certain temps à Katie pour le convaincre que, simplement parce qu'il avait le permis en poche, il ne pouvait pas la saisir sur l'arçon de sa selle et l'emmener chez le pasteur le plus proche, à la manière du jeune Lochinvar.

Dans les premiers instants de son ressentiment face à la retenue, il ne voyait aucune raison de faire une différence entre le vieux M. Bennett et le père conventionnel, interdisant les interdictions, des romans avec lesquels il avait l'habitude d'adoucir ses heures d'oisiveté. Pour lui, jusqu'à ce que Katie lui explique les subtilités de la situation, M. Bennett était simplement le fier millionnaire qui ne voulait pas entendre parler de sa fille épousant l'artiste.

"Mais, Ted, mon cher, tu ne comprends pas", dit Katie. « Nous ne pouvions tout simplement pas faire cela. Il n'y a personne d'autre que moi pour veiller sur lui, pauvre vieux. Comment ai-je pu m'enfuir comme ça et me marier ? Que deviendrait-il ?

«Vous ne serez pas absent longtemps», a insisté M. Brady, un homme aux multiples facettes, mais pas un penseur rapide. « Le ministre nous aurait réparés dans une demi-heure. Ensuite, nous allions chez Mouquin's pour un steak frit, histoire de préparer une sorte de petit-déjeuner de mariage. Et puis nous revenions, main dans la main, et disions : "Eh bien, nous y sommes. Et maintenant ?"

«Il ne me pardonnerait jamais.»

« Cela, dit Ted d'un ton judiciaire, cela dépendrait de lui. »

« Cela le tuerait. Ne voyez-vous pas, nous savons que tout cela n'a aucun sens, cette idée qu'il a ; mais il pense vraiment qu'il est le roi, et il est si vieux que le choc de ma désobéissance serait trop fort. Honnêtement, Ted, mon cher, je ne pourrais pas.

Une tristesse indicible assombrit le visage toujours sérieux de Ted Brady. Les difficultés de la situation commençaient à lui apparaître.

« Peut-être que si j'allais le voir… » suggéra-t-il enfin.

«Vous *pourriez*», dit Katie dubitative.

Ted serra sa ceinture d'un air déterminé, et mordit résolument le chewing-gum qui était son inséparable compagnon.

«Je le ferai», dit-il.

« Tu seras gentil avec lui, Ted ?

Il acquiesca. C'était un homme d'action, pas de paroles.

Il lui fallut peut-être dix minutes avant de sortir de la pièce intérieure dans laquelle M. Bennett passait ses journées. Quand il l'a fait, il n'y avait aucune lueur de jubilation sur son visage. Son front était plus sombre que jamais.

Katie le regarda avec inquiétude. Il lui rendit son regard avec un sombre hochement de tête.

« Rien à faire, » dit-il brièvement. Il fit une pause. « À moins que, ajouta-t-il, vous ne considériez comme quelque chose le fait qu'il m'ait fait comte.

Au cours des deux semaines suivantes, plusieurs cerveaux se sont occupés de la situation. Geneviève, réconciliée avec Katie après un intervalle décent de dignité blessée, a déclaré qu'elle supposait qu'il y avait une issue, si seulement on pouvait y penser, mais elle l'a certainement dépassée. La seule approche d'un plan d'action a été suggérée par l'individu au nez cassé qui avait été le compagnon de Ted ce jour-là à Palisades Park, un gentleman d'une certaine notoriété dans le monde de la boxe, qui se réjouissait au nom du Tennessee Bear-Cat.

Ce qu'ils devraient faire, de l'avis du Chat-Ours, c'était d'emmener le vieil homme un matin à Washington Square. Lui du Tennessee se lancerait alors d'une manière inversée et ferait une pause. Ted, qui attendait à proximité, serait mécontent de son insolence. Il y aurait des mots, suivis de coups.

'Tu vois ce que je veux dire?' poursuivit l'Ours-Chat. « Il y a toi et moi qui mélangeons ça. Je vais affronter le flic sur le terrain pour nous laisser tranquilles ; c'est un de mes amis. Très vite, tu m'en poses un sur le plexus, et je prends le compte. Ensuite, vous me tirez par le col jusqu'au vieux monsieur, et moi, je dis que j'arrête et je m'excuse. Tu vois ce que je veux dire?'

Le tout, vraisemblablement, pour se conclure par de chaleureuses expressions de gratitude et d'estime de la part de M. Bennett, et par un retrait instantané du veto.

Ted lui-même a approuvé le projet. Il dit que c'était une mâchoire de biscuit, et il se demanda comment un homme aussi notoirement au crâne d'ivoire que l'autre avait pu avoir une telle idée. L'Ours-Chat disait modestement qu'il en avait parfois . Et il est probable que tout aurait été bien s'il n'avait pas été nécessaire de raconter le plan à Katie, qui était horrifiée à cette seule idée, parlait chaleureusement du danger pour le système nerveux de son grand-père et disait qu'elle ne pensait pas que l'Ours -Le chat pourrait être un bon ami pour Ted. Et les choses retombèrent dans leur ancien état de désespoir.

Et puis, un jour, Katie s'est forcée à dire à Ted qu'elle pensait que ce serait mieux s'ils ne se voyaient pas pendant un moment. Elle a dit que ces rencontres n'étaient qu'une source de douleur pour tous deux. Ce serait vraiment mieux s'il ne revenait pas pendant… enfin, un certain temps.

Cela n'avait pas été facile pour elle de le dire. Cette décision est le résultat de nombreuses nuits d'éveil. Elle s'était posée la question de savoir s'il était juste pour elle de garder Ted enchaîné à elle de cette manière désespérée, alors que, livré à lui-même et loin d'elle, il pouvait si facilement trouver une autre fille pour le rendre heureux.

Alors Ted y est allé à contrecœur, et la petite boutique de la Sixième Avenue ne le connaissait plus. Et Katie passait son temps à s'occuper du vieux M. Bennett (qui avait complètement oublié cette liaison désormais et se demandait parfois pourquoi Katie n'était pas aussi joyeuse qu'elle l'avait été) et, bien que désintéressée, elle était humaine, détestait ces filles inconnues. qu'elle pouvait voir dans son esprit se regrouper autour de Ted, lui souriant, faisant beaucoup de lui et chassant le simple souvenir d'elle de son esprit.

L'été est passé. Juillet allait et venait, faisant de New York un four. Août suivit, et l'on se demanda pourquoi on s'était plaint des timides avancées de juillet.

Ce fut le soir du 11 septembre que Katie, après avoir fermé la petite boutique, s'assit au crépuscule sur les marches, comme le faisaient des milliers de ses concitoyens et citadines, tournant son visage vers la première brise que New York venait de recevoir. connu depuis deux mois. La vague de chaleur s'était brusquement interrompue cet après-midi-là, et la ville buvait la fraîcheur comme une fleur boit de l'eau.

Du coin de la rue, là où la croix jaune de l'hôtel Judson brillait sur Washington Square, venaient les cris des enfants et les sons, adoucis par la distance, de l'infatigable orgue de Barbarie qui jouait les mêmes airs au même endroit depuis le printemps.

Katie ferma les yeux et écouta. C'était très paisible ce soir, si paisible que pendant un instant elle oublia même de penser à Ted. Et c'est justement à cet instant qu'elle entendit sa voix.

"C'est toi, gamin ?"

Il se tenait devant elle, les mains dans les poches, un pied sur le trottoir, l'autre sur la route ; et s'il était agité, sa voix ne le montrait pas.

"Ted!"

'C'est moi. Puis-je voir le vieil homme une minute, Katie ?

Cette fois, il lui sembla percevoir une légère pointe d'excitation.

« Ça ne sert à rien, Ted. Honnête.'

« Cela ne fait aucun mal d'entrer et de passer l'heure de la journée, n'est-ce pas ? J'ai quelque chose à lui dire.

'Quoi?'

« Je te le dirai plus tard, peut-être. Est-il dans sa chambre ?

Il la dépassa et entra. En entrant, il attrapa son bras et le pressa, mais il ne s'arrêta pas. Elle le vit entrer dans la pièce intérieure et entendit, à travers la porte alors qu'il la fermait derrière lui, le murmure des voix. Et presque aussitôt, lui sembla-t-il, son nom fut appelé. C'était la voix de son grand-père qui l'appelait, haute et excitée. La porte s'ouvrit et Ted apparut.

« Viens ici une minute, Katie, tu veux ? » il a dit. « Vous êtes recherché. »

Le vieil homme était penché en avant sur sa chaise. Il était dans un état d'excitation extraordinaire. Il frémit et sursauta. Ted, debout près du mur, avait l'air aussi impassible que jamais ; mais ses yeux brillaient.

« Katie, s'écria le vieil homme, c'est une nouvelle des plus remarquables. Ce monsieur vient de me dire : extraordinaire. Il-'

Il s'interrompit et regarda Ted, comme il avait regardé Katie lorsqu'il avait essayé d'écrire la lettre au Parlement d'Angleterre.

Le regard de Ted, lorsqu'il rencontra celui de Katie, était presque provocateur.

«Je veux t'épouser», dit-il.

« Oui, oui », interrompit M. Bennett avec impatience, « mais… »

«Et je suis un roi.»

"Oui, oui, c'est ça, c'est ça, Katie. Ce monsieur est un roi.

Une fois de plus, le regard de Ted rencontra celui de Katie, et cette fois il y avait un regard implorant.

«C'est vrai», dit-il lentement. "Je viens de dire à ton grand-père que je suis le roi de Coney Island."

'C'est ça. De Coney Island.

' Il n'y a donc aucune objection à ce que nous nous mariions maintenant, gamin, Votre Altesse Royale. C'est une alliance royale, tu vois ?

"Une alliance royale", a fait écho M. Bennett.

Dans la rue, Ted tenait la main de Katie et souriait un peu penaud.

«Tu es très silencieux, gamin», dit-il. « On dirait que l'idée d'être marié avec moi ne vous plaît pas beaucoup.

« Ah, Ted ! Mais-'

Il lui serra la main.

'Je sais ce que tu penses. Je suppose que c'était un travail difficile de raconter une telle histoire sur le vieil homme. Je détestais le faire, mais bon! Quand un gars est confronté à cela comme moi, il a tendance à saisir presque toutes les occasions qui se présentent. Eh bien, disons, gamin, il m'a semblé que c'était en quelque sorte *intentionnel* . Venant juste maintenant, comme c'était le cas, juste au moment où c'était voulu, et juste au moment où cela ne semblait pas possible, cela pouvait arriver. Eh bien, il y a une semaine, j'étais à près de deux cents voix derrière Billy Burton. L'Américain d'origine irlandaise l'a hébergé et tout le monde pensait qu'il serait le roi du Mardi Gras.

Et puis tout à coup, ils sont venus me chercher, jusqu'à ce qu'à la fin, Billy ressemble à un hasbeen régulier.

"C'est drôle la façon dont le vote saute chaque année lors de cette élection de Coney. C'était juste la Providence, et il ne semblait pas juste de laisser cela passer. Alors je suis allé voir le vieil homme et je lui ai dit. Dis, je te dis que je transpirais quand je me préparais à le lui remettre. C'était une chance extérieure qu'il se souvienne de ce qu'était le Mardi Gras à Coney, et de ce qu'était exactement le fait d'être un roi. Puis je me suis souvenu que tu m'avais dit que tu n'étais jamais allé à Coney, alors j'ai pensé que ton grand-père ne serait pas ce que tu appellerais bien fixé dans ses informations à ce sujet, alors j'ai pris le risque.

«Je l'ai d'abord essayé. Je l'ai essayé avec Brooklyn. Eh bien, disons, d'après la façon dont il le percevait, soit il n'avait jamais entendu parler de cet endroit, soit il avait oublié de quoi il s'agissait. Je suppose qu'il ne se souvient pas de grand-chose, pauvre vieux. Ensuite, j'ai mentionné Yonkers. Il m'a demandé ce qu'étaient les Yonkers. Ensuite, j'ai pensé qu'il était prudent de faire appel à Coney, et il a tout de suite craqué. Je me sentais méchant, mais il fallait le faire.

Il la rattrapa et la balança dans les airs avec un visage parfaitement impassible. Puis, après l'avoir embrassée, il la reposa doucement sur le sol. Cette action semblait avoir soulagé ses sentiments, car lorsqu'il reprit la parole, il apparut clairement que sa conscience ne le troublait plus.

« Et dites-moi, dit-il, à bien y penser, je ne vois pas pourquoi j'ai autant besoin de me sentir méchant. Je ne suis pas loin d'être un roi ordinaire. Coney est aussi grand que certains de ces royaumes dont vous avez entendu parler de l'autre côté ; et, d'après ce que vous voyez dans les journaux sur ce qui se passe là-bas, il me semble qu'avoir une semaine entière sur le trône comme je vais en avoir, équivaut à un travail assez stable pour les rois.

CHEZ GEISENHEIMER

En marchant vers Geisenheimer ce soir-là, je me sentais déprimé et agité, fatigué de New York, fatigué de danser, fatigué de tout. Broadway était plein de gens qui se précipitaient vers les théâtres. Les voitures passaient en trombe. Toutes les lumières électriques du monde brillaient sur la Grande Voie Blanche. Et tout cela me paraissait fade et morne.

, Geisenheimer était plein. Toutes les tables étaient occupées et plusieurs couples se trouvaient déjà sur la piste de danse du centre . Le groupe jouait « Michigan » :

Je veux y retourner, je veux y retourner

À l'endroit où je suis né.

Loin du mal

Avec un seau à lait sur le bras.

Je suppose que celui qui a écrit cela aurait appelé la police si quelqu'un avait vraiment essayé de l'emmener dans une ferme, mais il a certainement mis quelque chose dans la mélodie qui vous fait penser qu'il pensait ce qu'il a dit. C'est une chanson qui nous manque, ça.

Je cherchais juste une table vide, lorsqu'un homme s'est levé d'un bond et s'est approché de moi, enregistrant sa joie comme si j'avais été sa sœur disparue depuis longtemps.

Il venait du pays. Je pouvais voir ça. C'était écrit partout sur lui, de son visage à ses chaussures.

Il leva la main, rayonnant.

« Eh bien, Miss Roxborough ! »

'Pourquoi pas?' J'ai dit .

« Tu ne te souviens pas de moi ? »

Je ne l'ai pas fait.

«Je m'appelle Ferris.»

"C'est un joli nom, mais cela ne veut rien dire dans ma jeune vie."

« Je vous ai été présenté la dernière fois que je suis venu ici. Nous avons dansé ensemble.

Cela semblait porter le sceau de la vérité. S'il m'a été présenté, il a probablement dansé avec moi. C'est pour ça que je suis chez Geisenheimer .

'Quand était-ce?'

« Il y a un an, en avril dernier.

Vous ne pouvez pas battre ces charmeurs ruraux. Ils pensent que New York est plié et rangé dans du camphre lorsqu'ils partent, et qu'il n'est ressorti que lors de leur prochaine visite. L'idée que quelque chose aurait pu arriver depuis qu'il était parmi nous pour la dernière fois à effacer le souvenir de cette heureuse soirée n'était pas venue à l'esprit de M. Ferris. Je suppose qu'il était tellement habitué à sortir avec des choses de « quand j'étais à New York » qu'il pensait que tout le monde devait faire de même.

«Eh bien, bien sûr, je me souviens de toi», dis-je. « Algernon Clarence, n'est-ce pas ? »

« Pas Algernon Clarence. Je m'appelle Charlie.

'Mon erreur. Et quel est ce grand projet, M. Ferris ? Veux-tu encore danser avec moi ?

Il a fait. Alors nous avons commencé. À moi non pas de raisonner, mais à faire et à mourir, comme le dit le poème. Si un éléphant était entré chez Geisenheimer et m'avait demandé de danser, j'aurais dû le faire. Et je ne dis pas que M. Ferris n'était pas le suivant. C'était un de ces danseurs sérieux et persévérants, du genre à avoir suivi douze cours par correspondance.

Je suppose que je devais rencontrer quelqu'un du pays ce soir-là. Il arrive encore des jours au printemps où le pays semble m'étrangler et commence à tirer. Ce jour-là en faisait partie. Je me suis levé le matin et j'ai regardé par la fenêtre, et la brise m'a enveloppé et j'ai commencé à chuchoter à propos des cochons et des poules. Et quand je suis sorti sur la Cinquième Avenue, il semblait y avoir des fleurs partout. Je me suis dirigé vers le parc , et il y avait de l'herbe toute verte, des arbres qui sortaient, et une sorte de quelque chose dans l'air - eh bien, disons, s'il n'y avait pas eu un gros policier qui me surveillait, je Je me serais jeté à terre et j'aurais mordu des morceaux de gazon.

Et dès que je suis arrivé chez Geisenheimer, ils ont joué ce truc "Michigan".

Eh bien, Charlie de « l'entrée » de Squeedunk n'aurait pas pu être plus excité s'il avait été une star dans un spectacle de Broadway. La scène ne l'attendait plus.

Mais quelqu'un enlève toujours la joie de la vie. J'aurais dû me rappeler que ce qu'il y a de plus métropolitain dans la métropole, c'est un rustique qui y passe une semaine. Nous ne pensions pas dans le même avion, Charlie et moi. D'après ce que j'avais ressenti toute la journée, ce dont je voulais parler, c'était des récoltes de la saison dernière. Le sujet qui lui plaisait était les choristes de cette saison. Nos âmes ne se sont pas touchées d'un kilomètre et demi.

'C'est la vie!' il a dit.

Il y a toujours un moment où ce genre d'homme dit ça.

« Je suppose que vous venez souvent ici ? il a dit.

« Assez souvent. »

Je ne lui ai pas dit que je venais là tous les soirs et que je venais parce que j'étais payé pour ça. Si vous êtes danseur professionnel chez Geisenheimer , vous n'êtes pas censé en faire la publicité. La direction pense que si vous le faisiez, cela pourrait faire trop réfléchir le public en vous voyant remporter le Grand Concours de la Love-r-ly Silver Cup qu'ils proposent plus tard dans la soirée. Dis, cette Love-r- ly Cup est une blague. Je le gagne les lundis, mercredis et vendredis, et Mabel Francis le gagne les mardis, jeudis et samedis. Tout cela est parfaitement juste et carré, bien sûr. C'est purement une question de mérite qui remporte la Love-r- ly Cup. N'importe qui pourrait le gagner. Seulement, d'une manière ou d'une autre , ce n'est pas le cas. Et la coïncidence du fait que Mabel et moi le faisons toujours a en quelque sorte énervé la direction, et ils n'aiment pas que nous disons aux gens que nous sommes employés là-bas. Ils préfèrent que nous rougissions sans être vus.

«C'est un endroit formidable», a déclaré M. Ferris, «et New York est un endroit formidable. J'aimerais vivre à New York.

« La perte est la nôtre. Pourquoi pas ?

« Une ville ! Mais papa est mort maintenant, et j'ai la pharmacie, tu sais.

Il parlait comme si je devais me rappeler avoir lu cela dans les journaux.

« Et je m'en sors bien, en plus. J'ai de la motivation et des idées. Dis, je me suis marié depuis la dernière fois que je t'ai vu.

« Vous l'avez fait, n'est-ce pas ? J'ai dit . « Alors qu'est-ce que tu fais, puis-je te demander, à danser à Broadway comme un célibataire gay ? Je suppose que vous avez laissé votre femme à Hicks' Corners en chantant « Où est mon garçon errant ce soir » ?

"Pas les coins de Hicks". Ashley, Maine. C'est là que j'habite. Ma femme vient de Rodney... Pardonnez-moi, j'ai bien peur de vous avoir marché sur le pied.

«C'est ma faute», dis-je; «J'ai perdu le pas. Eh bien, je me demande que vous n'avez même pas honte de penser à votre femme, alors que vous l'avez laissée toute seule là-bas pendant que vous venez vous déchaîner à New York. N'as-tu pas de conscience ?

«Mais je ne l'ai pas quittée. Elle est là.

'À New York?'

« Dans ce restaurant. C'est elle là-haut.

J'ai levé les yeux vers le balcon. Il y avait un visage accroché au rail en peluche rouge. Il me semblait qu'il y avait un chagrin caché. Je l'avais déjà remarqué, lorsque nous dansions, et je m'étais demandé quel était le problème. Maintenant, j'ai commencé à voir.

« Pourquoi ne danses-tu pas avec elle et ne lui fais-tu pas passer un bon moment, alors ? » J'ai dit .

"Oh, elle passe un bon moment."

« Elle n'en a pas l'air. On dirait qu'elle aimerait être ici, pour mesurer la mesure.

« Elle ne danse pas beaucoup.

« Vous n'avez pas de bals à Ashley ?

« C'est différent à la maison. Elle danse assez bien pour Ashley, mais… eh bien, ce n'est pas Ashley.

'Je vois. Mais tu n'es pas comme ça ?

Il eut une sorte de sourire narquois.

"Oh, je suis déjà allé à New York."

J'aurais pu le mordre, le petit rubis scié ! Cela m'a rendu fou. Il avait honte de danser en public avec sa femme – il ne la trouvait pas assez bien pour lui. Alors il l'avait jetée sur une chaise, lui avait donné une limonade, lui avait dit d'être sage, puis était parti passer un bon moment. Ils auraient pu me faire arrêter pour ce que je pensais à ce moment-là.

Le groupe a commencé à jouer autre chose.

'C'est la vie!' dit M. Ferris. 'Faisons le encore.'

«Laissez quelqu'un d'autre le faire», ai-je dit. 'Je suis fatigué. Je vais vous présenter quelques-uns de mes amis.

Alors je l'ai emmené et je l'ai emmené chez des filles que je connaissais à l'une des tables.

«Serrez la main de mon ami M. Ferris», dis-je. « Il veut vous montrer les dernières étapes. Il fait la plupart d'entre eux sur vos pieds.

J'aurais pu parier sur Charlie, la fierté débonnaire d'Ashley. Devinez ce qu'il a dit ? Il a dit : « C'est la vie ! »

Et je l'ai quitté et je suis monté au balcon.

Elle s'appuyait les coudes sur la peluche rouge et regardait la piste de danse. Ils venaient de commencer une autre chanson et mon mari se déplaçait avec une des filles que je lui avais présentée. Elle n'avait pas besoin de me prouver qu'elle venait du pays. Je le savais. Elle avait l'air un peu démodée. Elle était vêtue de gris, avec un col et des poignets en mousseline blanche, et ses cheveux étaient simples. Elle avait un chapeau noir.

J'ai en quelque sorte plané pendant un moment . Ce n'est pas la meilleure chose que je fais, être timide ; en général, j'ai plus ou moins le courage ; mais d'une manière ou d'une autre , j'ai hésité à charger.

Puis je me suis préparé et me suis dirigé vers la chaise vacante.

«Je vais m'asseoir ici, si cela ne vous dérange pas», dis-je.

Elle se tourna d'un air surpris. Je voyais qu'elle se demandait qui j'étais et quel droit j'avais là-bas, mais elle ne savait pas si ce n'était pas l'étiquette de la ville pour des étrangers de venir se jeter et de commencer à discuter. «Je viens de danser avec votre mari», dis-je pour faciliter les choses.

'Je vous ai vu.'

Elle m'a fixé avec une paire de grands yeux marron. Je leur ai jeté un coup d'œil, puis j'ai dû me dire que cela pourrait être agréable et un soulagement pour mes sentiments de prendre quelque chose de solide et de lourd et de le laisser tomber par-dessus le rail à mon mari, mais la direction n'aimerait pas. il. C'est ce que je ressentais pour lui à ce moment-là. Le pauvre enfant faisait tout avec ces yeux sauf pleurer. Elle ressemblait à un chien qu'on aurait frappé.

Elle détourna le regard et joua avec le cordon de la lumière électrique. Il y avait une épingle à chapeau posée sur la table. Elle le ramassa et commença à creuser la peluche rouge.

«Ah, allez ma sœur», dis-je; 'Dis-moi tout à propos de cela.'

«Je ne sais pas ce que tu veux dire.»

'Vous ne pouvez pas me tromper. Racontez-moi vos problèmes.

"Je ne te connais pas."

« Vous n'avez pas besoin de connaître quelqu'un pour lui parler de vos problèmes. Je raconte parfois le mien au chat qui campe sur le mur en face de ma chambre. Pourquoi voulais-tu quitter le pays, à l'approche de l'été ?

Elle n'a pas répondu, mais je pouvais le voir venir, alors je suis resté assis et j'ai attendu. Et bientôt, elle sembla décider que, même si cela ne me regardait pas, ce serait un soulagement d'en parler.

« Nous sommes en lune de miel. Charlie voulait venir à New York. Je ne voulais pas, mais il était déterminé à le faire. Il est déjà venu ici.

« Alors il me l'a dit. »

« Il est fou de New York.

'Mais tu n'est pas.'

'Je déteste ça.'

'Pourquoi?'

Elle fouilla dans la peluche rouge avec l'épingle à chapeau, en choisit de petits morceaux et les laissa tomber par-dessus le bord. Je pouvais voir qu'elle se préparait à me mettre au courant de tout ce problème. Il arrive un moment où les choses ne vont pas bien, et où vous avez eu tout ce que vous pouvez supporter, où vous devez en parler à quelqu'un, peu importe de qui il s'agit.

«Je déteste New York», dit-elle enfin en s'empressant de le dire. «J'en ai peur. Ce n'est pas juste que Charlie m'amène ici. Je ne voulais pas venir. Je savais ce qui allait se passer. Je l'ai ressenti depuis le début.

« Que pensez-vous qu'il va se passer, alors ?

Elle a dû enlever au moins un centimètre de la peluche rouge avant de répondre. C'est une chance que Jimmy, le serveur du balcon, ne l'ait pas vue ; cela lui aurait brisé le cœur ; il est aussi fier de cette peluche rouge que s'il l'avait payé lui-même.

«Quand je suis allée vivre à Rodney pour la première fois», a-t-elle déclaré, «il y a deux ans – nous avons déménagé là-bas depuis l'Illinois – il y avait là-bas un homme nommé Tyson – Jack Tyson. Il vivait tout seul et ne semblait vouloir connaître personne. Je ne pouvais pas comprendre jusqu'à ce que quelqu'un me parle de lui. Je peux le comprendre maintenant. Jack Tyson a épousé une fille de Rodney et ils sont venus à New York pour leur lune de miel, tout comme nous. Et quand ils sont arrivés là-bas , je suppose qu'elle a commencé à le comparer aux gars qu'elle a vu, et à comparer la ville avec Rodney, et quand elle est rentrée chez elle, elle n'arrivait tout simplement pas à s'installer.

'Bien?'

«Après leur retour à Rodney pendant un petit moment, elle s'est enfuie. De retour en ville, je suppose.

« Je suppose qu'il a divorcé ?

« Non, il ne l'a pas fait. Il pense toujours qu'elle pourrait revenir vers lui.

« Il pense toujours qu'elle reviendra ? J'ai dit . « Après trois ans d'absence !

'Oui. Il garde ses affaires telles qu'elle les a laissées quand elle est partie, tout pareil.

« Mais n'est-il pas en colère contre elle pour ce qu'elle a fait ? Si j'étais un homme et qu'une fille me traitait de cette façon, je serais susceptible de la tuer si elle essayait de réapparaître.

«Il ne le ferait pas. Je ne le ferais pas non plus, si—si quelque chose de semblable m'arrivait ; J'attendais et j'attendais, et j'espérais tout le temps. Et je descendais à la gare pour accueillir le train tous les après-midi, tout comme Jack Tyson.

Quelque chose a éclaboussé la nappe. Cela m'a fait sursauter.

« Pour l'amour de Dieu, dis-je, quel est votre problème ? Remonter. Je sais que c'est une triste histoire, mais ce ne sont pas vos funérailles.

'C'est. C'est. La même chose va m'arriver.

« Reprenez-vous. Ne pleure pas comme ça.

«Je n'y peux rien. Oh! Je savais que cela arriverait. Cela se produit en ce moment. Regardez… regardez-le.

J'ai jeté un coup d'œil par-dessus la rampe et j'ai vu ce qu'elle voulait dire. Il y avait son Charlie, dansant partout sur le sol comme s'il venait de découvrir qu'il n'avait pas vécu jusque-là. Je l'ai vu dire quelque chose à la fille avec qui il dansait. Je n'étais pas assez près pour l'entendre, mais je parie que c'était "C'est la vie !" Si j'avais été sa femme, dans la même situation que cet enfant, je suppose que je me serais senti aussi mal qu'elle, car si jamais un homme a présenté tous les symptômes d'une newyorkite incurable , c'était bien ce Charlie Ferris.

"Je ne suis pas comme ces filles new-yorkaises", s'étouffa-t-elle. «Je ne peux pas être intelligent. Je ne veux pas l'être. Je veux juste vivre à la maison et être heureux. Je savais que cela arriverait si nous venions en ville. Il ne me trouve pas assez bien pour lui. Il me méprise.

«Ressaisissez-vous.»

"Et je l'aime tellement!"

Dieu sait ce que j'aurais dû dire si j'avais pu penser à quelque chose à dire. Mais à ce moment-là, la musique s'est arrêtée et quelqu'un à l'étage inférieur a commencé à parler.

« Ladeez 'n' gemmen », dit-il, « là va maintenant avoir lieu notre grand concours Numbah . Cette véritable compétition sportive ...

C'était Izzy Baermann qui prononçait son discours du soir, présentant la Love-r- ly Cup ; et cela signifiait que, pour moi, le devoir m'appelait. D'où j'étais assis , je pouvais voir Izzy regarder autour de la pièce et je savais qu'il me cherchait. C'est le cauchemar de la direction qu'un de ces soirs, Mabel ou moi ne venions pas et que quelqu'un d'autre s'en sorte avec la Love-r-ly Cup

.

«Désolé, je dois y aller», dis-je. «Je dois être là-dedans.»

Et puis soudain, j'ai eu la bonne idée. Cela m'est venu comme un éclair, je l'ai regardée, en pleurant, et j'ai regardé par-dessus la rampe vers Charlie le garçon merveilleux, et j'ai su que c'était là que j'avais pris la main sur ma place au Temple de la renommée, avec les grands penseurs de l'époque.

«Allez,» dis-je. 'Viens. Arrêtez de pleurer, poudrez-vous le nez et bougez. Tu vas danser ça.

"Mais Charlie ne veut pas danser avec moi."

«Cela vous a peut-être échappé», dis-je, «mais votre Charlie n'est pas le seul homme à New York, ni même dans ce restaurant. Je vais moi-même danser avec Charlie et je te présenterai quelqu'un qui sait effectuer les mouvements. Écouter!'

« La dame de chaque couple (c'était Izzy, qui s'exprimait sur son diaphragme) recevra un ticket contenant un num-bah. La danse se poursuivra ensuite et les num- bah seront éliminés un à un, ceux appelés par le juge retournant gentiment à leur place au moment où leur num-bah est appelé. Le num-bah qui reste finalement est le num-bah gagnant. Il s'agit d'une véritable compétition sportive, décidée uniquement par l'habileté des détenteurs des différents numbahs . (Izzy a arrêté de rougir à l'âge de six ans.) « Les dames auront-elles la gentillesse de s'avancer et de recevoir leur numbah . Le gagnant, le détenteur du num-bah laissé par terre lorsque les autres num- bahs auront été éliminés (je voyais Izzy de plus en plus mal à l'aise, se demandant où diable j'étais arrivé), recevra ceci. Love-r- ly Silver Cup, présentée par la direction. Les dames vont maintenant bien vouloir s'avancer et recevoir leurs engourdissements .

Je me suis tourné vers Mme Charlie. « Là, dis-je, tu ne veux pas gagner une Love-r- ly Silver Cup ? »

"Mais je ne pouvais pas."

« On ne connaît jamais sa chance. »

«Mais ce n'est pas de la chance. Ne l'avez-vous pas entendu dire que c'est un concours décidé uniquement par l'habileté ?

« Eh bien, essayez vos compétences, alors. » J'avais l'impression que j'aurais pu la secouer. «Pour l'amour de Dieu», ai-je dit, «faites preuve d'un peu de courage. Tu ne vas pas bouger le petit doigt pour garder ton Charlie ? Supposons que vous gagniez, pensez à ce que cela signifiera. Il vous admirera pour le reste de votre vie. Quand il commencera à parler de New York, tout ce que vous aurez à dire c'est : « New York ? Ah, oui, c'est la ville dans laquelle j'ai gagné cette Love-r-ly Silver Cup, n'est-ce pas ? et il tombera comme si vous l'aviez frappé derrière l'oreille avec un sac de sable. Ressaisissez-vous et essayez.

J'ai vu ses yeux marron briller et elle a dit : "Je vais essayer."

« Bien pour vous, » dis-je. "Maintenant, séchez ces larmes et réparez-vous, et je vais descendre chercher les billets."

Izzy a été très soulagée lorsque je me suis précipité sur lui.

« Eh bien ! » il a dit : « Je pensais que tu t'étais enfui, ou que tu étais malade ou quelque chose du genre. Voici votre billet.

«J'en veux deux, Izzy. L'un est pour un de mes amis. Et je dis, Izzy, je prendrais cela comme une faveur personnelle si tu la laissais s'arrêter par terre comme l'un des deux derniers couples. Il y a une raison. C'est une enfant de la campagne et elle veut faire du succès.

« Bien sûr, tout ira bien. Voici les billets. Le vôtre en a trente-six, le sien en a dix. Il baissa la voix. "N'allez pas les mélanger."

Je suis retourné au balcon. En chemin, j'ai retrouvé Charlie.

«Nous dansons ça ensemble», dis-je.

Il sourit sur tout son visage.

J'ai trouvé Mme Charlie comme si elle n'avait jamais versé une larme de sa vie. Elle avait certainement du courage, cette gamine.

«Allez,» dis-je. « Tenez-vous en à votre ticket comme de la cire et surveillez où vous mettez les pieds.

Je suppose que vous avez vu ces compétitions sportives chez Geisenheimer . Ou, si vous ne les avez pas vus chez Geisenheimer , vous les avez vus ailleurs. Ils sont tous pareils.

Lorsque nous avons commencé, la salle était tellement bondée qu'il y avait à peine de la marge. Ne me dites pas qu'il n'y a plus d'optimistes de nos jours. Tout le monde avait l'air de se demander s'il fallait avoir la Love-r- ly Cup dans le salon ou dans la chambre. Vous n'avez jamais vu un gang aussi plein d'espoir de votre vie.

Actuellement, Izzy a donné la langue. La direction s'attend à ce qu'il fasse preuve d'humour à ces occasions, alors il a fait de son mieux.

« Les numbahs de sept, onze et vingt et un ans auront la gentillesse de rejoindre leurs amis en deuil. »

Cela nous a donné un peu plus de marge de manœuvre et le groupe a recommencé.

Quelques minutes plus tard, Izzy répéta : « Numbahs treize , seize et dix-sept – au revoir. »

Nous sommes repartis.

« Num-bah douze, nous détestons nous séparer de vous, mais… retournons à votre table ! »

Une fille potelée au chapeau rouge, qui dansait avec un sourire aimable, comme si elle le faisait pour amuser les enfants, quitta la salle.

« Numbahs six , quinze et vingt, pouce en bas ! »

Et très vite, les seuls couples qui restaient étaient Charlie et moi, Mme Charlie et le type à qui je l'avais présentée, ainsi qu'un homme chauve et une fille au chapeau blanc. C'était un de vos artistes fidèles. Il avait dansé toute la soirée. Je l'avais remarqué depuis le balcon. Vu de là-haut, il ressemblait à un œuf dur.

C'était un bon juge, ce type, et si les choses avaient été autrement, pour ainsi dire, j'aurais été heureux de le voir gagner. Mais il ne devait pas être. Ah non!

'Num-bah dix-neuf, tu es tout rouge. Repose toi un peu.'

Alors voilà, un combat direct entre moi et Charlie et Mme Charlie et son homme. Chaque nerf de mon système vibrait de suspense et d'excitation, n'est-ce pas ? Ce n'était pas.

Charlie, comme je l'ai déjà laissé entendre, n'était pas un danseur qui détournait une grande partie de son attention de ses pieds lorsqu'il était en action. Il était là pour faire de son mieux , pas pour inspecter des objets d'intérêt au bord de la route. Le collège par correspondance qu'il a fréquenté ne garantit pas qu'il vous apprendra à faire deux choses à la fois. Il ne se chargera pas de vous apprendre à regarder autour de vous pendant que vous dansez. Charlie n'avait donc pas le moindre soupçon de l'état du drame. Il respirait lourdement dans mon cou, d'une manière déterminée, les yeux rivés au sol. Tout ce qu'il savait, c'est que la compétition s'était un peu éclaircie et que l' honneur d'Ashley, dans le Maine, était entre ses mains.

Vous savez comme le public commence à s'éveiller et à s'apercevoir lorsque ces concours de danse se limitent à deux couples. Il y a des soirs où je m'oublie complètement, où je suis l'un des deux derniers restés et où je m'excite. Il y a une sorte de bourdonnement dans l'air et, au fur et à mesure que vous faites le tour de la salle, les gens autour des tables se mettent à applaudir. Eh bien, si vous ne connaissiez pas le fonctionnement interne de la chose, vous seriez tout un twitter.

Il n'a pas fallu longtemps à mon oreille exercée pour découvrir que ce n'était pas moi et Charlie que le grand public applaudissait. Nous faisions le tour de la salle sans donner la main, et chaque fois que Mme Charlie et son homme arrivaient dans un coin, il y avait un bruit comme celui d'une soirée électorale. Elle avait certainement fait un carton.

Je l'ai regardée de l'autre côté du sol et je ne me suis pas posé de questions. Elle était une enfant différente de celle qu'elle avait été à l'étage. Je n'ai jamais vu quelqu'un avoir l'air aussi heureux et satisfait d'elle-même. Ses yeux étaient comme des lampes et ses joues toutes roses, et elle s'y lançait comme une championne. Je savais ce qui avait séduit les gens. C'était son regard. Elle faisait penser au lait frais, aux œufs fraîchement pondus et au chant des oiseaux. La voir, c'était comme partir à la campagne en août. C'est drôle avec les gens qui vivent en ville. Ils se gonflent le torse et disent que le petit New York est assez bien pour eux, et qu'il y a une rue au paradis qu'ils appellent Broadway, et tout le reste ; mais il me semble que ce pour quoi ils vivent réellement, ce sont les trois semaines de l'été où ils s'enfuient à la campagne. Je savais exactement pourquoi ils encourageaient si fort Mme Charlie. Elle leur faisait penser à leurs vacances qui approchaient, où ils allaient pensionner à la ferme, boire dans le vieux seau de chêne et appeler les vaches par leurs prénoms.

Eh bien ! C'est exactement ce que j'ai ressenti moi-même. Toute la journée, le pays m'avait tiré sur moi, et maintenant il me tirait plus que jamais.

J'aurais pu sentir le foin fraîchement tondu si ce n'était que quand on est chez Geisenheimer , il faut sentir le foin de Geisenheimer , car cela ne laisse aucune chance à la compétition.

«Continuez à travailler», dis-je à Charlie. "Il me semble que nous retournons dans les paris."

« Euh, hein ! » dit-il, trop occupé pour cligner des yeux.

'Faites certaines de vos étapes fantaisistes. Nous en avons besoin dans notre entreprise.

Et la façon dont ce garçon travaillait, c'était étonnant !

Du coin de l'œil, je pouvais voir Izzy Baermann, et il n'avait pas l'air content. Il s'énervait à l'idée d'une de ces décisions rapides d'arbitres — le genre de décisions que l'on prend, puis on se glisse sous les cordes et on court cinq milles pour éviter la population furieuse. C'était ce genre de choses qui arrivaient de temps en temps et qui empêchaient son travail d'être parfait. Mabel Francis m'a raconté qu'un soir, quand Izzy l'avait déclarée gagnante d'une grande compétition sportive, c'était un travail si dur qu'elle avait cru qu'il y aurait eu une émeute. On aurait dit qu'il avait peur que la même chose ne se produise maintenant. Il n'y avait aucun doute sur lequel de nous deux couples était celui que les clients voulaient voir remporter cette Love-r- ly Silver Cup. C'était une promenade pour Mme Charlie, et Charlie et moi étions simplement parmi les personnes présentes.

Mais Izzy avait son devoir à faire et touchait un salaire pour le faire, alors il s'humidifia les lèvres, regarda autour de lui pour s'assurer que ses voies ferrées stratégiques n'étaient pas bloquées, avala deux fois et dit d'une voix rauque :

« Num-bah dix, s'il te plaît, re- tiah ! »

Je m'arrêtai aussitôt.

«Viens», dis-je à Charlie. "C'est notre signal de sortie."

Et nous avons quitté la salle sous les applaudissements.

« Eh bien, dit Charlie en sortant son mouchoir et en s'occupant de son front qui ressemblait à celui du forgeron du village, nous n'avons pas fait si mal, n'est-ce pas ? Nous n'avons pas si mal réussi, je suppose ! Nous-'

Et il leva les yeux vers le balcon, s'attendant à voir la chère petite épouse, drapée sur la balustrade, l'adorant ; quand, au moment où son œil monte, il est attiré par la vue d'elle bien plus bas qu'il ne l'avait prévu — sur le sol, en fait.

Elle ne faisait pas grand-chose dans la file d'adoration à ce moment-là. Elle était trop occupée.

C'était un progrès triomphal régulier pour l'enfant. Elle et son partenaire faisaient maintenant un ou deux tours à des fins d'exposition, comme le font toujours les couples gagnants chez Geisenheimer , et la salle s'élevait assez vers eux. On aurait pu penser, à la façon dont ils applaudissaient, qu'ils avaient parié tout leur argent sur elle.

Charlie la fait bien se concentrer , puis il laisse tomber sa mâchoire, jusqu'à ce qu'il la heurte presque contre le sol.

« Mais… mais… mais… » commence-t-il.

«Je sais», dis-je. « Après tout, on dirait qu'elle sait assez bien danser pour la ville. On dirait qu'elle a en quelque sorte donné le dessus à quelqu'un, n'est-ce pas ? On dirait que c'est dommage que tu n'aies pas pensé à danser avec elle toi-même.

'Je—je—je—'

« Venez prendre une bonne boisson fraîche, lui ai-je dit, et vous reprendrez bientôt.

Il a chancelé après moi jusqu'à une table, comme s'il avait été heurté par un tramway. Il avait eu le sien.

J'étais tellement occupé à m'occuper de Charlie, à battre la serviette et à travailler sur lui avec l'oxygène, que, si vous me croyez, cela n'a pas pris longtemps que j'ai pensé à jeter un coup d'œil autour de moi pour voir comment la chose avait frappé Izzy. Baermann.

Si vous pouvez imaginer un père affectueux dont le fils unique l'a frappé avec une brique, lui a sauté sur le ventre, puis est reparti avec tout son argent, vous avez une assez bonne idée de l'apparence du pauvre vieil Izzy. Il me regardait de l'autre côté de la pièce, parlait tout seul et agitait les mains. S'il pensait qu'il me parlait, ou s'il répétait la scène où il a annoncé au patron qu'un simple étranger s'était enfui avec sa Love-r-ly Silver Cup, je ne sais pas. Quoi qu'il en soit, il était extrêmement éloquent.

Je lui ai fait un signe de tête, comme pour lui dire que tout s'arrangerait dans le futur, puis je me suis tourné de nouveau vers Charlie. Il commençait à reprendre.

« Elle a gagné la coupe ! » dit-il d'une voix hébétée, en me regardant comme si je pouvais faire quelque chose.

« Vous pariez qu'elle l'a fait !

« Mais… eh bien, qu'en savez-vous ?

J'ai vu que le moment était venu de lui dire clairement. «Je vais vous dire ce que j'en sais», dis-je. « Si vous suivez mon conseil, vous ramènerez cette enfant directement à Ashley — ou à l'endroit où vous avez dit que vous empoisonniez les indigènes en préparant de mauvaises prescriptions — avant qu'elle n'introduise New York dans son système. Quand je lui parlais à l'étage, elle me parlait d'un gars de son village qui s'est pris le coup dans le cou, comme vous avez tendance à le faire.

Il a commencé. « Elle vous parlait de Jack Tyson ?

« C'était son nom : Jack Tyson. Il a perdu sa femme en lui laissant trop de New York. Ne trouvez-vous pas drôle qu'elle ait parlé de lui si elle n'avait pas eu l'idée qu'elle pourrait agir de la même manière que sa femme ?

Il est devenu tout vert.

« Vous ne pensez pas qu'elle ferait ça ?

« Eh bien, si vous l'aviez entendue… Elle ne pouvait parler de rien d'autre que de ce Tyson et de ce que sa femme lui avait fait. Elle en parlait avec un peu de tristesse, de regret, comme si elle était désolée, mais elle sentait que cela devait être le cas. Je voyais qu'elle y avait beaucoup réfléchi.

Charlie se raidit sur son siège, puis commença à fondre de pure frayeur. Il prit son verre vide d'une main tremblante et en but une longue gorgée. Il n'avait pas besoin de beaucoup d'observation pour voir qu'il avait eu le choc qu'il souhaitait et qu'il allait être bien moins désinvolte et métropolitain à partir de maintenant. En fait, à en juger par son apparence, je devrais dire qu'il en avait fini avec la folie métropolitaine pour le reste de sa vie.

«Je la ramènerai à la maison demain», dit-il. « Mais… est-ce qu'elle viendra ?

'C'est à toi de voir. Si vous pouvez la persuader… La voici maintenant. Je devrais commencer tout de suite.

Mme Charlie, portant la tasse, vint à table. Je me demandais quelle serait la première chose qu'elle dirait. Si ça avait été Charlie, bien sûr, il aurait dit : « C'est la vie ! » mais j'attendais d'elle quelque chose de plus vif. Si j'avais été à sa place, j'aurais pu penser à au moins dix choses, toutes plus méchantes les unes que les autres.

Elle s'assit et posa la tasse sur la table. Puis elle jeta un long regard à la tasse. Puis elle inspira profondément. Puis elle regarda Charlie.

"Oh, Charlie, chérie," dit-elle, "J'aurais aimé danser avec toi!"

Eh bien, je ne suis pas sûr que ce ne soit pas aussi bon que tout ce que j'aurais dit. Charlie a tout de suite compris. Après ce que je lui avais dit, il ne perdait pas de temps.

« Chérie, dit-il humblement, tu es une merveille ! Que diront-ils de cela à la maison ? Il s'arrêta ici un instant, car il lui fallait du courage pour le dire ; mais ensuite il a continué. « Mary, que se passerait-il si nous rentrions à la maison tout de suite — premier train demain, et que nous le leur montrions ? »

« Oh, Charlie ! » dit-elle.

Son visage s'éclaira comme si quelqu'un avait appuyé sur un interrupteur.

'Vous serez? Vous ne voulez pas vous arrêter ? Vous n'êtes pas fou de New York ?

« S'il y avait un train, dit-elle, je commencerais ce soir. Mais je pensais que tu aimais la ville, alors, Charlie ?

Il eut une sorte de frisson. « Je ne veux plus jamais le revoir de ma vie ! il a dit.

"Vous m'excuserez", dis-je en me levant, "je pense qu'il y a un de mes amis qui veut me parler."

Et je me suis dirigé vers l'endroit où Izzy se tenait depuis cinq minutes, me faisant des signaux avec ses sourcils.

Au début, on n'aurait pas pu qualifier Izzy de cohérente. Il avait certainement des problèmes avec ses cordes vocales , le pauvre. Il y avait un de ces explorateurs africains qui venaient souvent chez Geisenheimer quand il rentrait après avoir parcouru le désert sans piste, et il me parlait des tribus qu'il avait rencontrées et qui n'utilisaient pas du tout de vrais mots, mais parlaient à un. un autre en clics et gargouillis. Un soir, il a imité certains de leurs bavardages pour m'amuser et, croyez-moi, Izzy Baermann a commencé à parler la même langue maintenant. Sauf qu'il ne l'a pas fait pour m'amuser.

Il était comme l'un de ces disques de gramophone quand il entre dans son rythme.

«Soyez calme, Isadore», dis-je. «Quelque chose vous trouble. Dis-moi tout à propos de cela.'

Il a cliqué encore, puis il l'a sorti.

« Dis, tu es fou ? Pourquoi as-tu fait ça ? Ne vous l'ai-je pas dit aussi clairement que possible ? ne l'ai-je pas dit vingt fois, quand tu es venu chercher les billets, que le tien en avait trente-six ?

« N'avez-vous pas dit que celui de mon ami avait trente-six ans ?

'Êtes-vous sourd? J'ai dit que le sien avait dix ans.

« Alors, dis-je généreusement, n'en dis pas plus. L'erreur était la mienne. On dirait que j'ai dû les mélanger.

Il a fait quelques exercices de suédois.

« N'en dis pas plus ? C'est bien! C'est super! Vous avez du courage. Je vais le dire.

« C'était une heureuse erreur, Izzy. Cela vous a sauvé la vie. Les gens t'auraient lynché si tu m'avais donné la coupe. Ils étaient solides pour elle.

« Que va dire le patron quand je lui dirai ? »

« Peu importe ce que dira le patron. N'as-tu pas de romance dans ton organisme, Izzy ? Regardez ces deux-là assis là, têtes jointes. Cela ne vaut-il pas une coupe d'argent pour les avoir rendus heureux toute la vie ? Ils sont en lune de miel, Isadore. Dites au patron exactement comment cela s'est passé et dites-lui que je pensais que c'était à Geisenheimer de leur offrir un cadeau de mariage.

Il a cliqué pour un sort.

«Ah!» il a dit. 'Ah! maintenant vous l'avez fait ! Maintenant, vous vous êtes trahi ! Tu l'as fait exprès. Vous avez mélangé ces billets exprès. C'est ce que je pensais. Dites, pour qui vous prenez-vous pour faire ce genre de chose ? Ne savez-vous pas que les danseurs professionnels coûtent trois pour dix cents ? Je pourrais sortir tout de suite, siffler et trouver une douzaine de filles pour ton travail. Le patron vous licenciera une minute seulement après que je le lui dise.

"Non, il ne le fera pas, Izzy, parce que je vais démissionner."

'Tu devrais plutot!'

'C'est ce que je pense. J'en ai marre de cet endroit, Izzy. J'en ai marre de danser. J'en ai marre de New York. J'en ai marre de tout. Je retourne au pays. Je pensais avoir éliminé les porcs et les poulets de mon organisme, mais ce n'est pas le cas. Je m'en doutais depuis très, très longtemps, et ce soir je le sais. Dites au patron, avec mon amour, que je suis désolé, mais que cela devait être fait. Et s'il veut répondre, il doit le faire par lettre : Mme John Tyson, Rodney, Maine, est l'adresse.

LA FABRICATION DE MAC'S

Le restaurant Mac's - personne ne l'appelle MacFarland's - est un mystère. C'est hors des sentiers battus. Ce n'est pas intelligent. Il ne fait pas de publicité. Il n'y a rien de plus proche d'un orchestre qu'un piano solitaire, et pourtant, avec tous ces inconvénients, c'est une réussite. Dans les cercles théâtraux en particulier, il occupe une position qui pourrait rendre vertes de jalousie les lumières blanches de nombreux palais de souper.

C'est mystérieux. Vous ne vous attendez pas à ce que Soho rivalise et même éclipse Piccadilly de cette manière. Et lorsque Soho entre en compétition, il y a généralement une sorte de romance quelque part en arrière-plan.

Quelqu'un m'a mentionné par hasard qu'Henry, le vieux serveur, était chez Mac's depuis sa création.

'Moi?' » dit Henry, interrogé pendant une période creuse de l'après-midi. 'Plutôt!'

« Alors pouvez-vous me dire ce qui a donné à l'endroit l'impulsion qui l'a lancé dans son ascension ? Selon vous, quelles sont les causes responsables de sa prospérité phénoménale ? Quoi-'

« Qu'est-ce qui lui a donné un coup de pouce ? Est-ce à cela que vous essayez de parvenir ?

'Exactement. Qu'est-ce qui lui a donné un coup de pouce ? Pouvez-vous me dire?'

'Moi?' dit Henri. 'Plutôt!'

Et il m'a raconté ce chapitre de l'histoire non écrite de Londres dont le jour commence quand la nature se termine.

Le vieux M. MacFarland (*dit Henry*) a ouvert les lieux il y a quinze ans. Il était veuf, avait un fils et ce qu'on pourrait appeler une demi-fille. C'est-à-dire qu'il l'avait adoptée. Son nom était Katie et elle était l'enfant d'un de ses amis décédé. Le nom du fils était Andy. C'était un petit pinceur aux taches de rousseur quand je l'ai connu pour la première fois, un de ces enfants silencieux qui ne disent pas grand-chose et qui ont autant d'entêtement que s'ils étaient des mulets. Bien souvent , à cette époque, je lui frappais la tête et lui disais de faire quelque chose ; et il n'a pas couru en criant à son père, comme la plupart des enfants l'auraient fait, mais il n'a simplement rien dit et a continué à ne pas faire ce que je lui avais dit de faire. C'était le genre de disposition qu'avait Andy, et cela s'est développé en lui. Eh bien, quand il est

revenu du Collège d'Oxford au moment où le vieil homme l'a fait venir —
ce dont je vais vous parler bientôt — il avait une mâchoire comme le bélier
d'un cuirassé. Katie était la fille de mon argent. J'ai aimé Katie. Nous aimions
tous Katie.

Old MacFarland a débuté avec deux grands avantages. L'un était Jules et
l'autre moi. Jules venait de Paris et c'était le meilleur cuisinier que l'on ait
jamais vu. Et moi..., eh bien, je viens de terminer dix ans comme serveur au
Guelph, et je ne vous cacherai pas que j'ai donné un ton à cet endroit. J'ai
donné à Soho matière à réflexion sur sa côtelette, croyez-moi. C'était peut-
être une chute dans le monde pour moi, après le Guelph, mais ce que je me
suis dit, c'est que, quand on reçoit un pourboire à Soho, ce n'est peut-être
que deux centimes , mais on le garde ; tandis qu'à Guelph, environ quatre-
vingt-dix-neuf centièmes de cette somme servent à entretenir un maître
d'hôtel épanoui dans le style auquel il est habitué. C'est parce que j'ai insisté
sur ce fait que les Guelph et moi nous sommes séparés. Le maître d'hôtel
s'est plaint à la direction le jour où je l'ai traité de vampire à grosse tête.

Eh bien, entre moi et Jules, MacFarland's - ce n'était pas Mac's à l'époque
- a commencé à bouger. Le vieux MacFarland, qui connaissait un homme
bien quand il en voyait un et qui me traitait toujours plus comme un frère
qu'autre chose, me disait : « Henry, si ça continue, je pourrai envoyer ce
garçon à Oxford College. '; jusqu'au jour où il l'a changé en : « Henry, je vais
envoyer le garçon à Oxford College » ; et l'année suivante, bien sûr, il est
parti.

Katie avait alors seize ans et venait de se voir confier le poste de caissière,
par plaisir. Elle voulait faire quelque chose pour aider le vieil homme, alors il
l'a mise sur une chaise haute derrière une cage métallique percée d'un trou, et
elle a rendu la monnaie aux clients. Et laissez-moi vous dire, monsieur, qu'un
homme qui n'était pas satisfait après que je lui ai servi un dîner préparé par
Jules et que j'ai ensuite discuté avec Katie à travers la cage grillagée aurait râlé
contre Paradise. Car elle était jolie, Katie, et elle devenait de plus en plus jolie
chaque jour. J'en ai parlé au patron. J'ai dit que c'était une tentation pour la
jeune fille de la placer là, aux yeux du public, pour ainsi dire. Et il m'a dit de
sauter dessus. Alors je l'ai sauté.

Katie adorait danser. Personne ne l'a su jusqu'à plus tard, mais pendant
tout ce temps, il s'est avéré qu'elle fréquentait régulièrement l'une de ces
écoles. C'était là qu'elle allait l'après-midi, quand nous pensions tous qu'elle
rendait visite à des amies . Tout est sorti après, mais elle nous a alors trompés.
Les filles sont comme des singes quand il s'agit d'art. Elle m'a appelé Oncle
Bill, parce qu'elle disait que le nom Henry lui faisait toujours penser à du
mouton froid. Si c'était le jeune Andy qui l' avait dit , je lui en aurais fait un

mot ; mais il n'a jamais rien dit de tel. À bien y penser, il n'a jamais dit grand-chose. Il a juste réfléchi longuement sans ouvrir le visage.

Alors le jeune Andy est parti à l'université et je lui ai dit : "Maintenant, jeune diable, fais-nous honneur, ou je t'en chercherai un clip quand tu rentreras à la maison." Et Katie a dit: "Oh, Andy, tu *vas* me manquer." Et Andy ne m'a rien dit, et il n'a rien dit à Katie, mais il l'a regardée, et plus tard dans la journée, je l'ai trouvée en train de pleurer, et elle a dit qu'elle avait mal aux dents, et j'ai fait le tour. le coin de la pharmacie et lui apportai quelque chose en échange.

C'est au milieu de sa deuxième année d'université que le vieil homme a eu un accident vasculaire cérébral qui l'a mis en faillite. Il est tombé dessous comme s'il avait reçu un coup de hache et le médecin lui dit qu'il ne pourra plus jamais quitter son lit.

Alors ils ont envoyé chercher Andy, et il a quitté son université et est revenu à Londres pour s'occuper du restaurant.

J'étais désolé pour l'enfant. Je le lui ai dit d'une manière paternelle. Et il m'a juste regardé et m'a dit : "Merci beaucoup, Henry."

«Ce qui doit être doit être», dis-je . « Peut-être que c'est pour le mieux. Il vaut peut-être mieux que vous soyez ici plutôt que parmi tous ces jeunes diables de votre école d'Oxford qui pourraient vous égarer.

« Si vous pensiez moins à moi et davantage à votre travail, Henry, dit-il, peut-être que ce monsieur là-bas n'aurait pas à crier seize fois pour appeler le serveur.

Ce que, en y réfléchissant, j'ai découvert que c'était le cas, et il est parti sans me donner aucun pourboire, ce qui montre ce que l'on perd dans un monde difficile en étant sympathique.

Je dois dire que le jeune Andy nous a très vite montré qu'il n'était pas rentré à la maison juste pour décorer l'endroit. Il y avait exactement un patron dans le restaurant, et c'était lui. C'est un peu difficile au début de devoir être respectueux envers un enfant dont vous aviez passé de nombreuses heures à vous agglomérer la tête pour son propre bien dans le passé ; mais il m'a très vite montré que je pouvais le faire si j'essayais, et je l'ai fait. Quant à Jules et les deux jeunes gens engagés pour m'aider en raison de l'augmentation des affaires, ils sautaient dans des cerceaux et se retournaient s'il les regardait. C'était un garçon qui aimait sa propre façon de faire, c'était Andy, et, croyez-moi, au restaurant MacFarland, il l'a compris.

Et puis, quand les choses se sont calmées, Katie a pris le mors aux dents.

Elle l'a fait de manière assez calme et inattendue un après-midi alors qu'il n'y avait que moi, elle et Andy dans les lieux. Et je ne pense pas qu'aucun d'eux savait que j'étais là, car je m'installais confortablement sur une chaise au fond, en train de lire un journal du soir.

Elle a dit, plutôt doucement, "Oh, Andy."

«Oui, chérie», dit-il.

Et c'était la première fois que je savais qu'il y avait quelque chose entre eux.

"Andy, j'ai quelque chose à te dire."

'Qu'est-ce que c'est?'

Elle a un peu hésité.

"Andy, mon chéri, je ne pourrai plus aider au restaurant."

Il la regarda, un peu surpris.

'Que veux-tu dire?'

« Je… je monte sur scène.

J'ai posé mon papier. Que veux-tu dire? Ai-je écouté ? Bien sûr, j'ai écouté. Pour quoi me prends-tu ?

D'où j'étais assis , je pouvais voir le visage du jeune Andy, et je n'en avais pas besoin de plus pour me dire qu'il allait y avoir des ennuis. Sa mâchoire était sortie. J'ai oublié de vous dire que le vieil homme était mort, le pauvre vieux, peut-être six mois auparavant, de sorte que maintenant Andy était le véritable patron au lieu de simplement le patron par intérim ; et qui plus est, dans la nature des choses, il était, en quelque sorte, le tuteur de Katie, avec le pouvoir de lui dire ce qu'elle pouvait faire et ce qu'elle ne pouvait pas faire. Et je sentais que Katie n'allait pas se débrouiller sans problème avec cette affaire de scène qu'elle lui confiait. Andy n'aimait pas la scène — pas avec les filles qu'il aimait y monter, de toute façon. Et quand Andy n'aimait pas quelque chose, il le disait.

Il l'a dit maintenant.

« Vous ne ferez rien de tel. »

« Ne sois pas horrible à ce sujet, Andy chéri. J'ai une grande chance. Pourquoi devriez-vous en être horrible ?

«Je ne vais pas en discuter. Vous n'y allez pas.

«Mais c'est une tellement grande chance. Et j'y travaille depuis des années.

« Comment veux-tu travailler pour cela ? »

Et puis on a découvert cette école de danse qu'elle fréquentait régulièrement.

Quand elle eut fini de lui en parler, il écarta simplement sa mâchoire d'un centimètre supplémentaire.

« Vous ne montez pas sur scène. »

«Mais c'est une telle chance. J'ai vu M. Mandelbaum hier, et il m'a vu danser, et il était très content, et m'a dit qu'il me donnerait une danse solo à faire dans cette nouvelle pièce qu'il monte.

« Vous ne montez pas sur scène. »

Ce que je dis toujours, c'est qu'il n'y a rien de mieux que le tact. Si vous faites preuve de douceur et de tact, vous pouvez amener les gens à faire tout ce que vous voulez ; mais si vous leur montrez simplement la mâchoire et que vous leur donnez des ordres, eh bien, alors ils se lèvent le dos et vous salissent. Je connaissais suffisamment Katie pour savoir qu'elle ferait n'importe quoi pour Andy, s'il le lui demandait correctement ; mais elle n'allait pas supporter ce genre de chose. Mais on ne pouvait pas enfoncer cela dans la tête d'un gars comme le jeune Andy avec un marteau à vapeur.

Elle s'enflamma, rapidement, comme si elle ne pouvait plus se retenir.

«Je le suis certainement», dit-elle.

'Tu sais ce que ça signifie?'

'Qu'est-ce que ça veut dire?'

« La fin de… tout. »

Elle cligna des yeux comme s'il l'avait frappée, puis elle releva le menton.

«Très bien», dit-elle. 'Au revoir.'

« Au revoir », dit Andy, le jeune mulet à tête de cochon ; et elle sort dans un sens et il sort dans un autre.

En règle générale, je ne suis pas beaucoup le drame, mais voyant qu'il était désormais, pour ainsi dire, dans la famille, j'ai gardé l'œil ouvert sur les annonces dans les journaux de « La Fille à la Rose », qui était le nom de la pièce dans laquelle M. Mandelbaum laissait Katie danser en solo ; et tandis que certains d'entre eux injuriaient beaucoup la pièce, ils ont tous donné un mot gentil à Katie. Une personne a déclaré qu'elle était comme de l'eau froide le lendemain matin, ce qui est un éloge élogieux de la part d'un journaliste.

Cela ne faisait aucun doute. Elle a été une réussite. Vous voyez, elle était quelque chose de nouveau, et Londres se lève toujours et remarque quand vous lui donnez cela.

Il y avait des photos d'elle dans les journaux, et un journal du soir publiait un article sur « Comment je préserve ma jeunesse » signé par elle. Je l'ai découpé et je l'ai montré à Andy.

Il y jeta un coup d'œil. Puis il m'a jeté un regard et je n'ai pas aimé son œil.

'Bien?' il dit.

«Pardon», dis-je .

« Et alors ? » il dit.

«Je ne sais pas», dis-je.

« Retournez à votre travail », dit-il.

Alors je suis revenu.

C'est cette même nuit que cette chose étrange s'est produite.

En général, nous ne faisions pas beaucoup la queue pour le dîner chez MacFarland's à l'époque, mais nous restions ouverts, bien sûr, au cas où Soho s'aviserait de s'offrir un lapin gallois avant d'aller se coucher ; donc tout le monde était sur le pont, prêt à recevoir l'appel s'il devait arriver, à onze heures et demie ce soir-là ; mais nous n'étions pas ce qu'on pourrait appeler optimistes.

Eh bien, toutes les demi-heures, un taxi arrive et un groupe de quatre personnes arrive. Il y avait un cinglé, un autre cinglé, une fille et une autre fille. Et la deuxième fille était Katie.

« Bonjour, oncle Bill ! » elle dit.

« Bonsoir, Madame », dis-je dignement, étant de service.

«Oh, arrête ça, oncle Bill», dit-elle. "Dites "Bonjour!" à un ami et souris gentiment, ou je leur raconterai la fois où tu es allé dans la Ville Blanche.

Eh bien, il y a des choses du passé qu'il vaut mieux laisser derrière elles, et la nuit à la Ville Blanche à laquelle elle faisait allusion était l'une d'entre elles. Je maintiens encore, comme je soutiendrai toujours, que le connétable n'en avait pas le droit... mais, là, c'est une histoire qui ne vous intéresserait pas. Et de toute façon, j'étais content de revoir Katie, alors je lui fais un sourire.

«Pas tellement», dis -je . « Pas tellement. Je suis contente de te voir, Katie.

'Trois hourras! Jimmy, je veux te présenter mon ami, oncle Bill. Ted, voici oncle Bill. Violet, voici oncle Bill.

Ce n'était pas à moi d'en chercher un sur le côté de la tête, mais j'aurais aimé en avoir ; car elle agissait comme elle n'avait jamais eu l'habitude d'agir quand je la connaissais – toute dure et audacieuse. Puis je me suis rendu compte qu'elle était nerveuse. Et naturellement aussi, voir le jeune Andy pourrait surgir à tout moment.

Et bien sûr, il sortit de l'arrière-boutique à cet instant précis. Katie l'a regardé, et il a regardé Katie, et j'ai vu son visage devenir un peu dur ; mais il n'a pas dit un mot. Et bientôt il ressortit.

J'ai entendu Katie respirer assez profondément.

« Il a l'air bien, oncle Bill, n'est- ce pas ? me dit-elle, très doucement.

« Assez juste, » dis-je . «Eh bien, gamin, j'ai lu les articles dans les journaux. Vous les avez frappés .

« Ah, ne le fais pas, Bill », dit-elle, comme si je lui voulais du mal. Et je voulais seulement dire des choses civiles. Les filles sont du rhum.

Quand les invités eurent payé leur facture et m'avaient donné un pourboire qui me faisait penser que j'étais de nouveau au Guelph - sauf qu'il n'y avait pas de Dick Turpin de maître d'hôtel prêt à prendre sa part - ils sautèrent dessus. Mais Katie est restée en retrait et m'a parlé.

« Il *avait* l'air bien, n'est-ce pas, oncle Bill ?

'Plutôt !'

« Est-ce que… est-ce qu'il parle parfois de moi ?

«Je ne l'ai pas entendu.»

« Je suppose qu'il est toujours assez en colère contre moi, n'est-ce pas, oncle Bill ? Vous êtes sûr de ne l'avoir jamais entendu parler de moi ?

Alors, pour lui remonter le moral, je lui raconte l'article du journal que je lui ai montré ; mais cela ne semblait pas lui remonter le moral. Et elle sort.

La nuit suivante, elle revient pour le dîner, mais avec des noix et des filles différentes. Cette fois, ils étaient six, en comptant elle. Et à peine étaient-ils assis à leur table qu'arrivèrent les hommes qu'elle avait appelés Jimmy et Ted avec deux filles. Et ils étaient assis à manger leur dîner et à se chamailler sur le sol, tous aussi agréables et sociables qu'il vous plaisait.

«Je dis, Katie», j'ai entendu l'un des cinglés dire, « tu avais raison. Il vaut le prix d'entrée.

Je ne sais pas de qui ils parlaient, mais ils ont tous ri. Et de temps en temps, je les entendais faire l'éloge de la nourriture, ce qui ne m'étonne pas, car Jules s'était certainement rendu fier. Tous de tempérament artistique, ces Français le sont. Au moment où je lui ai dit que nous avions de la compagnie, pour ainsi dire, il s'est épanoui comme le fait une fleur lorsqu'on la met dans l'eau.

« Ah, tu vois, enfin ! dit-il en essayant de m'attraper et de m'embrasser. « Notre renommée s'est répandue à l'étranger dans le monde qui s'amuse, n'est-ce pas ? Pour un bon dîner , j'ai toujours prié et il est arrivé.

Eh bien, il commençait à donner l'impression qu'il avait raison. Dix dîners de grande classe en une soirée, c'était plutôt chaud pour MacFarland's. Je dois dire que j'étais moi-même excité. Je ne peux pas nier que Guelph m'a parfois manqué.

Le cinquième soir, alors que l'endroit était assez rempli et ressemblait à tout le monde à celui d'Oddy ou de Romano, et que moi et les deux jeunes hommes qui m'aidaient travaillions à double marée, j'ai soudain compris, et je me suis approché de Katie et, me penchant en avant, elle est très respectueuse avec une bouteille, je murmure : « C'est chaud, gamin. C'est un sacré boum pour lequel vous travaillez à l'ancienne maison. Et à la façon dont elle m'a souri en retour, j'ai vu que j'avais bien deviné.

Andy traînait dans les parages, gardant un œil sur les choses, comme il le faisait toujours, et je lui ai dit, en passant : « Elle nous rend fiers, en renforçant le vieil endroit, n'est-ce pas ? Et il dit : « Continuez votre travail. » Et je suis monté.

Katie est restée à la porte, alors qu'elle était sur le point de sortir, et m'a parlé.

« A-t-il dit quelque chose sur moi, oncle Bill ? »

«Pas un mot», dis-je .

Et elle sort.

Vous avez probablement remarqué à Londres, monsieur, qu'un troupeau de moutons n'est pas là avec les noix, comme ils se précipitent tous sur les talons pour aller dîner. Un mois, ils vont tous à un endroit, le mois prochain à un autre. Quelqu'un dans la poussée lance le cri qu'il a trouvé un nouvel endroit, et ils partent tous l'essayer. Le problème avec la plupart des endroits, c'est qu'une fois qu'ils ont acquis la coutume , ils pensent que cela va continuer à venir et tout ce qu'ils ont à faire est de se détendre et de le regarder venir. La popularité arrive à la porte, et la bonne nourriture et le bon service s'envolent par la fenêtre. Nous n'allions pas avoir rien de tout cela chez MacFarland. Même si Andy ne se serait pas écroulé comme une demi-tonne au premier signe de relâchement, Jules et moi avions tous les deux notre réputation professionnelle à maintenir. Je n'ai pas pris d'air quand j'ai vu les choses arriver. Je travaillais d'autant plus dur et je veillais à ce que les quatre jeunes gens sous mes ordres — ils étaient quatre maintenant — ne perdent pas de temps pour aller chercher les commandes.

La conséquence était que la différence entre nous et les restaurants les plus populaires était que nous gardions notre popularité. Nous les avons bien nourris et nous les avons bien servis ; et une fois que la chose a commencé à rouler, elle ne s'est pas arrêtée. Soho n'est pas si loin du centre des choses, quand on y regarde, et cela ne les dérangeait pas de faire une étape supplémentaire, voyant qu'il y avait quelque chose de bien à la fin. Nous avons donc acquis notre popularité, et nous avons conservé notre popularité ; et nous l'avons à ce jour. C'est comme ça que MacFarland est devenu ce qu'il est, monsieur.

Avec l'air de quelqu'un qui a raconté une histoire complète, Henry s'interrompit et observa que c'était merveilleux la façon dont M. Woodward, de Chelsea, préservait son talent malgré son âge avancé.

Je l'ai regardé.

"Mais, mon Dieu, mec!" J'ai pleuré, tu ne penses sûrement pas que tu as fini ? Et Katie et Andy ? Que leur est-il arrivé? Est-ce qu'ils se sont déjà réunis à nouveau ?

« Oh, ah, dit Henry, j'oubliais !

Et il reprit.

Au fil du temps, je commence à en avoir assez du jeune Andy. Il faisait fortune aussi vite que n'importe quel homme pouvait grâce à l'essor soudain de la coutume du souper, et il savait parfaitement que sans Katie, il n'y aurait pas eu de coutume du souper du tout ; et on aurait pu penser que quiconque prétendant être un être humain aurait eu la gratitude de pardonner et d'oublier et d'aller dire un mot courtois à Katie quand elle entrerait. Mais non, il restait juste là, l'air noir du tout. eux; et une nuit, il y va et le fait équitablement.

La salle était pleine ce soir-là, et Katie était là, et le piano fonctionnait, et tout le monde s'amusait, quand le jeune homme au piano a entonné l'air sur lequel Katie dansait dans le spectacle. C'était une mélodie entraînante. «Lum-tum-tum, tiddle- iddle -um.» Quelque chose comme ça, ça s'est passé. Eh bien, le jeune homme s'est mis au travail, et tout le monde a commencé à applaudir et à marteler sur les tables et à crier à Katie de se lever et de danser ; ce qu'elle fit, dans un espace ouvert au milieu, et à peine avait-elle commencé qu'arriva le jeune Andy.

Il s'approche d'elle, tout bouche bée, et j'ai vu quelque chose qui voulait être épousseté sur la table à côté d' eux , alors je suis monté et j'ai commencé à l'épousseter, et par chance, j'ai entendu tout ça.

Il lui dit, très doucement : « Tu ne peux pas faire ça ici. À votre avis, qu'est-ce que cet endroit est ?

Et elle lui dit : "Oh, Andy !"

« Je vous suis très reconnaissant, dit-il, pour tout le mal que vous semblez vous donner, mais ce n'est pas nécessaire. MacFarland s'en sort très bien avant vos efforts bien intentionnés pour en faire un jardin d'ours.

Et lui qui frappait l'argent de la coutume du souper ! Parfois, je pense que la gratitude appartient au passé et que ce monde n'est pas digne d'un serpent à sonnettes qui se respecte.

'Andy!' elle dit.

'C'est tout. Nous n'avons pas besoin d'en discuter. Si tu veux venir ici et dîner, je ne peux pas t'en empêcher. Mais je ne vais pas transformer cet endroit en boîte de nuit.

Je ne sais pas quand j'ai entendu quelque chose de pareil. Si je n'en avais pas eu le courage, je lui aurais jeté un coup d'œil.

Katie ne dit plus un mot, mais retourna simplement à sa table.

Mais l'épisode, comme on dit, n'est pas terminé . Dès que la fête à laquelle elle se trouvait a vu qu'elle avait fini de danser, ils ont commencé à se disputer; et un jeune cinglé avec environ un pouce et quart de front et la même longueur de menton l'a particulièrement frappé.

« Non, dis-je ! Je dis, tu sais !' a-t-il crié. « C'est dommage, tu sais. Bis! Ne vous arrêtez pas. Bis!'

Andy s'approche de lui.

« Je dois vous demander, s'il vous plaît, de ne pas faire autant de bruit », dit-il, tout à fait respectueux. "Vous dérangez les gens."

« Au diable, c'est dérangeant ! Pourquoi ne devrait-elle pas...

'Un moment. Vous pouvez faire tout le bruit que vous voulez dans la rue, mais tant que vous resterez ici, vous serez tranquille. Est-ce que tu comprends?'

L'écrou saute. Il avait assez bu. Je le sais, parce que je le servais.

« Qui diable es- tu ? il dit.

«Asseyez-vous», dit Andy.

Et le jeune homme lui a donné une gifle. Et l'instant d'après, Andy le tenait par le col et le jetait dehors d'une manière qui aurait fait honneur à un vrai professionnel du côté de Whitechapel. Il l'a jeté sur le trottoir aussi soigneusement que vous le souhaitez.

Cela a interrompu la fête.

On ne peut jamais le dire avec les restaurants. Ce qui tue l'un en fait un autre. Je suis convaincu que si nous avions renvoyé un bon client de Guelph, cela aurait été la fin de l'affaire. Mais cela ne semblait faire que du bien à MacFarland. Je suppose que cela a donné à l'endroit cette touche qui a fait croire aux cinglés que c'était la vraie Bohême. À bien y penser, cela donne une sorte de charme à un endroit, si vous sentez qu'à tout moment l'homme assis à la table voisine de vous peut être ramassé par le pantalon de son pantalon et jeté dans la rue.

Quoi qu'il en soit, c'est ainsi que notre coutume du souper semblait considérer les choses ; et après il fallait réserver une table à l'avance si l'on voulait manger avec nous. Ils se sont rassemblés en masse sur place.

Mais Katie ne l'a pas fait. Elle n'a pas afflué. Elle est restée à l'écart. Et ce n'est pas étonnant, après qu'Andy se soit si mal comporté. J'aurais bien voulu lui en parler, mais il n'était pas le genre de personne à qui on parle de choses.

Un jour, je lui dis pour lui remonter le moral : « Quel prix ce restaurant maintenant, M. Andy ?

« Maudit soit le restaurant », dit-il.

Et lui avec toute cette coutume du souper ! C'est un monde de rhum !

Monsieur, avez-vous déjà eu un véritable choc, quelque chose qui est sorti de nulle part et qui vous a mis à plat ? Je l'ai fait et je vais vous en parler.

Lorsqu'un homme atteint mon âge et qu'il a un travail qui l'occupe jusqu'à ce qu'il soit l'heure d'aller se coucher, il prend l'habitude de ne pas trop s'inquiéter de tout ce qui ne lui est pas mis sous le nez. . C'est pourquoi, à ce moment-là, Katie m'avait en quelque sorte échappé à l'esprit. Ce n'était pas que je n'aimais pas cette enfant, mais j'avais tellement de choses à penser, avec quatre jeunes hommes sous mes ordres et les choses étaient si pressées au restaurant que, si je pensais à elle, du tout, je tenais simplement pour acquis qu'elle s'entendait bien et je ne m'en souciais pas. Certes, nous n'avions rien vu d'elle chez MacFarland depuis la nuit où Andy avait fait rebondir son copain au petit front, mais cela ne m'inquiétait pas. Si j'avais été elle, je me serais arrêté comme elle, voyant que le jeune Andy avait toujours sa bosse. Je tenais pour acquis, comme je vous le dis, qu'elle allait bien, et que la raison pour laquelle nous ne la voyions pas était qu'elle cherchait sa protection ailleurs.

Et puis, un soir, qui était justement mon soir de congé, j'ai reçu une lettre et pendant dix minutes après l' avoir lue, j'ai été assommé.

On peut croire au destin quand on a mon âge, et le destin a certainement joué un rôle dans ce jeu. Si ce n'avait pas été mon soir de congé, ne voyez-vous pas, je ne serais pas rentré à la maison avant une heure ou plus du matin, étant de service. Tandis que, voyant que c'était mon soir de congé, j'étais de retour à huit heures et demie.

Je vivais dans la même pension à Bloomsbury que celle où j'avais vécu ces dix dernières années, et quand j'y suis arrivé, j'ai trouvé sa lettre glissée à moitié sous ma porte.

Je peux vous en dire chaque mot. Voilà comment ça s'est passé :

Cher oncle Bill,

Ne soyez pas trop désolé lorsque vous lisez ceci. Ce n'est la faute de personne,

mais je suis juste fatigué de tout et je veux en finir avec tout ça. Toi

m'a toujours été si cher que je veux que tu sois gentil avec

moi maintenant. Je n'aimerais pas qu'Andy sache la vérité, alors je veux que tu

pour donner l'impression que cela s'est produit naturellement. Tu feras ça

pour moi, n'est-ce pas ? Ce sera assez facile. Au moment où tu auras ça,

ce sera un, et tout sera fini, et tu pourras juste monter

et ouvre la fenêtre et laisse sortir le gaz et alors tout le monde le fera

je pense que je suis mort naturellement. Ce sera assez facile. je pars

la porte est déverrouillée pour que vous puissiez entrer. Je suis dans la pièce juste

au-dessus du vôtre. Je l'ai pris hier, pour être près de toi. Au revoir,

Oncle Bill. Tu le feras pour moi, n'est-ce pas ? Je ne veux pas qu'Andy

je sais ce que c'était vraiment.

KATIE

C'était tout, monsieur, et je vous dis que ça m'a sidéré. Et puis l'idée m'est venue, comme une nouvelle idée, que je ferais mieux de faire quelque chose très bientôt, et j'ai monté les escaliers rapidement.

Elle était là, sur le lit, les yeux fermés, et les gaz commençaient à peine à s'aggraver.

Quand j'entre, elle se lève d'un bond et me regarde. Je suis allé au robinet, j'ai coupé le débit, puis je lui ai jeté un coup d'œil.

«Maintenant,» dis-je .

'Comment es-tu arrivé là?'

« Peu importe comment je suis arrivé ici. Qu'as-tu à dire pour toi ?

Elle a juste commencé à pleurer, comme elle le faisait quand elle était enfant et que quelqu'un lui avait fait du mal.

« Tiens, dis -je , sortons d'ici et allons là où il y a de l'air à respirer. Ne le faites pas. Venez me raconter tout ça.

Elle a commencé à marcher jusqu'à l'endroit où j'étais, et soudain j'ai vu qu'elle boitait. Alors je lui ai tendu la main jusqu'à ma chambre et je l'ai installée sur une chaise.

«Maintenant,» je répète .

«Ne sois pas en colère contre moi, oncle Bill», dit-elle.

Et elle me regarde si pitoyablement que je m'approche d'elle, je l'entoure de mes bras et lui caresse le dos.

« Ne t'inquiète pas, chérie, dis-je , personne ne sera pas en colère contre toi. Mais, pour l'amour de Dieu, dis -je , dites à un homme pourquoi, au nom de Dieu, vous avez pris et agi de manière si stupide.

«Je voulais en finir avec tout ça.»

'Mais pourquoi?'

Elle éclata de nouveau en pleurs, comme une gamine.

« N'avez-vous pas lu cela dans le journal, oncle Bill ?

« Vous avez lu quoi dans le journal ?

« Mon accident. Je me suis cassé la cheville lors d'une répétition il y a très longtemps, en pratiquant ma nouvelle danse. Les médecins disent que ça ne s'arrangera plus jamais. Je ne pourrai plus jamais danser. Je boiterai toujours. Je ne pourrai même pas marcher correctement. Et quand j'ai pensé à ça... et à Andy... et à tout... je...'

Je me levai.

«Eh bien, eh bien, eh bien», dis-je . 'Bien bien bien! Je ne sais pas car je vous en veux. Mais ne le fais pas. C'est un jeu de gueule. Écoute, si je te laisse tranquille une demi-heure, tu ne recommenceras pas ? Promesse.'

« Très bien, oncle Bill. Où vas-tu?'

« Oh, je viens de sortir. Je reviens vite. Asseyez-vous là et reposez-vous.

Il ne m'a pas fallu dix minutes pour me rendre au restaurant en taxi. J'ai trouvé Andy dans l'arrière-boutique.

« Qu'est-ce qu'il y a, Henry ? il dit.

«Jetez un oeil à ça», dis -je .

Il y a toujours ce risque, monsieur, à être du genre Andy, celui qui doit faire ce qu'il veut et qui va droit devant et l'obtient ; et c'est que lorsque des ennuis lui arrivent, ils se précipitent. Il me semble parfois que dans cette vie, nous devons tous avoir des ennuis tôt ou tard, et certains d'entre nous les ont petit à petit, étalés, pour ainsi dire, et quelques-uns d'entre nous les ont en bloc... *bif*! Et c'est ce qui est arrivé à Andy, et ce que je savais qu'il allait arriver quand je lui ai montré cette lettre. J'ai failli lui dire : « Préparez-vous, jeune homme, car c'est ici que vous comprendrez ».

Je ne vais pas souvent au théâtre, mais quand j'y vais, j'aime une de ces pièces avec un peu de gingembre que les journaux insultent généralement. Les journaux disent que les vrais êtres humains ne fonctionnent pas ainsi. Croyez-moi, monsieur, ils le font. J'ai vu un jour un type sur scène lire une lettre qui ne lui convenait pas seulement ; et il haleta et roula des yeux et essaya de dire quelque chose mais n'y parvint pas, et dut s'accrocher à une chaise pour l'empêcher de tomber. Il y avait un article dans le journal disant que tout cela n'allait pas et qu'il n'aurait jamais fait ces choses dans la vraie vie. Croyez-moi, le journal avait tort. Il n'y a rien que cet homme ait fait qu'Andy n'ait pas fait en lisant cette lettre.

'Dieu!' il dit. "Est-ce qu'elle... Elle ne l'est pas... Étiez-vous à temps ?" il dit.

Et il m'a regardé, et j'ai vu qu'il l'avait dans le cou, c'est vrai.

«Si tu veux dire , est-ce qu'elle est morte», dis-je, «non, elle n'est pas morte».

'Dieu merci!'

«Pas encore», dis-je .

Et l'instant d'après, nous étions hors de cette pièce et dans le taxi et nous nous déplacions rapidement.

Il n'était jamais très bavard, n'est-ce pas Andy, et il ne discutait pas dans ce taxi. Il n'a pas dit un mot jusqu'à ce que nous montions les escaliers.

'Où?' il dit.

«Ici», dis-je .

Et j'ouvre la porte.

Katie se tenait debout et regardait par la fenêtre. Elle se tourna lorsque la porte s'ouvrit, puis elle vit Andy. Ses lèvres s'entrouvrirent, comme si elle allait dire quelque chose, mais elle ne dit rien. Et Andy, il n'a rien dit non plus. Il a juste regardé, et elle a juste regardé.

Et puis il trébuche à travers la pièce, se met à genoux et met ses bras autour d'elle.

«Oh, mon enfant», dit-il.

Et j'ai vu que je n'étais pas recherché, alors j'ai fermé la porte et j'ai sauté. Je suis allé voir la dernière moitié d'un music-hall. Mais je ne sais pas, cela ne m'a pas vraiment fasciné. Il faut s'y consacrer pour apprécier les bons tours de music-hall.

UNE TOUCHE DE NATURE

Les sentiments de M. J. Wilmot Birdsey , alors qu'il se tenait coincé dans la foule qui se dirigeait petit à petit vers les portes du terrain de football de Chelsea, ressemblaient plutôt à ceux d'un homme affamé qui vient de recevoir un repas mais se rend compte qu'il n'est pas il est probable qu'il en aura un autre pendant plusieurs jours. Il était rassasié et heureux. Il bouillonnait de joie de vivre et d'une chaleureuse affection pour son prochain. Au fond de son esprit se cachait l'ombre noire des privations futures, mais pour le moment il ne laissa pas cela le déranger. En ce jour le plus fou et le plus joyeux de toute la bonne année, il se contentait de se délecter du présent et de laisser l'avenir prendre soin de lui-même.

M Birdsey faisait quelque chose qu'il n'avait pas fait depuis qu'il avait quitté New York il y a cinq ans. Il regardait un match de baseball.

New York a perdu un grand fan de baseball lorsque Hugo Percy de Wynter Framlinghame , sixième comte de Carricksteed , épousa Mae Elinor, fille unique de M. et Mme J. Wilmot Birdsey de la soixante-treizième rue Est ; car à peine cet événement d'importance internationale avait-il eu lieu que Mme Birdsey , annonçant qu'à l'avenir la maison serait en Angleterre aussi près que possible de ma chère Mae et de son cher Hugo, sortit J. Wilmot de son confortable fauteuil Morris comme s'il avait été une palourde, le fit monter dans un taxi rapide, et l'a transvasé dans une cabine du pont B de l' *Olympic* . Et il était là, en exil.

M Birdsey s'est soumis au pire enlèvement depuis l'époque de l'ancien gang de la presse avec cette charmante amabilité qui le rendait si populaire parmi ses camarades et un tel chiffre dans sa maison. Au début de sa vie conjugale, sa position avait été clairement définie, au-delà de toute possibilité d'erreur. C'était son affaire de gagner de l'argent et, lorsqu'on le lui demandait, de sauter à travers des obstacles et de faire semblant de mourir à la demande de sa femme et de sa fille Mae. Ces fonctions, il les accomplissait consciencieusement depuis vingt ans.

Ce n'était qu'occasionnellement que son humble rôle le heurtait, car il aimait sa femme et idolâtrait sa fille. L'alliance internationale a été l'une de ces occasions. Il n'avait aucune objection à Hugo Percy, sixième comte de Carricksteed . Le coup fatal avait été la condamnation à l'exil. Il aimait le baseball avec un amour qui dépassait celui des femmes, et la perspective de ne plus jamais revoir un match de sa vie le consternait.

Et puis, un matin, comme une voix d'un autre monde, était venue la nouvelle que les White Sox et les Giants allaient faire une exhibition à

Londres, au Chelsea Football Ground. Il avait compté les jours comme un enfant avant Noël.

Il y avait eu des obstacles à surmonter avant de pouvoir assister au match, mais il les avait surmontés et était assis au premier rang lorsque les deux équipes se sont alignées devant le roi George.

Et maintenant, il s'éloignait lentement du sol avec le reste des spectateurs. Le destin lui avait été très bon. Cela lui avait offert un superbe match, même avec deux circuits. Mais son comble de bienveillance avait été d'attribuer les sièges de chaque côté de lui à deux hommes de son propre courage, deux êtres divins qui connaissaient chaque mouvement de l'échiquier et hurlaient comme des loups lorsqu'ils n'étaient pas d'accord avec le joueur. arbitre. Bien avant la neuvième manche, il éprouvait à leur égard l'affection d'un marin naufragé qui rencontre deux copains d'enfance sur une île déserte.

Alors qu'il se dirigeait vers la porte , il remarqua la présence de ces deux hommes, un de chaque côté de lui. Il les regarda avec tendresse, essayant de décider lequel d'entre eux il préférait. C'était triste de penser qu'ils devraient bientôt sortir de sa vie pour toujours.

Il prit une résolution soudaine. Il reporterait la séparation. Il les inviterait à dîner. Au-delà de ce que l'Hôtel Savoy pouvait offrir de mieux, ils recommenceraient la bataille de l'après-midi. Il ne savait pas qui ils étaient ni quoi que ce soit à leur sujet, mais qu'importe ? C'étaient des frères-fans. Cela lui suffisait.

L'homme à sa droite était jeune, rasé de près et au visage quelque peu vautour. Son visage était maintenant froid et impassible, presque rébarbatif ; mais seulement une demi-heure auparavant, cela avait été un champ de bataille d'émotions contradictoires, et son chapeau portait encore la marque là où il l'avait cogné contre le bord de son siège à l'occasion du coup de circuit de M. Daly . Un digne invité !

L'homme sur M. La gauche de Birdsey appartenait à une autre espèce d'éventail. Même s'il y avait eu des moments pendant le match où il avait hurlé, la plupart du temps, il avait regardé en silence, avec une telle tension avide qu'un observateur moins expérimenté que M. Birdsey aurait pu attribuer son immobilité à l'ennui. Mais un simple coup d'œil à sa mâchoire serrée et à ses yeux brillants lui apprit qu'il y avait là aussi un homme et un frère.

Les yeux de cet homme brillaient encore et, sous leur bronzage curieusement profond, ses joues barbus étaient pâles. Il regardait droit devant lui avec un regard aveugle.

M Birdsey tapota l'épaule du jeune homme.

« Un jeu ! » il a dit.

Le jeune homme le regarda et sourit.

« Vous pariez, » dit-il.

« Je n'ai pas vu un match de football depuis cinq ans.

"La dernière fois que j'ai vu, c'était il y a deux ans, en juin prochain."

«Venez dîner à mon hôtel et discutez-en», dit M. Birdsey impulsivement.

'Bien sûr!' dit le jeune homme.

M Birdsey se tourna et tapota l'épaule de l'homme à sa gauche.

Le résultat était un peu inattendu. L'homme fit un sursaut qui ressemblait presque à un bond, et la pâleur de son visage devint d'un blanc maladif. Ses yeux, alors qu'il se retournait, rencontrèrent M. Birdsey est resté un instant avant de tomber, et il y avait une peur panique en eux. Sa respiration sifflait doucement entre ses dents serrées.

M Birdsey fut surpris. La cordialité du jeune homme rasé de près ne l'avait pas préparé à l'éventualité d'un tel accueil. Il se sentit glacé. Il était sur le point de s'excuser avec quelque murmure d'une erreur, lorsque l'homme le rassura en souriant. C'était un sourire plutôt douloureux, mais c'était suffisant pour que M. Oiseaux . Cet homme était peut-être d'un tempérament nerveux, mais son cœur était à la bonne place.

Lui aussi sourit. C'était un petit homme corpulent, au visage rouge, et il possédait un sourire qui manquait rarement de mettre les étrangers à l'aise. De nombreuses années ardues à la Bourse de New York n'avaient pas détruit une certaine amabilité enfantine chez M. Birdsey , et ça brillait quand il vous souriait.

«J'ai bien peur de vous avoir surpris», dit-il d'une manière apaisante. « Je voulais vous demander si vous laisseriez un parfait inconnu, qui se trouve également être un exilé, vous proposer à dîner ce soir.

L'homme grimaça. 'Exilé?'

« Un fan exilé. Ne pensez-vous pas que les Polo Grounds sont bien loin ? Ce monsieur me rejoint. J'ai une suite à l'hôtel Savoy et j'ai pensé que nous pourrions tous y faire un petit dîner tranquille et parler du match. Je n'ai pas vu un match de football depuis cinq ans.

"Moi non plus."

« Alors tu dois venir. Il le faut vraiment. Nous, les fans, devrions nous serrer les coudes dans un pays étranger. Viens donc.'

« Merci, » dit l'homme barbu ; 'Je vais.'

Lorsque trois hommes, tous inconnus, s'assoient pour dîner ensemble, la conversation, même s'ils ont une passion commune pour le baseball, peut être pendant un moment un peu difficile. La première belle frénésie dans laquelle M. Birdsey avait lancé ses invitations et avait commencé à diminuer au moment où la soupe était servie, et il était conscient d'un sentiment d'embarras.

Il y avait quelques subtiles difficultés dans le déroulement ordonné des affaires. Il l'a senti dans l'air. Ses deux invités étaient enclins au silence, et le jeune homme rasé de près avait développé une astuce consistant à fixer l'homme à la barbe, ce qui angoissait visiblement cette personne sensible.

« Du vin », murmura M. Birdsey au serveur. « Du vin, du vin !

Il parlait avec le sérieux d'un général appelant ses réserves pour la grande attaque. Le succès de ce petit dîner lui importait énormément. Il y avait des circonstances qui allaient en faire une oasis dans sa vie. Il voulait que ce soit une occasion à laquelle, dans les jours gris à venir, il puisse regarder en arrière et se consoler. Il ne pouvait pas laisser cela être un échec.

Il s'apprêtait à parler lorsque le jeune homme le prévint. Se penchant en avant, il s'adressa à l'homme barbu qui émiettait du pain avec un regard absent.

« Nous nous sommes sûrement déjà rencontrés ? il a dit. "Je suis sûr que je me souviens de ton visage."

L'effet de ces mots sur l'autre était aussi curieux que l'effet de M. La tape de Birdsey sur l'épaule avait été. Il avait l'air d'un animal traqué.

Il secoua la tête sans parler.

«Curieux», dit le jeune homme. «J'aurais pu le jurer, et je suis sûr que c'était quelque part à New York. Vous venez de New York ?

'Oui.'

«Il me semble», dit M. Birdsey , "que nous devrions nous présenter." C'est drôle que cela n'ait frappé aucun d'entre nous auparavant. Je m'appelle Birdsey , J. Wilmot Birdsey . Je viens de New York.

«Je m'appelle Waterall », dit le jeune homme. «Je viens de New York.»

Le barbu hésita.

«Je m'appelle Johnson. Je... vivais à New York.

« Où habitez-vous maintenant, M. Johnson ? » demanda Waterall .

Le barbu hésita encore. «Alger», dit-il.

M Birdsey a été inspiré pour aider les choses tout en bavardant.

«Alger», dit-il. «Je n'y suis jamais allé, mais je comprends que c'est tout un endroit. Êtes-vous en affaires là-bas, M. Johnson ?

«Je vis là-bas pour ma santé.»

«Es-tu là-bas depuis un certain temps?» demanda Waterall .

'Cinq ans.'

— Alors c'est sûrement à New York que je t'ai vu, car je ne suis jamais allé à Alger, et je suis sûr de t'avoir vu quelque part. J'ai peur que vous me trouviez ennuyeux de m'en tenir à ce point, mais le fait est que la seule chose dont je suis fier est ma mémoire des visages. C'est un de mes passe-temps. Si je pense que je me souviens d'un visage et que je n'arrive pas à le situer, je m'inquiète de l'insomnie. C'est en partie par pure vanité, et en partie parce que, dans mon travail, une bonne mémoire des visages est un atout considérable. Cela m'a aidé cent fois.

M Birdsey était un homme intelligent, et il pouvait voir que les discussions à table de Waterall , pour une raison quelconque, énervaient Johnson. En bon hôte, il s'est efforcé d'intervenir et de rendre les choses fluides.

« J'ai entendu de très bons récits sur Alger », dit-il aimablement. « Un de mes amis était là sur son yacht l'année dernière. Ce doit être un endroit charmant.

«C'est l'enfer sur terre», a lancé Johnson, et il a mis fin à la conversation sur-le-champ.

À travers un silence sinistre, un ange sous forme humaine entra : un serveur portant une bouteille. Le bruit du bouchon était plus que de la musique pour M. Les oreilles de Birdsey . C'était le grondement des canons de l'armée de relève.

Le premier verre, comme le feront les premiers verres, décongela le barbu, au point de l'inciter à tenter de reprendre les fragments de la conversation qu'il avait brisés.

« Je crains que vous m'ayez trouvé brusque, Monsieur. Birdsey , dit-il maladroitement ; mais ça fait cinq ans que tu n'habites pas Alger et moi oui.

M Birdsey gazouilla avec sympathie.

«J'ai aimé ça au début. Cela m'a semblé très bien. Mais cinq ans, et rien d'autre à espérer jusqu'à votre mort… »

Il s'arrêta et vida son verre. M Birdsey était toujours perturbé. Il est vrai que la conversation se déroulait d'une certaine manière, mais elle avait pris une tournure nettement sombre. Légèrement rougi par l'excellent champagne qu'il avait choisi pour cet important dîner, il s'efforça de l'alléger.

« Je me demande, dit-il, lequel de nous trois supporters a eu le plus de mal à se rendre aux gradins aujourd'hui. Je suppose qu'aucun de nous n'a trouvé cela trop facile.

Le jeune homme secoua la tête.

« Ne comptez pas sur moi pour apporter une histoire romantique au divertissement de ce Mille et Une Nuits. Ma difficulté aurait été de m'arrêter. Je m'appelle Waterall et je suis le correspondant à Londres du *New York Chronicle* . Je devais y être cet après-midi pour affaires.

M Birdsey rigola gêné, mais non sans une certaine fierté espiègle.

« Je rirai quand vous entendrez mes aveux. Ma fille a épousé un comte anglais et ma femme m'a amené ici pour me mêler à sa foule. Il y avait ce soir un grand dîner auquel toute la bande devait être présente, et c'était tout ce que valait ma vie de l'éviter. Mais quand vous voyez les Giants et les White Sox jouer au ballon à moins de cinquante milles de vous... Eh bien, j'ai pris une poignée et je me suis faufilé par l'arrière, je suis arrivé à la gare et j'ai pris le train rapide pour Londres. Et que se passe-t-il là-bas en ce moment, je n'aime pas y penser. À peu près maintenant", a déclaré M. Birdsey , regardant sa montre, "Je suppose qu'ils vont préparer les *hors-d'œuvre* et regarder la chaise vide." C'était dommage de le faire, mais, pour l'amour de Mike, qu'aurais-je pu faire d'autre ?

Il regarda l'homme barbu.

« Avez-vous vécu des aventures, M. Johnson ?

'Non. Je… je viens juste d'arriver.

Le jeune homme Waterall se pencha en avant. Son attitude était calme, mais ses yeux brillaient.

« Est-ce que cela ne vous suffisait pas comme aventure ? » il a dit.

Leurs regards se croisèrent de l'autre côté de la table. Assis entre eux, M. Birdsey se regarda tour à tour, vaguement perturbé. Il se passait quelque chose, un drame, et il n'en avait pas la clé.

Le visage de Johnson était pâle et la nappe se froissait sous ses doigts, mais sa voix était ferme lorsqu'il répondit :

'Je ne comprends pas.'

"Comprendrez-vous si je vous donne votre vrai nom, M. Benyon ?

« Qu'est-ce que c'est que tout ça ? dit M. Birdsey faiblement.

Waterall se tourna vers lui, le visage de vautour plus visible que jamais. M Birdsey était conscient d'un soudain dégoût pour ce jeune homme.

"C'est bien simple, Monsieur Oiseaux . Si vous n'avez pas reçu d'anges sans le savoir, vous avez au moins offert un dîner à une célébrité. Je vous ai dit que j'étais sûr d'avoir déjà vu ce monsieur. Je viens de me rappeler où et quand. Voici M. John Benyon , et je l'ai vu pour la dernière fois il y a cinq ans lorsque j'étais journaliste à New York et que je couvrais son procès.

« Son procès ?

"Il a volé cent mille dollars à la New Asiatic Bank, a renoncé à sa caution et on n'a plus jamais entendu parler de lui."

"Pour l'amour de Mike!"

M Birdsey regarda son invité avec des yeux qui s'écarquillèrent momentanément. Il fut étonné de constater qu'au fond de lui régnait un sentiment d'exaltation indubitable. Il avait décidé, en quittant la maison ce matin-là, que ce serait un jour parmi des jours. Eh bien, personne ne pourrait appeler cela un anti-climax.

— Alors c'est pour ça que tu vis à Alger ?

Benyon ne répondit pas. Dehors, la circulation sur Strand envoyait un léger murmure dans la pièce chaleureuse et confortable.

Waterall parla. « Qu'est-ce qui vous a poussé, Benyon , à prendre le risque de venir à Londres, où un homme sur deux que vous rencontrez est un New-Yorkais, je n'arrive pas à comprendre. Les chances étaient de deux contre une pour que vous soyez reconnu. Vous avez fait sensation avec votre petite aventure il y a cinq ans.

Benyon releva la tête. Ses mains tremblaient.

«Je vais vous le dire » , dit-il avec une sorte de force sauvage, qui blessa gentiment le petit M. Birdsey comme un coup. « C'était parce que j'étais un homme mort et que je voyais une chance de revenir à la vie pendant un jour ; parce que j'en avais marre du foutu tombeau dans lequel je vis depuis cinq siècles ; parce que New York me fait mal depuis que je l'ai quitté — et c'était là l'occasion d'y retourner quelques heures. Je savais qu'il y avait un risque. J'ai tenté ma chance. Bien?'

M Le cœur de Birdsey était presque trop plein pour pouvoir parler. Il l'avait enfin trouvé, le Super-Fan, l'homme qui traversait le feu et l'eau pour assister à un match de baseball. Jusqu'à ce moment, il se considérait comme le plus proche de cette éminence vertigineuse. Il avait bravé de grands périls pour assister à ce match. Même à ce moment-là, son esprit ne se détachait pas complètement de la spéculation sur ce que sa femme lui dirait lorsqu'il reviendrait au bercail. Mais qu'avait-il risqué comparé à ce Benyon ? M Birdsey rayonnait. Il ne pouvait retenir sa sympathie et son admiration. Il est vrai que cet homme était un criminel. Il avait volé cent mille dollars à une banque. Mais après tout, qu'était-ce ? Ils auraient probablement gaspillé cet argent en faisant des bêtises. Et de toute façon, une banque qui ne pouvait pas gérer son argent méritait de le perdre.

M Birdsey ressentit presque une juste lueur d'indignation contre la Nouvelle Banque Asiatique.

Il rompit le silence qui avait suivi les paroles de Benyon par une remarque particulièrement immorale :

"Eh bien, c'est une chance que nous seuls t'ayons reconnu", dit-il.

Waterall le regarda fixement. « Proposez-vous que nous étouffions cette affaire, M. Birdsey ? dit-il froidement.

'Tant pis-'

Waterall se leva et se dirigea vers le téléphone.

'Qu'est-ce que tu vas faire?'

« Appelez Scotland Yard, bien sûr. Qu'as-tu pensé?'

Sans aucun doute, le jeune homme accomplissait son devoir de citoyen, mais force est de constater que M. Birdsey le regarda avec une horreur sans mélange.

« Vous ne pouvez pas ! Il ne faut pas ! il pleure.

«Je le ferai certainement.»

« Mais… mais… ce type est venu de tout ce chemin pour voir le match de balle. »

Cela parut incroyable à M. Birdsey que cet aspect de l'affaire ne doit pas être celui qui frappe tout le monde à l'exclusion de tous les autres aspects.

« Vous ne pouvez pas l'abandonner. C'est trop cru.

«C'est un criminel reconnu coupable.»

«C'est un fan. Eh bien, disons, c'est lui *le* fan.

Waterall haussa les épaules et se dirigea vers le téléphone. Benyon parla.

'Un moment.'

Waterall se retourna et se retrouva à regarder dans la bouche d'un petit pistolet. Il rit.

«Je m'y attendais. Agitez-le autant que vous voulez.

Benyon posa sa main tremblante sur le bord de la table.

« Je tirerai si vous bougez. »

« Vous ne le ferez pas. Vous n'en avez pas le courage. Il n'y a rien pour toi. Vous n'êtes qu'un escroc bon marché, et c'est tout. Vous n'auriez pas le courage d'appuyer sur cette gâchette dans un million d'années.

Il a enlevé le récepteur.

« Donnez-moi Scotland Yard », dit-il.

Il avait tourné le dos à Benyon . Benyon restait immobile. Puis, dans un bruit sourd, le pistolet tomba au sol. L'instant d'après , Benyon était tombé en panne. Son visage était enfoui dans ses bras et il n'était qu'une épave d'homme, sanglotant comme un enfant blessé.

M Birdsey était profondément affligé. Il était assis, picotant et impuissant. C'était un cauchemar.

de Waterall parlait au téléphone.

« Est-ce que c'est Scotland Yard ? Je m'appelle Waterall , du *New York Chronicle* . L'inspecteur Jarvis est-il là ? Demandez-lui de venir au téléphone... C'est vous, Jarvis ? C'est Waterall . Je parle du Savoie, Monsieur Les chambres de Birdsey . Oiseaux . Écoute, Jarvis. Il y a ici un homme recherché par la police américaine. Envoyez quelqu'un ici et récupérez-le. Benyon . Il a volé la New Asiatic Bank à New York. Oui, vous avez un mandat d'arrêt contre lui, âgé de cinq ans... Très bien.

Il a raccroché le combiné. Benyon se leva d'un bond. Il se leva, tremblant, un spectacle pitoyable. M Birdsey s'était levé avec lui. Ils regardaient Waterall .

« Espèce… putain ! » dit M. Oiseaux .

«Je suis un citoyen américain», a déclaré Waterall , «et il se trouve que j'ai une certaine idée des devoirs d'un citoyen. De plus, je suis un journaliste et j'ai une certaine idée de mon devoir envers mon journal. Appelez-moi comme vous voulez, vous n'y changerez rien.

M Birdsey renifla.

"Vous souffrez d'une sentimentalité incarnée, Monsieur Oiseaux . C'est ça ton problème. Juste parce que cet homme a échappé à la justice pendant cinq ans, vous pensez qu'il devrait être considéré comme exclu de toute cette histoire.

'Mais mais-'

'Je ne sais pas.'

Il sortit son étui à cigarettes. Il se sentait beaucoup plus nerveux et nerveux que ce qu'il aurait laissé croire aux autres. Il avait eu un moment de réflexion très rapide avant de décider de traiter ce vilain petit pistolet avec un esprit de mépris. Sa production lui avait causé un choc décisif, et maintenant il souffrait d'une réaction. En conséquence, parce que ses nerfs étaient à rude épreuve, il allumait sa cigarette très mollement, très prudemment et avec une supériorité offensive qui appartenait à M. Birdsey est la goutte d'eau qui fait déborder le vase.

Ces choses sont l'affaire d'un instant. Seule une fraction infinitésimale de temps s'est écoulée entre le spectacle de M. Birdsey , indigné mais inactif, et M. Birdsey fou furieux, voyant rouge, se déchaînant franchement et sans dissimulation. La transformation s'est opérée dans l'espace de temps nécessaire à l'allumage d'une allumette.

Alors même que l'allumette éteignait sa flamme, M. Birdsey bondit.

Des éternités auparavant, lorsque le sang jeune coulait rapidement dans ses veines et que la vie était devant lui, M. Birdsey avait joué au football. Footballeur un jour, footballeur en puissance toujours, même jusqu'à la tombe. Le temps avait éliminé le plaquage volant comme facteur dans M. La vie de Birdsey . La colère l'a ramené. Il a plongé sur le jeune M. Les jambes bien habillées de Waterall, comme il avait plongé sur d'autres jambes, moins bien habillées, il y a trente ans. Ils se sont écrasés ensemble au sol ; et avec le crash est venu M. Le cri de Birdsey :

'Courir! Courez, imbécile ! Courir!'

Et, alors même qu'il s'accrochait à son homme, essoufflé, meurtri, avec l'impression que le monde entier s'était dissous dans une vaste explosion de dynamite, la porte s'ouvrit, claqua et les pieds s'enfuirent dans le couloir.

M Birdsey se détacha et se releva péniblement. Le choc l'avait ramené à lui-même. Il n'était plus fou furieux. C'était un homme d'âge moyen, très respectable, qui se comportait d'une manière très particulière.

Waterall , rouge et échevelé , le regarda sans voix. Il déglutit. 'Êtes-vous fou?'

M Birdsey testa avec précaution le mécanisme d'une jambe soupçonnée d'être cassée. Soulagé, il remit le pied à terre. Il secoua la tête en direction de

Waterall . Il était légèrement froissé, mais il parvint à une sorte de réprimande digne.

« Vous n'auriez pas dû faire ça, jeune homme. C'était un travail brut. Oh, oui, je sais tout sur ce truc de devoir de citoyen. Ça ne va pas. Il y a des exceptions à chaque règle, et celle-ci en faisait partie. Quand un homme risque sa liberté pour venir participer à un jeu de balle, il faut la lui donner. Ce n'est pas un escroc. C'est un fan. Et nous, fans exilés, devons rester ensemble.

Waterall frémissait de fureur, de déception et du désagrément particulier d'être traité par un monsieur âgé comme un sac de charbon. Bégaya-t-il de rage.

« Espèce de vieux fou, tu te rends compte de ce que tu as fait ? La police sera là dans une minute.

'Laissez-les venir.'

« Mais que dois-je leur dire ? Quelle explication puis-je donner ? Quelle histoire puis-je leur raconter ? Ne vois-tu pas dans quel trou tu m'as mis ?

Quelque chose a semblé cliquer à l'intérieur de M. L'âme de Birdsey . C'était l'humeur folle qui disparaissait et la raison remontait sur son trône. Il était désormais capable de réfléchir calmement, et ce à quoi il pensait le remplissait d'une soudaine tristesse.

« Jeune homme, dit-il, ne vous inquiétez pas. Vous avez un jeu d'enfant. Il suffit de raconter une histoire à la police. N'importe quel vieux conte fera l'affaire pour eux. C'est moi qui ai le métier le plus difficile : je dois me confronter à ma femme !

NOIR POUR LA CHANCE

Il était noir, mais beau. Visiblement dans des circonstances réduites, il avait néanmoins réussi à conserver une certaine élégance, un certain air, ce que les Français appellent la *tournure* . La pauvreté n'avait pas non plus tué chez lui l'instinct de propreté personnelle de l'aristocrate ; car dès qu'Élisabeth l' aperçut, il commença à se laver.

Au bruit de ses pas, il leva les yeux. Il ne bougeait pas, mais il y avait une certaine méfiance dans son attitude. Les muscles de son dos se contractèrent, ses yeux brillaient comme des lampes jaunes sur du velours noir, sa queue bougeait un peu, en guise d'avertissement.

Elizabeth le regarda. Il regarda Elizabeth. Il y eut une pause pendant qu'il la résumait. Puis il se dirigea vers elle et, baissant brusquement la tête, il l'enfonça vigoureusement contre sa robe. Il lui permit de le prendre et de le porter dans le couloir, où se tenait Francis, le concierge.

« Francis, dit Elizabeth, est-ce que ce chat appartient à quelqu'un ici ?

'Pas manquer. Ce chat est errant, ce chat l'est. J'essaie de localiser le propriétaire de ce chat depuis des jours.

Francis passait son temps à essayer de localiser les choses. C'était la seule reconstitution de sa vie sans événement. Parfois c'était un bruit, parfois une lettre perdue, parfois un morceau de glace égaré dans le monte-plats, quoi que ce soit, Francis essayait de le retrouver.

« Est-ce qu'il est ici depuis longtemps, alors ?

«Je l'ai vu fouiner pendant un temps considérable.»

«Je le garderai.»

« Les chats noirs portent chance », dit sentencieusement Francis.

«Je n'y verrai certainement pas d'objection», dit Elizabeth. Elle sentait, ce matin-là, qu'un peu de chance serait une agréable nouveauté. Les choses n'allaient pas très bien avec elle ces derniers temps. Ce n'était pas tant que la proportion habituelle de ses manuscrits lui était revenue avec des compliments éditoriaux de la part du magazine auquel ils avaient été envoyés – elle acceptait cela comme faisant partie du jeu ; ce qu'elle considérait comme un traitement contre le scorbut aux mains du destin, c'était le fait que son propre magazine pour animaux de compagnie, celui vers lequel elle avait l'habitude de se réfugier, presque sûre d'être bien accueillie - alors qu'elle était froidement traitée par tous les autres - avait soudainement expiré. avec un faible gargouillis faute de soutien public. C'était comme perdre un parent gentil et ouvert, et cela rendait l'ajout d'un chat noir à la maison presque une nécessité.

Dans son appartement, la porte fermée, elle observait son nouvel allié avec une certaine anxiété. Il s'était comporté admirablement pendant le voyage jusqu'à l'étage, mais elle n'aurait pas été surprise, même si cela lui aurait fait de la peine, s'il avait maintenant tenté de s'échapper par le plafond. Les chats étaient tellement émotifs. Cependant, il resta calme et, après avoir parcouru la pièce en silence pendant un moment , releva la tête et poussa un cri roucoulant.

«C'est vrai», dit cordialement Elizabeth. « Si vous ne voyez pas ce que vous voulez, demandez-le. L'endroit est à vous.

Elle alla à la glacière et sortit du lait et des sardines. Il n'y avait rien de capricieux ou d'affecté chez son invitée. C'était un bon trancheur, et il ne se souciait pas de savoir qui le savait. Il se concentra sur la restauration de ses tissus avec l'air déterminé de quelqu'un dont le dernier repas n'est plus qu'un vague souvenir. Elizabeth, méditant sur lui comme une Providence, fronça le front en pensant.

« Joseph », dit-elle enfin, s'éclairant ; 'c'est ton nom. Maintenant, installez-vous et commencez à être une mascotte.

Joseph s'est étonnamment installé. À la fin de la deuxième journée , il donnait l'impression qu'il était le véritable propriétaire de l'appartement et que c'était grâce à sa bonne humeur qu'Elizabeth avait été autorisée à gérer les lieux. Comme la plupart des membres de son espèce, il était un autocrate. Il attendit un jour pour savoir quelle était la chaise préférée d'Elizabeth , puis se l'appropria. Si Elizabeth fermait une porte alors qu'il était dans une pièce, il voulait qu'elle soit ouverte pour qu'il puisse sortir ; si elle le fermait pendant qu'il était dehors, il voulait qu'il soit ouvert pour qu'il puisse entrer ; si elle la laissait ouverte, il s'inquiétait du courant d'air. Mais les meilleurs d'entre nous ont nos défauts, et Elizabeth l'adorait malgré les siens.

C'était étonnant de voir quelle différence il avait fait dans sa vie. C'était une âme amicale et, jusqu'à l'arrivée de Joseph, elle avait dû dépendre principalement pour sa compagnie des pas de l'homme qui se trouvait dans l'appartement d'en face. De plus, le bâtiment était ancien et craquait la nuit. Il y avait une planche détachée dans le passage qui faisait des bruits de cambrioleur dans l'obscurité derrière vous lorsque vous marchiez dessus en allant vous coucher ; et il y avait de drôles de bruits de grattage qui vous faisaient sursauter et retenir votre souffle. Joseph mit bientôt un terme à tout cela. Avec Joseph à proximité, une planche lâche est devenue une planche lâche, rien de plus, et un bruit de grattage juste un simple bruit de grattage.

Et puis un après-midi, il a disparu.

Après avoir fouillé l'appartement sans le trouver, Elizabeth se dirigea vers la fenêtre, avec l'intention de survoler la rue à vol d'oiseau. Elle n'avait aucun espoir, car elle venait juste de sortir de la rue et il n'y avait alors aucun signe de lui.

À l'extérieur de la fenêtre se trouvait un large rebord qui faisait toute la largeur du bâtiment. Elle se terminait à gauche, par un balcon peu profond appartenant à l'appartement dont la porte d'entrée faisait face à la sienne, l'appartement du jeune homme dont elle entendait parfois les pas. Elle savait que c'était un jeune homme, parce que Francis le lui avait dit. Son nom, James Renshaw Boyd, avait-elle appris de la même source.

Sur ce balcon peu profond, léchant sa fourrure avec le bout d'une langue cramoisie et se comportant généralement comme s'il était dans son propre jardin, était assis Joseph.

« Joseph ! s'écria Elizabeth, la surprise, la joie et le reproche se combinant pour donner à sa voix un frémissement presque mélodramatique.

Il la regarda froidement. Pire encore, il la regardait comme si elle avait été une parfaite inconnue. Gonflé de viande et de boisson, il la coupa morte ; et, ce faisant, il se retourna et se dirigea vers l'appartement voisin.

Elizabeth était une fille spirituelle. Joseph la regardait peut-être comme si elle était une soucoupe pleine de lait contaminé, mais il était son chat et elle avait l'intention de le récupérer. Elle sortit et sonna à l'appartement de M. James Renshaw Boyd.

La porte a été ouverte par un jeune homme en manches de chemise. Ce n'était en aucun cas un jeune homme disgracieux. En effet, de son type – le type aux cheveux durs, rasé de près et à la mâchoire carrée – c'était un jeune homme distinctement beau. Même si elle le considérait pour le moment uniquement à la lumière d'une machine à ramener les chats errants, Elizabeth le remarqua.

Elle lui sourit. Ce n'était pas la faute de ce joli jeune homme si la fenêtre de son salon était ouverte ; ou que Joseph était une petite bête ingrate qui ne devrait pas avoir de poisson cette nuit-là.

"Pourriez-vous me laisser mon chat, s'il vous plaît?" dit-elle agréablement. « Il est entré dans votre salon par la fenêtre.

Il parut légèrement surpris.

'Ton chat?'

« Mon chat noir, Joseph. Il est dans votre salon.

« J'ai bien peur que vous ne soyez pas au bon endroit. Je viens de quitter mon salon et le seul chat qui s'y trouve est mon chat noir, Reginald.

"Mais j'ai vu Joseph entrer il y a à peine une minute."

« C'était Réginald. »

Pour la première fois, comme celui qui examine un bel arbuste découvre brusquement qu'il s'agit d'une ortie, Elizabeth comprit la vérité. Ce n'était pas un jeune homme innocent qui se tenait devant elle, mais le criminel le plus noir connu des criminologues : un voleur de chats d'autrui. Ses manières étaient tombées à zéro.

« Puis-je vous demander depuis combien de temps vous avez votre Reginald ?

— Depuis seize heures cet après-midi.

« Est-il entré par la fenêtre ?

'Pourquoi oui. Maintenant que vous en parlez, c'est lui qui l'a fait.

«Je dois vous demander d'avoir la bonté de me rendre mon chat», dit Elizabeth d'un ton glacial.

Il la regarda sur la défensive.

« En supposant, dit-il, uniquement à des fins d'argumentation académique, que votre Joseph est mon Reginald, ne pourrions-nous pas parvenir à un accord quelconque ? Laisse-moi t'acheter un autre chat. Une douzaine de chats.

«Je ne veux pas d'une douzaine de chats. Je veux Joseph.

« Des chats beaux, gros et doux », poursuivit-il d'un ton persuasif. « Des Persans et des Angoras charmants et affectueux, et… »

"Bien sûr, si vous avez l'intention de voler Joseph…"

« Ce sont des mots durs. N'importe quel avocat vous dira qu'il existe des lois spéciales concernant les chats. Retenir un chat errant n'est pas un délit ou un délit . Dans la célèbre affaire type Wiggins *c* . Bluebody, il a été créé…'

«Voulez-vous s'il vous plaît me rendre mon chat?»

Elle se tenait face à lui, le menton en l'air et les yeux brillants, et le jeune homme devint soudain victime de sa conscience.

« Écoutez, dit-il, je m'en remets à votre merci. J'avoue que le chat est votre chat, que je n'y ai aucun droit et que je ne suis qu'un vulgaire voleur sournois. Mais réfléchissez. Je revenais de la première répétition de ma première pièce ; et alors que j'entrais par la porte, ce chat est entré par la fenêtre. Je suis aussi superstitieux qu'un raton laveur, et j'ai senti que l'abandonner équivaudrait à tuer la pièce avant même qu'elle ne soit produite. Je sais que cela vous semblera absurde. *Vous* n'avez pas de superstitions idiotes. Vous êtes sain d'esprit et pratique. Mais, dans ces circonstances, si vous *parveniez* à renoncer à vos droits…

Devant la nostalgie de ses yeux, Elizabeth capitula. Elle se sentait complètement submergée par la répulsion des sentiments qui l'envahissait. Comme elle l'avait mal jugé ! Elle l'avait pris pour un vulgaire voleur de chats sans âme, un voleur de chats au hasard et sans raison ; et pendant tout ce temps, il avait été contraint à agir à contrecœur par ce motif profond et louable. Tout le désintéressement et l'amour du sacrifice innés chez les bonnes femmes remuaient en elle.

« Eh bien, bien *sûr*, vous ne devez pas le laisser partir ! Cela signifierait une terrible malchance.

"Mais et toi..."

« Ne vous souciez pas de moi. Pensez à toutes les personnes qui dépendent du succès de votre pièce.

Le jeune homme cligna des yeux.

"C'est accablant", a-t-il déclaré.

« Je ne savais pas pourquoi tu le voulais. Il ne représentait rien pour moi… du moins, pas grand-chose… c'est-à-dire… eh bien, je suppose que je l'aimais plutôt… mais il n'était pas… pas… »

'Vital?'

« C'est exactement le mot que je voulais. Il était juste de la compagnie, tu sais.

« Tu n'as pas beaucoup d'amis ? »

«Je n'ai pas d'amis.»

« Tu n'as pas d'amis ! Cela règle le problème. Vous devez le reprendre.

"Je n'y pensais pas."

« Bien sûr, vous devez le reprendre immédiatement.

"Je ne pouvais vraiment pas."

'Vous devez.'

« Je ne le ferai pas. »

« Mais, mon Dieu, que pensez-vous que je devrais ressentir, sachant que vous étiez tout seul et que j'avais furtivement votre… votre brebis, pour ainsi dire ?

« Et que pensez-vous que je ressentirais si votre pièce échouait simplement faute de chat noir ?

Il sursauta et passa ses doigts dans ses cheveux rêches d'un air surmené.

« Salomon n'aurait pas pu résoudre ce problème », a-t-il déclaré. « Que se passerait-il – cela semble être la seule issue possible – si vous lui gardiez une sorte de droit de direction ? Ne pourriez-vous pas parfois passer et discuter avec lui – et moi, d'ailleurs – ici ? Je suis presque aussi seul que toi. Chicago est ma maison. Je ne connais presque personne à New York.

Sa vie solitaire dans la grande ville avait imposé à Elizabeth la capacité de porter un jugement instantané sur les hommes qu'elle rencontrait. Elle jeta un coup d'œil au jeune homme et se décida en sa faveur .

«C'est très gentil de votre part», dit-elle. «J'adorerais. Je veux tout savoir de votre pièce. J'écris moi-même, vous savez, de manière très modeste, donc un dramaturge à succès est quelqu'un pour moi.

«J'aurais aimé être un dramaturge à succès.»

« Eh bien, vous allez faire jouer à Broadway la première pièce que vous ayez jamais écrite. C'est vraiment merveilleux.

« M… oui », dit le jeune homme. Il parut à Elizabeth qu'il parlait d'un ton douteux, et cette modestie consolida l' impression favorable qu'elle avait formée.

Les dieux sont justes. Pour chaque mal qu'ils infligent, ils fournissent également une compensation. Il leur semble bon que les individus des grandes villes soient seuls, mais ils ont fait en sorte que, si l'un de ces individus parvient enfin à en rechercher et à se lier d'amitié avec un autre, cette amitié se développera plus rapidement que les relations tièdes. de ceux sur qui le contact glacial de la solitude n'est jamais tombé. En une semaine, Elizabeth eut le sentiment d'avoir connu ce James Renshaw Boyd toute sa vie.

Et pourtant, ses souvenirs personnels étaient incomplets et tentants. Elizabeth faisait partie de ces personnes qui aiment commencer une amitié par un exposé complet de leur position, de leur vie antérieure et des causes qui les ont amenées à se trouver à cet endroit particulier à ce moment particulier. Lors de leur rencontre suivante, avant qu'il ait eu le temps de dire grand-chose sur son propre compte, elle lui avait raconté sa vie dans la petite ville canadienne où elle avait passé la première partie de sa vie ; de la tante riche et inattendue qui l'avait envoyée à l'université sans raison particulière que quiconque pouvait déterminer, sauf qu'elle aimait être inattendue ; de l'héritage de cette même tante, bien moindre qu'on aurait pu l'espérer, mais suffisant pour envoyer une Elizabeth reconnaissante à New York, pour y tenter sa chance ; d'éditeurs, de magazines, de manuscrits refusés ou acceptés, d'intrigues d'histoires ; de la vie en général, comme celle vécue là où l'Arche enjambe la Cinquième Avenue et où la croix illuminée du Judson brille la nuit sur Washington Square.

Cessant finalement, elle attendit qu'il commence ; et il n'a pas commencé, c'est-à-dire pas dans le sens que le mot donnait à Elizabeth. Il parla brièvement de l'université, et plus brièvement encore de Chicago – ville qu'il semblait considérer avec un dégoût qui rendait l'attitude de Lot à l'égard des villes de la Plaine presque aimable en comparaison. Puis, comme s'il avait répondu aux exigences de l'inquisiteur le plus exigeant en matière de souvenirs personnels, il se mit à parler de la pièce.

Les seuls faits le concernant sur lesquels Elizabeth aurait pu réellement jurer en toute bonne conscience au terme de la deuxième semaine de leur connaissance étaient qu'il était très pauvre et que cette pièce signifiait tout pour lui.

L'affirmation selon laquelle cela signifiait tout pour lui s'insinuait si souvent dans sa conversation qu'elle pesait sur l'esprit d'Elizabeth comme un fardeau, et peu à peu elle se surprit à donner au jeu la place d' honneur dans ses pensées, au-dessus de ses propres petites aventures. Avec cette chose prodigieuse en jeu, il lui semblait presque méchant de sa part de consacrer un moment à se demander si le rédacteur en chef d'un journal du soir, qui avait à moitié promis de lui confier le poste envoûtant de conseillère du Lovelorn dans son journal, remplirait son journal. cette demi-promesse.

Au début de leur amitié, le jeune homme lui avait raconté l'intrigue de la pièce ; et s'il n'avait pas malheureusement oublié plusieurs épisodes importants et n'avait pas dû y revenir à travers un gouffre d'un ou deux actes, et s'il avait désigné ses personnages par leur nom au lieu de les décrire par des descriptions telles que « l'homme amoureux de la fille - pas comment s'appelle-t-il mais l'autre type - elle aurait sans aucun doute ce demi-Nelson mental qui est d'une telle aide pour la bonne compréhension d'une comédie en quatre actes. En fait, son exposé l'avait laissée un peu vague ; mais elle a dit que c'était parfaitement splendide, et il a demandé si elle le pensait vraiment. Et elle a dit oui, elle l'a fait, et ils étaient tous les deux heureux.

Les répétitions semblaient beaucoup nuire à son moral. Il les fréquentait avec la régularité pathétique du jeune dramaturge, mais elles semblaient lui apporter peu de baume. Elizabeth le trouvait généralement plongé dans la tristesse, puis elle remettait à plus tard le récit, qu'elle attendait avec impatience, du petit triomphe qu'elle aurait pu remporter par hasard, et se consacrait à la tâche de lui remonter le moral. Si les femmes n'étaient merveilleuses d'aucune autre manière, elles seraient merveilleuses grâce à leur génie qui leur permet d'écouter les achats au lieu d'en parler.

Elizabeth se sentait plus que fière de la façon dont son jugement sur ce jeune homme était justifié. La vie dans le New York bohème l'avait rendue résolument méfiante à l'égard des jeunes hommes étranges, non formellement présentés ; sa foi dans la nature humaine avait dû être mise à rude épreuve. Les loups déguisés en mouton étaient des objets courants au bord du chemin dans sa vie sans protection ; et peut-être que sa principale raison d'apprécier cette amitié était le sentiment de sécurité qu'elle lui procurait.

Leurs relations, se disait-elle, étaient si merveilleusement dépourvues de sentimentalité. Il n'était pas nécessaire de recourir à cette attitude défensive silencieuse qui semblait presque inévitable dans les relations avec le sexe opposé. Elle sentait qu'elle pouvait faire confiance à James Boyd ; et c'était merveilleux à quel point la réflexion était apaisante.

Et c'est pourquoi, lorsque cette chose s'est produite, cela l'a tellement choquée et effrayée.

Cela avait été une de leurs soirées tranquilles. Ces derniers temps, ils avaient pris l'habitude de rester assis ensemble pendant de longs moments sans se parler. Mais elle se distinguait des autres soirées tranquilles par le fait que le silence d'Elizabeth cachait un sentiment de blessure léger mais bien défini. Habituellement , elle était contente de ses pensées, mais ce soir, elle était énervée. Elle avait un grief.

Cet après-midi-là, le rédacteur en chef du journal du soir, dont même un crâne chauve et l'absence d'ailes et de harpe ne pouvaient dissimuler le statut angélique, l'avait définitivement informée que l'homme qui avait jusqu'alors dirigé la chronique avait démissionné, le poste d'Héloïse Milton, fonctionnaire elle était la conseillère des lecteurs préoccupés par les affaires de cœur ; et il se tourna vers elle pour justifier l'expérience audacieuse consistant à laisser une femme assumer un travail aussi responsable. Imaginez ce que Napoléon a ressenti après Austerlitz, imaginez le colonel Goethale contemplant la dernière pelle de terre du canal de Panama, essayez de visualiser un propriétaire de banlieue qui voit une fleur sortir du sol dans lequel il a inséré un paquet de graines garanties, et vous aurez une vague idée de ce qu'Elizabeth ressentait lorsque ces mots dorés sortaient des lèvres de cet éditeur. Pour le moment, Ambition était rassasiée. Les années qui passent pourraient peut-être ouvrir d'autres perspectives ; mais pour le moment elle était contente.

Elle était entrée dans l'appartement de James Boyd, marchant sur des nuages de ravissement, pour lui annoncer la grande nouvelle.

Elle lui a annoncé la grande nouvelle.

Il a dit : « Ah ! »

Il existe de nombreuses façons de dire « Ah ! » Vous pouvez y mettre de la joie, de l'étonnement, du ravissement ; vous pouvez également donner l'impression qu'il s'agit d'une réponse à une remarque sur la météo. James Boyd a dit que c'était exactement ça. Ses cheveux étaient ébouriffés, son front contracté et ses manières absentes. L'impression qu'il donnait à Elizabeth était qu'il l'avait à peine entendue. L'instant d'après, il était plongé dans un récit des délits des acteurs qui répétaient actuellement pour sa comédie en quatre actes. La star avait fait ceci, la femme principale cela, la jeune autre chose. Pour la première fois, Elizabeth écouta sans sympathie.

Le moment est venu où la parole a manqué à James Boyd, et il s'est assis sur sa chaise, maussade. Elizabeth, contrariée et blessée, était assise dans la sienne, soignant Joseph. Et ainsi, dans la pénombre, le temps s'écoulait.

Comment cela s'est-il passé, elle ne l'a jamais su. Un instant, paix ; le prochain chaos. Un moment de calme ; le suivant, Joseph s'élançait dans les airs, tout en griffes et en jurons, et elle-même prise dans une attache qui lui coupait le souffle.

On peut vaguement reconstituer le fil de la pensée de James. Il est désespéré ; ça va mal au théâtre, et la vie a perdu sa saveur . Son regard, alors qu'il est assis, est attiré par le profil d'Elizabeth. C'est un joli profil, surtout apaisant. Une sentimentalité presque douloureuse envahit James Boyd. Elle est là, sa seule amie dans cette ville cruelle. Si vous soutenez qu'il n'est pas nécessaire de vous jeter sur votre unique amie et de l'étouffer presque, vous argumentez solidement ; Le point est bien pris. Mais James Boyd était hors de portée d'un argument solide. De nombreuses répétitions lui avaient mis les nerfs à rude épreuve. On peut dire qu'il n'était pas responsable de ses actes.

C'est le cas de James. Élisabeth, bien entendu, n'était pas en mesure d'en adopter une vision large et compréhensive. Tout ce qu'elle savait, c'était que James l'avait trompée, abusé de sa confiance en lui. Pendant un instant, le choc de la surprise fut tel qu'elle ne ressentit aucune indignation — ni même aucune sensation autre que celle purement physique d'un demi-étranglement. Puis, rouge et plus amèrement en colère qu'elle n'aurait jamais pu s'imaginer capable de l'être, elle commença à se débattre. Elle s'arracha à lui. S'ajoutant à son grief, cette chose la remplit d'une haine soudaine et très vive envers James. Derrière sa colère, qui l'alimentait, se trouvait la pensée humiliante que tout cela était de sa faute, que par sa présence là, elle avait provoqué cela.

Elle se dirigea à tâtons vers la porte. Quelque chose se tordait et se débattait en elle, lui aveuglant les yeux et la privant de la parole. Elle n'était consciente que du désir d'être seule, de revenir en sécurité dans sa propre maison. Elle savait qu'il parlait, mais les mots ne lui parvenaient pas. Elle trouva la porte et l'ouvrit. Elle sentit une main sur son bras, mais elle la repoussa. Et puis elle était de retour derrière sa porte, seule et libre de contempler à loisir les ruines de ce petit temple de l'amitié qu'elle avait si soigneusement bâti et où elle avait été si heureuse.

Le fait qu'elle ne lui pardonnerait jamais fut pendant un moment sa seule pensée cohérente. A cela succédait la détermination qu'elle ne se pardonnerait jamais. Et ayant ainsi mis hors de portée les deux seuls amis qu'elle avait à New York, elle était libre de se consacrer sans entrave à la tâche de se sentir complètement seule et misérable.

Les ombres s'approfondissaient. De l'autre côté de la rue, une sorte d'explosion bouillonnante, suivie d'un éclat saccadé qui traversa la pièce, annonça l'allumage de la grande lampe à arc sur le trottoir opposé. Elle n'en voulait pas, étant d'humeur à une tristesse pure ; mais elle n'avait pas l'énergie d'abaisser le store et de l'éteindre. Elle était assise là où elle était, pensant à des pensées douloureuses.

La porte de l'appartement d'en face s'ouvrit. Il y eut une seule sonnerie à sa cloche. Elle n'y a pas répondu. Il y en a eu un autre. Elle était assise là où elle était, immobile. La porte se referma.

Les jours s'éternisaient. Elizabeth ne compte plus le temps. Chaque jour avait ses devoirs, qui se terminaient au coucher ; c'était tout ce qu'elle savait – sauf que la vie était devenue très grise et très solitaire, bien plus solitaire même qu'à l'époque où James Boyd n'était pour elle qu'un bruit de pas occasionnel.

De James, elle ne voyait rien. Il n'est pas difficile d'éviter qui que ce soit à New York, même si l'on habite juste en face.

C'était le premier acte d'Elizabeth chaque matin, dès son réveil, d'ouvrir sa porte d'entrée et de rassembler tout ce qui se trouvait à l'extérieur. Parfois, il y avait du courrier ; et toujours, à moins que Francis, comme il le faisait parfois, ne soit mélangé et distrait, le lait du matin et le journal du matin.

Un matin, environ deux semaines après cette soirée à laquelle elle essayait de ne pas penser, Elizabeth, ouvrant la porte, trouva aussitôt dehors un morceau de papier plié. Elle l'a déplié.

Au petit matin, le cerveau travaille lentement. Pendant un instant, Elizabeth resta debout à regarder les mots sans comprendre ; puis, dans un bond du cœur, leur signification lui revint. Il a dû laisser ça devant sa porte la nuit précédente. La pièce était produite ! Et quelque part dans l'intérieur plié du journal du matin à ses pieds doit se trouver l'opinion de « Celui qui détient l'autorité » à ce sujet !

Les critiques dramatiques ont cette particularité que si on les cherche, elles s'enfouissent et se cachent comme des lapins. Ils se cachent derrière les meurtres ; ils se cachent derrière les scores du baseball ; ils se tiennent confortablement derrière les informations de Wall Street. Il fallut une bonne minute à Elizabeth pour trouver ce qu'elle cherchait, et les premiers mots qu'elle lut la frappèrent comme un coup.

Dans cette veine de facétie délicieuse qui le rend si apprécié de tous les adeptes et auteurs du drame, "One in Authority" a déchiré et déchiré la pièce de James Boyd. Il a renversé la pièce de James Boyd et l'a lancée ; il sauta dessus avec de grands pieds ; il versa de l'eau froide dessus et le coupa en petits morceaux. Il a joyeusement éventré la pièce de James Boyd.

Elizabeth frémit de la tête aux pieds. Elle s'accrocha au montant de la porte pour se stabiliser. En un éclair, tout son ressentiment avait disparu, effacé et anéanti comme une brume devant le soleil. Elle l'aimait et elle savait maintenant qu'elle l'avait toujours aimé.

Il lui fallut deux secondes pour réaliser que « Celui qui détenait l'autorité » était un misérable incompétent, incapable de reconnaître le mérite lorsqu'il était affiché devant lui. Il lui fallut cinq minutes pour s'habiller. Il lui fallut une minute pour descendre en courant et se rendre au kiosque à journaux au coin de la rue. Ici, avec une prodigalité qui charmait et exaltait le propriétaire, elle achetait tous les autres papiers qu'il pouvait fournir.

Il est préférable de décrire brièvement les moments tragiques. Chacun des journaux remarqua la pièce et chacun la condamna avec une cordialité sans compromis. Les critiques ne variaient que par le ton. L'un maudit avec délectation et enthousiasme ; un autre avec une certaine pitié ; un troisième avec une sorte de supériorité blessée, comme celle d'un homme obligé de parler contre son gré de quelque chose d'indicible ; mais le sens de tout était le même. La pièce de James Boyd fut un échec cuisant.

Le retour à la maison s'empressa d'Elizabeth, laissant les organes d'un peuple libre être rassemblés, lissés et replacés sur le stand par le propriétaire désormais plus que jamais charmé. Elle monta les escaliers à toute vitesse et arrivant, essoufflée, à la porte de James, elle sonna.

Des pas lourds descendaient le couloir ; des pas écrasés et découragés ; des pas qui envoyèrent un froid dans le cœur d'Elizabeth. La porte s'ouvrit. James Boyd se tenait devant elle, les yeux lourds et hagard. Dans ses yeux était le désespoir, et sur son menton la barbe bleue de l'homme à qui le poing du Destin a arraché l'énergie nécessaire pour se raser le matin.

Derrière lui, jonchant le sol, se trouvaient les journaux du matin ; et à leur vue, Elizabeth s'effondra.

« Oh, Jimmy, chéri ! » elle a pleuré; et l'instant d'après, elle était dans ses bras, et resta immobile pendant un certain temps.

Combien de temps après cela s'est écoulé, elle ne l'a jamais su ; mais James Boyd finit par parler.

« Si tu veux m'épouser, dit-il d'une voix rauque, je m'en fiche.

"Jimmy, chéri!" » dit Elizabeth, « bien sûr que je le ferai.

Au-delà d'eux, alors qu'ils se tenaient là, une traînée noire jaillit silencieusement et disparut hors de la porte. Joseph quittait le navire en perdition.

« Laissez-le partir, cet imposteur », dit Elizabeth avec amertume. "Je ne croirai plus jamais aux chats noirs."

Mais James n'était pas de cet avis.

"Joseph m'a apporté toute la chance dont j'avais besoin."

"Mais la pièce signifiait tout pour toi."

"C'est ce qui s'est passé à ce moment-là."

Elizabeth hésita.

« Jimmy, mon chéri, tout va bien, tu sais. Je sais que vous ferez fortune avec votre prochaine pièce, et j'ai beaucoup de choses sur lesquelles nous pouvons vivre tous les deux jusqu'à ce que vous réussissiez. Nous pouvons nous débrouiller à merveille avec mon salaire du *Evening Chronicle* .

'Quoi! Avez-vous un emploi dans un journal new-yorkais ?

« Oui, je vous en ai parlé. Je fais Héloïse Milton. Pourquoi, qu'est-ce qu'il y a ?

Il gémit sourdement.

« Et je pensais que tu reviendrais à Chicago avec moi !

'Mais je vais. Bien sur. Que pensais-tu que je voulais faire ?

'Quoi! Abandonnez un vrai travail à New York ! Il cligna des yeux. « Cela n'arrive pas vraiment. Je rêve.'

« Mais, Jimmy, es-tu sûr de pouvoir trouver du travail à Chicago ? Ne vaudrait-il pas mieux rester ici, là où sont tous les managers, et... »

Il secoua la tête.

«Je pense qu'il est temps que je vous parle de moi», dit-il. « Suis-je sûr de pouvoir trouver du travail à Chicago ? Je le suis, pire chance. Chérie, as-tu déjà, dans tes moments les plus matériels, joué avec une saucisse de petit-déjeuner Boyd's Premier ou gardé corps et âme ensemble avec une tranche de jambon cru maison Boyd's Excelsior ? Mon père les fabrique, et le drame de ma vie, c'est qu'il veut que je l'aide à le faire. C'était ma position. Je détestais l'entreprise familiale autant que papa l'aimait. J'avais l'idée – une idée idiote, comme il s'est avéré – que je pourrais réussir dans le domaine littéraire. J'ai griffonné d'une certaine manière depuis que je suis à l'université. Quand le moment est venu pour moi de rejoindre l'entreprise, je l'ai dit directement à papa. J'ai dit : "Donnez-moi une chance, une bonne et réelle chance, de voir si le feu divin est vraiment là, ou si quelqu'un vient de déclencher l'alarme pour plaisanter." Et nous avons fait un marché. J'avais écrit cette pièce et nous en avons fait un test. Nous avons arrangé le problème pour que papa fournisse l'argent nécessaire à une production à Broadway. Si cela a réussi, très bien ; Je suis le jeune Gus Thomas et je peux avancer dans le jeu littéraire. Si c'est un pétillement, j'enlève mon manteau, et j'abandonne mes chimères de triomphes littéraires et je commence comme le gars qui a créé la société dans Boyd & Co. Eh bien, les événements ont prouvé que c'est moi , et maintenant je' Je vais respecter ma part du marché aussi clairement que papa a tenu la sienne. Je sais très bien que si je refusais de jouer honnêtement et choisissais de rester ici à New York et de réessayer, papa continuerait à me miser. C'est le genre d'homme qu'il est. Mais je ne le ferais pas pour un million de succès à Broadway. J'ai eu ma chance et j'ai trompé ; et maintenant je retourne le rendre heureux en étant un véritable membre vivant du cabinet. Et ce qui est bizarre, c'est qu'hier soir j'ai détesté cette idée, et ce matin, maintenant que je t'ai, j'ai presque hâte d'y être.

Il eut un petit frisson.

— Et pourtant... je ne sais pas. Il y a encore quelque chose d'assez horrible dans mon âme de quasi-artiste à vivre dans le luxe sur des cochons assassinés. Les avez-vous déjà vu persuader un cochon de jouer le rôle principal dans une saucisse de petit-déjeuner Boyd Premier ? C'est assez horrible. Ils les attachent par leurs pattes arrière, et... brrrr !'

— Peu importe, dit Elizabeth d'un ton apaisant. "Peut-être que ça ne les dérange pas vraiment."

«Eh bien, je ne sais pas», dit James Boyd, dubitatif. « Je les ai observés, et je dois dire qu'ils n'avaient pas l'air très contents.

« Essayez de ne pas y penser. »

"Très bien," dit consciencieusement James.

Il y eut un cri soudain venant de l'étage supérieur, et dans la foulée, un jeune homme aux cheveux choqués et en pyjama fit irruption dans l'appartement.

'Maintenant quoi?' » dit James. « À propos, Miss Herrold , ma fiancée ; M. Briggs—Paul Axworthy Briggs, parfois connu sous le nom de Boy Novelist. Qu'est-ce qui te tracasse, Paul ?

M. Briggs balbutiait d'excitation.

« Jimmy, s'écria le jeune romancier, que crois-tu qu'il se soit passé ! Un chat noir vient d'entrer dans mon appartement. Je l'ai entendu miauler devant la porte, je l'ai ouverte et il est entré en trombe. Et j'ai commencé mon nouveau roman hier soir ! Dis, tu crois *vraiment* à cette histoire de chats noirs qui portent chance, n'est-ce pas ?

'Chance! Mon garçon, accroche ce chat à ton âme avec des cerceaux d'acier. C'est le plus grand porte-bonheur de New York. Il était en pension chez moi jusqu'à ce matin.

« Alors… par Jupiter ! J'ai presque oublié de demander : votre pièce a été un succès ? Je n'ai pas encore vu les journaux'

« Eh bien, quand vous les voyez, ne lisez pas les avis. C'était la pire gelée que Broadway ait connue depuis l'époque de Colomb.

« Mais… je ne comprends pas.

'Ne t'inquiète pas. Vous n'êtes pas obligé. Retournez et remplissez ce chat de poisson, ou il vous quittera. Je suppose que tu as laissé la porte ouverte ?

'Mon Dieu!' » dit le jeune romancier, pâlissant, et il se précipita vers la porte.

« Pensez-vous que Joseph lui *portera* chance ? » dit Elizabeth pensivement.

«Cela dépend de quel genre de chance vous parlez. Joseph semble travailler de manière détournée. Si je connais les méthodes de Joseph, le nouveau roman de Briggs sera rejeté par tous les éditeurs de la ville ; et puis, quand il sera assis dans son appartement, se demandant avec lequel de ses rasoirs il va finir, on sonnera à la cloche, et entrera la plus belle fille du monde, et puis... eh bien, prends si ça vient de moi, tout ira bien.

« Le roman ne le dérangera pas ?

'Pas le moindre.'

"Pas même si cela signifie qu'il devra partir et tuer des cochons et tout."

« À propos du commerce du porc, chérie. J'ai remarqué une légère tendance chez vous à devenir plutôt morbide à ce sujet. Je sais qu'ils les attachent par les pattes postérieures, et tout ce genre de choses ; mais vous devez vous rappeler qu'un cochon regarde ces choses d'un point de vue différent. Je crois que les cochons aiment ça. Essayez de ne pas y penser.

« Très bien, » dit Elizabeth consciencieusement.

———————

LA ROMANCE D'UN POLICE LAID

En traversant la Tamise par le Chelsea Bridge, le promeneur à travers Londres se retrouve dans l'agréable Battersea. En contournant le parc, où la femelle de l'espèce erre avec ses petits au bord des eaux ornementales où se trouvent les oiseaux sauvages, il découvre une vaste route. Un côté est livré à la Nature, l'autre à l'Intellect. À droite, des arbres verts s'étendent à mi-distance ; à gauche, d'interminables immeubles d'habitation. Il s'agit de Battersea Park Road, la demeure des habitants des falaises.

l'agent de police Plimmer embrassait le premier quart de mile des falaises. Il était de son devoir de marcher devant eux avec la mesure du policier londonien, de tourner à droite, de tourner à gauche et de revenir sur la route qui passait derrière eux. De cette manière, il fut en mesure de maintenir la paix du roi sur pas moins de quatre pâtés de maisons.

Cela ne nécessitait pas beaucoup de conservation. Battersea a peut-être ses citoyens coriaces, mais ils ne vivent pas à Battersea Park Road. La spécialité de Battersea Park Road est le cerveau, pas le crime. Auteurs, musiciens, journalistes, acteurs et artistes sont les habitants de ces demeures. Un enfant pourrait les contrôler. Ils n'attaquent et ne battent que des pianos ; ils ne volent que des idées ; ils ne tuent personne sauf Chopin et Beethoven. Ce n'est pas grâce à cela qu'un jeune agent ambitieux pourra obtenir une promotion.

Plimmer arriva à cette conclusion quarante-huit heures après son installation. Il reconnut les appartements pour ce qu'ils étaient : autant de couches d'irréprochabilité. Et il n'y avait même aucune possibilité de cambriolage. Aucun cambrioleur ne perd son temps à cambrioler des auteurs. L'agent Plimmer s'est réconcilié avec le fait que son mandat à Battersea devait être considéré comme une sorte de vacances.

Il n'était pas vraiment désolé. Au début, en effet, il trouva la nouvelle atmosphère apaisante. Son dernier passage avait eu lieu au cœur de la tumultueuse Whitechapel, où ses bras lui faisaient mal à cause du transport incessant d'ivrognes nerveux jusqu'à la gare, et ses tibias s'étaient révoltés sous les coups de pied que leur donnaient des esprits hautains et impatients de se retenir. Aussi, un samedi soir, trois amis d'un monsieur qu'il essayait d'inciter à ne pas assassiner sa femme l'avaient tellement tourmenté que, à sa sortie de l'hôpital, son apparence déjà simple était encore gâchée par un nez qui ressemblait à un nez noueux. racine d'un arbre. Toutes ces choses avaient ôté le charme de Whitechapel, et la paix cloîtrale de Battersea Park Road était reconnaissante et réconfortante.

Et juste au moment où le calme ininterrompu commençait à perdre de son attrait et où les rêves d'action le troublaient à nouveau, un nouvel intérêt entra dans sa vie ; et avec son arrivée, il cessa de souhaiter être éloigné de Battersea. Il est tombé amoureux.

Cela s'est produit à l'arrière de York Mansions. Tout ce qui est arrivé s'est produit là-bas ; car c'est au fond de ces immeubles que se trouve la vraie vie. Devant, on ne voit jamais rien, si ce n'est de temps en temps un jeune homme ébouriffé fumant la pipe ; mais au fond, là où les cuisiniers sortent pour discuter avec les commerçants, il y a à certaines heures une activité tout à fait respectable. Des dialogues pointus sur les œufs d'hier et la dureté de la viande du samedi ont lieu *fortissimo* entre des jeunes joyeux dans la rue et des jeunes femmes satiriques en robes imprimées qui sortent de la porte de leur cuisine sur de petits balcons. Le tout a une agréable touche de Roméo et Juliette. Roméo s'agite dans son chariot. 'Soixante-quatre!' il pleure. « Soixante fleurs , soixante fleurs , soixante fleurs … » La porte de la cuisine s'ouvre et Juliette émerge. Elle regarde Roméo sans grande démonstration d'affection. « Êtes-vous Perkins et Blissett ? » demande-t-elle froidement. Roméo l'admet. "Deux des œufs d'hier étaient mauvais." Roméo proteste. Il défend ses œufs. Ils étaient fraîchement sortis de la poule ; il se tenait au-dessus d'elle pendant qu'elle les posait. Juliette écoute froidement. «Je *ne* pense pas», dit-elle. "Eh bien, la moitié du sucre, une marmelade et deux du bacon pour le petit-déjeuner", ajoute-t-elle, mettant fin à la dispute. Il y a un bruit comme celui d'un bateau à vapeur qui lève l'ancre ; les marchandises montent dans l'ascenseur du commerçant ; Juliette les récupère et sort en frappant la porte. Le petit drame est terminé.

Telle est la vie à l'arrière des York Mansions : une vie mouvementée et palpitante.

La paix de l'après-midi était tombée sur le monde un jour, vers la fin de la deuxième semaine de vie simple du gendarme Plimmer , lorsque son attention fut attirée par un sifflet. Cela a été suivi d'un « Salut ! » musical.

L'agent Plimmer leva les yeux. Sur le balcon de la cuisine d'un appartement au deuxième étage, une jeune fille se tenait debout. En l'enregistrant avec un regard lent et exhaustif, il éprouva d'étranges frissons. Il y avait quelque chose chez cette fille qui excitait l'agent Plimmer . Je ne dis pas qu'elle était une beauté ; Je ne prétends pas que vous ou moi aurions fait l'éloge d'elle ; Je dis simplement que l'agent Plimmer pensait qu'elle allait bien.

'Manquer?' il a dit.

« Vous avez l'heure pour vous ? » dit la jeune fille. "Toutes les horloges se sont arrêtées."

« L'heure », a déclaré l'agent Plimmer en consultant sa montre, « veut exactement quatre heures moins dix ».

'Merci.'

« Pas du tout, mademoiselle.

La jeune fille était encline à la conversation. C'était cette heure gracieuse de la journée où l'on a préparé le déjeuner et où l'on n'a pas encore pensé au dîner et où l'on a un peu de temps pour respirer ou deux. Elle se pencha sur le balcon et sourit agréablement.

«Si vous voulez connaître l'heure, demandez à un homme politique », dit-elle. « Vous êtes sur ce rythme depuis longtemps ? »

« Un peu moins de deux semaines, mademoiselle.

«Je suis ici depuis trois jours.»

«J'espère que vous l'aimerez, mademoiselle.»

'Tellement tellement. Le laitier est un gentil garçon.

L'agent Plimmer n'a pas répondu. Il était occupé à haïr silencieusement le laitier. Il le connaissait – un de ces jolis fléaux ; un de ces périsseurs huilés et frisés ; un de ces fascinateurs épanouis qui parcourent le monde et rendent les choses difficiles pour les hommes laids et honnêtes au cœur aimant. Oh oui, il connaissait le laitier.

"C'est un homme rare avec ses blagues", dit la jeune fille.

L'agent Plimmer a continué sans répondre. Il savait parfaitement que le laitier était rare avec ses plaisanteries. Il l'avait entendu. La façon dont les filles tombaient amoureuses de quiconque avait le don du bavardage était ce qui rendait amer l'agent Plimmer .

«Il…» rigola-t-elle. «Il m'appelle Petite Pensée-Face.»

« Si vous voulez bien m'excuser, mademoiselle, dit froidement l'agent Plimmer , je vais devoir continuer à suivre mon rythme. »

Petite tête de pensée ! Et vous ne pouviez pas l'arrêter pour ça ! Quel monde ! L'agent Plimmer marchait à grands pas devant un volcan vêtu de bleu.

C'est une chose terrible d'être obsédé par un laitier. À l'imagination désordonnée de l'agent Plimmer , il semblait qu'à partir de cet entretien, le monde était devenu un véritable laitier. Partout où il allait, il semblait tomber sur ce laitier. S'il se trouvait sur la route principale, ce laitier – Alf Brooks, semblait-il, était son nom répugnant – passait devant lui en faisant tinter ses canettes comme s'il était Apollo conduisant son char. S'il était rond au fond, il y avait Alf, son foutu ténor faisant des duos avec les balcons. Et tout cela au mépris de la loi connue de l'histoire naturelle selon laquelle les laitiers ne sortent pas après cinq heures du matin. Cela a irrité le gendarme Plimmer . Vous parlez d'un homme qui « rentre à la maison avec le lait » alors que vous voulez dire qu'il se faufile aux petites heures du matin. Si tous les laitiers étaient comme Alf Brooks, l'expression n'aurait aucun sens.

Il ruminait. L'injustice du destin l'aigrissait. Un homme s'attend à des ennuis dans ses affaires de cœur de la part des soldats et des marins, et être éliminé même par un facteur, c'est tomber devant un ennemi digne de ce nom ; mais les laitiers, non ! Seuls les épiciers et les télégraphistes étaient censés, par la Providence, craindre les laitiers.

Pourtant, contrairement à toutes les règles, Alf Brooks était là, l'animal de compagnie établi des demeures. Des yeux brillants brillaient depuis les balcons lorsque son « Lait – oo – oo » retentissait. Des voix dorées riaient avec ravissement à son hurlement. Et Ellen Brown, qu'il appelait Little Pansy-Face, était définitivement amoureuse de lui.

Ils tenaient compagnie. Ils sortaient. Cette vérité écrasante, Edward Plimmer l'a apprise d'Ellen elle-même.

Elle s'était glissée pour poster une lettre à la caserne du coin, et elle y arriva au moment où le policier y arrivait au cours de sa patrouille.

La nervosité a poussé l'agent Plimmer à se montrer archaïque.

"Ullo, ' ullo , ' ullo ', dit-il. « Publier des lettres d'amour ? »

'Quoi, moi? Ceci s'adresse au commissaire de police, pour lui dire que vous n'êtes pas bon.

'Je vais le lui donner. Lui et moi dînons ce soir.

La nature n'avait jamais voulu que l'agent Plimmer soit joueur. Il était au plus mal quand il roulait. Il saisit la lettre avec ce qui se voulait une gaieté débonnaire et ne réussit qu'à ressembler à un gorille en colère. La jeune fille poussa un cri de surprise.

La lettre était adressée à M. A. Brooks.

Après cela, le côté ludique était au rabais. La jeune fille était effrayée et en colère, et il fronçait les sourcils avec un mélange de jalousie et de consternation.

« Ho ! » il a dit. « Ho ! Monsieur A. Brooks !

Ellen Brown était une gentille fille, mais elle avait du caractère, et il y avait des moments où ses manières manquaient assez sensiblement du calme qui caractérise la caste de Vere de Vere.

« Eh bien, qu'en est-il ? » elle a pleuré. « Ne peut-on pas écrire au jeune gentleman avec qui on tient compagnie, sans avoir à obtenir la permission de chacun… » Elle s'arrêta pour rassembler ses forces pour l'assaut. « Sans avoir à obtenir la permission de tous les grands flics laids au visage rouge, avec de grands pieds et un nez cassé de Londres ?

l'agent Plimmer s'est transformée en un sourd mécontentement. Oui, elle avait raison. C'était la bonne description. C'était ainsi qu'un Scotland Yard impartial serait obligé de le décrire, s'il se perdait un jour. 'Manquant. Un grand et laid flic au visage rouge, avec de grands pieds et un nez cassé. Autrement, ils ne le retrouveraient jamais.

« Peut-être vous opposez-vous à ce que je parte avec Alf ? Peut-être avez-vous quelque chose contre lui ? Je suppose que tu es jaloux !'

Elle a lancé la dernière suggestion dans un esprit entièrement sportif. Elle adorait les combats et elle avait le sentiment que celui-ci allait se terminer bien trop vite. Pour le prolonger, elle lui a donné cette ouverture. Il pouvait répondre d'une douzaine de manières, toutes plus insultantes les unes que les autres ; et puis, quand il aurait fini, elle pourrait recommencer. Ces petites rencontres, elle les tenait, aiguisaient l'esprit, stimulaient la circulation et permettaient de rester au grand air.

«Oui», a déclaré le gendarme Plimmer .

C'était la seule réponse à laquelle elle ne s'attendait pas. Pour abus direct, pour sarcasme, pour dignité, pour presque tous les discours commençant par « Quoi ! Jaloux de toi. Pourquoi…' Elle était prête. Mais c'était incroyable. Cela l'a handicapée, comme la poussée sauvage d'un escrimeur inexpérimenté neutralisera un maître de la rapière. Elle chercha dans son esprit et découvrit qu'elle n'avait rien à dire.

Il y a eu un moment de tension où elle l'a trouvé, la regardant dans les yeux, étrangement moins laid qu'elle ne l'avait cru, et puis il est parti, roulant sur son rythme avec cet air que doivent avoir tous les policiers, de n'avoir aucune émotion à tout, et – tant qu'il se comporte bien – aucun intérêt pour le genre humain.

Ellen a posté sa lettre. Elle le laissa pensivement dans la boîte et retourna pensivement à l'appartement. Elle a regardé par-dessus son épaule, mais l'agent Plimmer était hors de vue.

Le paisible Battersea a commencé à contrarier le gendarme Plimmer . Pour un homme amoureux, l'action est la seule chose anodine ; et Battersea ne laissait aucune marge d'action. Il rêvait maintenant du bon vieux temps de Whitechapel comme un homme rêve des joies de son enfance. Il pensait avec amertume qu'un homme ne sait jamais quand il est aisé dans ce monde.

N'importe lequel de ces innombrables ivrognes et désordonnés aurait été comme un baume pour lui maintenant. Il était comme un homme qui a couru à travers une fortune et qui, dans la pauvreté, mange le pain du regret. Il se rappelait avec étonnement qu'en ces jours heureux il s'était plaint de son sort. Il se souvenait avoir confié à un ami au commissariat, tandis qu'il frottait avec un liniment l'endroit de son tibia droit où était rentré chez lui le pied bien chaussé d'un joyeux marchand de produits, que ce genre de choses — c'est-à-dire des marchands de produits militants — était « une un peu trop épais. Un peu trop épais ! Eh bien, il en paierait un pour le frapper maintenant. Et quant aux trois amis fidèles du meurtrier potentiel qui s'était cassé le nez, s'il les voyait arriver au coin de la rue , il les accueillerait comme des frères.

Et Battersea Park Road somnolait — calme, intellectuelle et respectueuse des lois.

Un de ses amis lui a raconté qu'il y avait eu un meurtre dans l'un de ces appartements. Il ne le croyait pas. Si jamais l'une de ces palourdes à corpuscules blancs écrasait une mouche, c'était tout ce qu'elle pouvait faire. La chose était ridicule à première vue. S'ils étaient capables de tuer, ils auraient assassiné Alf Brooks.

Il se tenait sur la route et regardait avec ressentiment les bâtiments placides.

'Grr- rr - rr !' » grogna-t-il et donna un coup de pied sur le trottoir.

Et tandis qu'il parlait, sur le balcon d'un appartement au deuxième étage apparut une femme, une femme âgée, au visage pointu, qui agitait les bras et criait : « Policier ! Officier! Viens ici! Montez ici tout de suite !

Plimmer monta les escaliers en pierre en courant. Son esprit était alerte et interrogateur. Meurtre? Ce n'est peut-être pas un meurtre. Si c'était le cas, la femme l'aurait dit. Elle n'avait pas l'air du genre de femme qui serait réticente à propos d'une chose pareille. Eh bien, de toute façon, c'était quelque chose ; et Edward Plimmer était resté assez longtemps à Battersea pour être reconnaissant pour de petites faveurs . Un mari ivre serait mieux que rien. Au moins, il serait quelque chose sur lequel un type pourrait mettre la main et se balader un peu.

La femme au visage acéré l'attendait à la porte. Il la suivit dans l'appartement.

« Qu'y a-t-il, madame ?

'Vol! Notre cuisinier a volé !

Elle semblait suffisamment excitée par cette idée, mais l'agent Plimmer n'en ressentait que dépression et déception. Grand admirateur du sexe, il détestait arrêter les femmes. De plus, pour un homme d'humeur à s'attaquer aux anarchistes avec des bombes, être confronté à de petits larcins est exaspérant. Mais le devoir était le devoir. Il sortit son carnet.

« Elle est dans sa chambre. Je l'ai enfermée. Je sais qu'elle a pris ma broche. Nous avons manqué d'argent. Vous devez la fouiller.

« Je ne peux pas faire ça, madame. Chercheuse à la gare.

"Eh bien, vous pouvez fouiller sa boîte."

Un petit homme chauve et nerveux, portant des lunettes, apparut comme sorti d'un piège. En fait, il avait été là tout le temps, debout près de la bibliothèque ; mais c'était un de ces hommes qu'on ne remarque pas tant qu'ils ne bougent pas et ne parlent pas.

«Euh… Jane.»

« Eh bien, Henry ? »

Le petit homme parut avaler quelque chose.

« Je… je pense que vous faites peut-être du tort à Ellen. C'est tout à fait possible, en ce qui concerne l'argent... » Il sourit d'une manière horrible et se tourna vers le policier. «Euh… officier, je devrais vous dire que ma femme… ah… tient les cordons de la bourse de notre petite maison ; et il est tout à fait possible que, dans un moment de distraction, *j'aie* ...

« Veux-tu me dire, Henry, que *tu* as pris mon argent ?

« Ma chérie, il est tout simplement possible que dans les abdominaux... »

'À quelle fréquence?'

Il hésita sensiblement. La conscience commençait à perdre son emprise.

"Oh, pas souvent."

'À quelle fréquence? Plus d'une fois?'

La conscience avait tiré son épingle du jeu. Le petit homme a abandonné la lutte.

« Non, non, pas plus d'une fois. Certainement pas plus d'une fois.

« Vous n'auriez pas dû faire ça du tout. Nous en reparlerons plus tard. Cela ne change rien au fait qu'Ellen est une voleuse. J'ai manqué d'argent une demi-douzaine de fois. A part ça, il y a la broche. Passez par là, officier.

L'agent Plimmer s'est avancé dans cette direction, son visage étant un masque. Il savait qui les attendait derrière la porte verrouillée au bout du passage. Mais c'était son devoir de paraître bourré, et il le fit.

Elle était assise sur son lit, habillée pour la rue. C'était son après-midi de sortie, avait informé la femme au visage acéré à l'agent Plimmer , attribuant le fait qu'elle avait découvert la perte de la broche à temps pour l'en empêcher à une intervention directe de la Providence. Elle était pâle et il y avait un regard traqué dans ses yeux.

« Méchante fille, où est ma broche ?

Elle le tendit sans un mot. Elle le tenait dans sa main.

« Vous voyez, officier !

«Je ne le volais pas. Je ne l'ai pas mais je l'ai emprunté. J'allais le remettre.

« Des trucs et des bêtises ! Empruntez-le, en effet ! Pourquoi?'

« Je… je voulais être jolie.

La femme eut un petit rire. Le visage de l'agent Plimmer n'était qu'un simple bloc de bois, sans expression.

« Et qu'en est-il de l'argent qui m'a manqué ? Je suppose que vous direz que vous n'avez emprunté que ça ?

«Je n'ai jamais pris d'argent.»

« Eh bien, c'est parti, et l'argent ne va pas tout seul. Emmenez-la au commissariat, officier.

L'agent Plimmer leva des yeux lourds.

« Vous portez plainte, madame ? »

« Bénis cet homme ! Bien sûr, je fais des frais. Pourquoi pensais-tu que je t'avais demandé d'intervenir ?

« Voulez-vous venir, mademoiselle ? » a déclaré le gendarme Plimmer .

Dans la rue, le soleil brillait gaiement sur la paisible Battersea. C'était l'heure où les enfants se promenaient avec leurs nourrices ; et des profondeurs vertes du Parc sortaient des voix joyeuses. Un chat s'étira au soleil et les regarda passer avec un contentement paresseux.

Ils marchaient en silence. L'agent Plimmer était un homme avec un sens rigide de ce qui était ou non un comportement approprié chez un policier en service : il visait toujours une impersonnalité semblable à une machine. Il y a eu des moments difficiles, mais il a fait de son mieux. Il continua son chemin, la tête haute et les yeux détournés. Et à côté de lui...

Eh bien, elle ne pleurait pas. C'était quelque chose.

Au coin de la rue, beau en flanelle claire, gai des deux côtés avec un chapeau de paille neuf et les chaussures les plus jaunes du sud-ouest de Londres, parfumé, frisé, un prince parmi les jeunes hommes, se tenait Alf Brooks. Il se sentait piqué. Quand il disait trois heures, il voulait dire trois heures. Il était maintenant trois heures et quart et elle n'était pas apparue. Alf Brooks jura avec impatience, et la pensée lui traversa l'esprit, comme elle l'avait parfois traversé auparavant, qu'Ellen Brown n'était pas la seule fille au monde.

'Donnez-lui encore cinq minutes—'

Ellen Brown, escortée, tournait à ce moment-là au coin de la rue.

La rage fut la première émotion que ce spectacle suscita chez Alf Brooks. Les filles qui faisaient attendre un type pendant qu'ils s'amusaient avec les policiers n'étaient pas des filles pour lui. Ils pouvaient comprendre une fois pour toutes qu'il était un homme capable de choisir.

Et puis, un choc électrique fit danser le monde brumeux sous ses yeux. Ce policier portait sa ceinture ; il était de service. Et le visage d'Ellen n'était pas celui d'une jeune fille se promenant avec la Force pour le plaisir.

Son cœur s'est arrêté, puis a commencé à s'emballer. Ses joues rougirent d'un cramoisi sombre. Sa mâchoire tomba et une chaleur épineuse brillait dans les parties autour de sa colonne vertébrale.

'Gelée'!'

Ses doigts cherchèrent son col.

'Les miettes!'

Il avait chaud partout.

« Goo Lor » ! Elle a été pincée !

Il tira sur son col. Cela l'étouffait.

Alf Brooks ne s'est pas bien comporté lors de la première véritable crise que la vie lui avait imposée. Il faut l'admettre. Plus tard, quand ce fut fini et qu'il eut le temps de s'examiner, il l'avoua à lui-même. Mais même alors , il s'est excusé en demandant à Space d'une manière fanfaronne ce qu'il aurait pu faire d'autre. Et si la question ne lui apportait pas beaucoup de baume à l'âme dès la première fois, elle se révélait merveilleusement apaisante à force de la répéter constamment. Il le répéta à intervalles réguliers pendant les deux jours suivants, et à la fin de ce temps, sa guérison était complète. Le troisième matin, son « Lait… oo – oo » avait retrouvé son air insouciant habituel, et il avait le sentiment d'avoir agi dans des circonstances difficiles de la seule manière possible.

Considérer. Il s'agissait d'Alf Brooks, bien connu et respecté dans le quartier ; un chanteur dans la chorale le dimanche ; propriétaire d'un milk-walk dans le quartier le plus branché de Battersea ; à toutes fins pratiques, un homme public. Allait-il reconnaître, en plein jour et en pleine rue, une jeune fille qui se promenait avec un policier parce qu'elle y était obligée, un malfaiteur, une jeune fille pincée ?

Ellen, l'agent Plimmer à ses côtés, s'approcha de lui. Elle était à dix mètres – sept – cinq – trois – Alf Brooks inclina son chapeau sur ses yeux et passa devant elle, sans la voir, un étranger.

Il se dépêcha. Il avait le sentiment étrange que quelqu'un allait lui donner un coup de pied, mais il n'osait pas regarder autour de lui.

L'agent Plimmer observait le lointain avec un regard sérieux. Son visage était plus rouge que jamais. Sous sa tunique bleue, d'étranges émotions étaient à l'œuvre. Quelque chose semblait lui remplir la gorge. Il essaya de l'avaler.

Il s'arrêta dans sa foulée. La jeune fille leva vers lui un regard ennuyé et interrogateur. Leurs regards se sont croisés pour la première fois cet après-midi-là, et il a semblé à l'agent Plimmer que ce qui interférait avec l'intérieur de sa gorge était devenu plus gros et plus ingérable.

Il y avait dans son regard la misère de l'animal frappé. Il avait vu des femmes ressembler à ça à Whitechapel. La femme à qui, indirectement, il devait son nez cassé, ressemblait à cela. Alors que sa main était tombée sur le col de l'homme qui la frappait à mort, il avait vu ses yeux. C'étaient les yeux d'Ellen, telle qu'elle se tenait là maintenant – torturée, écrasée, mais sans se plaindre.

L'agent Plimmer a regardé Ellen, et Ellen a regardé l'agent Plimmer . Au bout de la rue, des enfants jouaient avec un chien. Dans l'un des appartements, une femme s'est mise à chanter.

« Hop, » a déclaré l'agent Plimmer .

Il parlait d'un ton bourru. Il avait du mal à parler.

La fille commença.

« Que dire ? »

« Hop. Se débrouiller. Fuyez.'

'Que veux-tu dire?'

L'agent Plimmer fronça les sourcils. Son visage était écarlate. Sa mâchoire dépassait comme un brise-lames en granit.

« Vas-y, grogna-t-il. « Hop. Dis-lui que c'était une blague. Je t'expliquerai à la gare.

La compréhension semblait lui venir lentement.

« Voulez-vous dire que je dois y aller ? »

'Oui.'

'Que veux-tu dire? Tu ne vas pas m'emmener à la gare ?

'Non.'

Elle le regarda. Et puis, tout à coup, elle s'est effondrée.

«Il ne me regardait pas. Il avait honte de moi. Il a fait semblant de ne pas me voir.

Elle s'appuya contre le mur, le dos tremblant.

"Eh bien, cours après lui et dis-lui que c'est tout..."

'Non non Non.'

L'agent Plimmer regarda le trottoir d'un air maussade. Il lui a donné un coup de pied.

Elle a tourné. Ses yeux étaient rouges, mais elle ne pleurait plus. Son menton était courageusement incliné.

« Je ne pouvais pas, pas après ce qu'il a fait. Allons-y. Je… je m'en fiche.

Elle le regarda avec curiosité.

« Est-ce que tu allais vraiment me laisser partir ?

L'agent Plimmer hocha la tête. Il était conscient de ses yeux qui fouillaient son visage, mais il ne les rencontra pas.

'Pourquoi?'

Il n'a pas répondu.

« Que serait-il arrivé si vous l'aviez fait ?

l'agent Plimmer était de l'étoffe dont sont faits les cauchemars. Il donna un coup de pied sur le trottoir inoffensif avec une méchanceté accrue.

« J'ai renvoyé la Force, » dit-il sèchement.

"Et envoyé en prison aussi, je ne devrais pas me demander."

'Peut être.'

Il l'entendit prendre une profonde inspiration, et le silence retomba sur eux. Le chien au bout de la rue avait arrêté d'aboyer. La femme dans l'appartement avait arrêté de chanter. Ils étaient curieusement seuls.

« Est-ce que tu aurais fait tout ça pour moi ? » dit-elle.

'Oui.'

'Pourquoi?'

« Parce que je ne pense pas que tu l'aies jamais fait. J'ai volé cet argent, je veux dire. Ni la broche non plus.

« C'était tout ?

« Que veux-tu dire par « tout ? »

« Était-ce la seule raison ?

Il se retourna vers elle, presque menaçant.

«Non», dit-il d'une voix rauque. « Non, ce n'était pas le cas, et vous savez que ce n'était pas le cas. Eh bien, si vous le voulez, vous pouvez l'avoir. C'était parce que je t'aime. Là! Maintenant je l'ai dit, et maintenant tu peux continuer et te moquer de moi autant que tu veux.

«Je ne ris pas», dit-elle sobrement.

« Vous pensez que je suis un imbécile ! »

"Non, je ne le fais pas."

'Je ne suis rien pour toi. *C'est* celui sur qui vous êtes coincé.

Elle eut un petit frisson.

'Non.'

'Que veux-tu dire?'

'J'ai changé.' Elle fit une pause. "Je pense que j'aurai encore plus changé au moment où je sortirai."

'Sortir?'

« Sortez de prison. »

« Vous n'allez pas en prison. »

'Oui je suis.'

"Je ne t'emmènerai pas."

« Oui, vous le ferez. Tu crois que je vais te laisser t'attirer des ennuis comme ça, pour me sortir du pétrin ? Pas beaucoup.'

"Tu sautes dessus, comme une gentille fille."

'Pas moi.'

Il la regardait comme un ours perplexe.

"Ils ne peuvent pas me manger."

"Ils vont vous couper tous les cheveux."

« Est-ce que tu aimes mes cheveux ?

'Oui.'

"Eh bien, ça va pousser à nouveau."

« Ne restez pas à parler. Hop.

«Je ne le ferai pas. Où est la gare ?

« La prochaine rue. »

« Eh bien, viens, alors. »

La lampe en verre bleu du commissariat apparut et elle s'arrêta un instant. Puis elle repartit, le menton relevé. Mais sa voix tremblait un peu tandis qu'elle parlait.

'Presque là. Prochain arrêt, Battersea. Tous les changements! Je dis, monsieur, je ne connais pas votre nom.

« Plimmer est mon nom, mademoiselle. Edward Plimmer .

" Je me demande si... je veux dire, ce sera assez solitaire là où je vais... je me demande si... Ce que je veux dire, c'est que ce serait plutôt une plaisanterie, quand je sors, si je trouvais un copain qui m'attend. pour dire "Bonjour".'

L'agent Plimmer a appuyé ses larges pieds contre les pierres et est devenu violet.

« Mademoiselle, dit-il, je serai là si je dois rester assis toute la nuit. La première chose que vous verrez quand ils ouvriront les portes est un grand et laid flic au visage rouge, avec de grands pieds et un nez cassé. Et si vous lui dites « Bonjour » quand il vous dit « Bonjour », il sera aussi heureux que Punch et fier comme un duc. Et, mademoiselle (il serra les mains jusqu'à ce que les ongles blessent la chair en cuir) et, mademoiselle, il y a encore une chose que je voudrais dire. Vous aurez beaucoup de temps pour vous pendant un certain temps ; vous serez capable de réfléchir un peu sans que personne ne vous dérange ; et ce à quoi j'aimerais que vous réfléchissiez, si vous n'y voyez pas d'objection, c'est simplement de réfléchir si vous ne pouvez pas oublier ce fléau à la poitrine étroite et abandonné par Dieu qui vous a traité si méchamment, et faire la moitié du chemin. J'aime quelqu'un qui sait très bien que tu es la seule fille qui existe.

Elle regarda devant lui la lampe qui pendait, bleue et menaçante, au-dessus de la porte de la gare.

« Combien de temps vais-je avoir ? » dit-elle. « Que vont-ils me donner ? Trente jours?'

Il acquiesca.

«Cela ne me prendra pas autant de temps», dit-elle. « Je dis, comment les gens vous appellent ? — les gens qui vous aiment, je veux dire ? — Eddie ou Ted ?

———————————

UNE MER DE PROBLÈMES

M La décision de Meggs était prise. Il allait se suicider.

Il y avait eu des moments, dans l'intervalle qui s'était écoulé entre la première idée et son état actuel de détermination fixe, où il avait hésité. Dans ces moments-là, il avait débattu, avec Hamlet, de la question de savoir s'il était plus noble dans l'esprit de souffrir, ou de prendre les armes contre une mer de troubles et, en s'y opposant, d'y mettre fin. Mais tout cela était fini désormais. Il était résolu.

M Ce que Meggs voulait dire, l'élément principal, pour ainsi dire, de son programme suicidaire, c'était que pour lui, la question de savoir s'il était plus noble ou non de souffrir mentalement n'était pas la question. L'esprit n'y pénétrait presque pas. Ce qu'il lui restait à décider, c'était si cela valait la peine de supporter plus longtemps cette douleur parfaitement infernale dans son estomac. Pour Monsieur Meggs était un martyr de l'indigestion. Comme il s'adonnait aussi aux plaisirs de la table, la vie était devenue pour lui un long combat, dans lequel, quoi qu'il arrive, il avait toujours le pire.

Il en avait marre. Il regarda en arrière le paysage des années et n'y trouva aucun espoir pour l'avenir. Les uns après les autres, tous les médicaments brevetés de la création lui avaient fait défaut. Smith's Supreme Digestive Pellets – il leur avait donné un essai plus qu'équitable. Le Liquid Life-Giver de Blenkinsop – il en avait bu suffisamment pour faire flotter un navire. Le Premier Pain-Preventer de Perkins, fortement recommandé par la dame avaleuse d'épées de Barnum and Bailey's, il s'y était vautré. Et ainsi de suite dans la liste. Son organisme intérieur s'était simplement moqué de beaucoup d'entre eux.

« Mort, où est ton aiguillon ? pensa M. Meggs , et commença aussitôt ses préparatifs.

Ceux qui ont étudié la question disent que la tendance au suicide est la plus grande chez ceux qui ont dépassé la cinquante-cinquième année, et que le taux est deux fois plus élevé pour les hommes inoccupés que pour les hommes occupés. Malheureux Monsieur Meggs l'a donc obtenu, pour ainsi dire, avec les deux barils. Il avait cinquante-six ans et était peut-être l'adulte le plus inoccupé que l'on puisse trouver dans tout le Royaume-Uni. Il ne travaillait pas, il ne filait pas non plus. Vingt ans auparavant, un héritage inattendu l'avait mis en mesure de donner libre cours à son goût naturel pour le farniente. Il était à cette époque, du point de vue de sa vie professionnelle, employé dans une entreprise maritime assez obscure. En dehors des heures de bureau, il avait un léger penchant pour les lettres, qui se traduisaient par l'intention de lire un jour les cent meilleurs livres, mais en se contentant en fait du quotidien et d'un magazine occasionnel.

Tel était M. Meggs à trente-six ans. La nécessité de travailler pour gagner sa vie et un salaire trop faible pour lui permettre de se complaire parmi les plats les plus chers et les plus délétères du menu avaient jusqu'alors maintenu sa digestion dans des limites raisonnables. Parfois, il avait des tiraillements ; le plus souvent, il n'en avait pas.

Puis vint l'héritage, et avec lui M. Meggs se laissa aller. Il quitta Londres et se retira dans son village natal, où, avec un cuisinier français et une série de secrétaires à qui il dictait à de longs intervalles des paragraphes occasionnels d'un livre sur les papillons britanniques sur lequel il s'imaginait être au travail, il passa le prochain vingt ans. Il pouvait se permettre de bien se faire, et il s'en est extrêmement bien sorti. Personne ne l'a poussé à faire de l'exercice, alors il n'en a pas fait. Personne ne l'avait prévenu des dangers que présentaient le homard et le lapin gallois pour un homme aux habitudes sédentaires, car ce n'était l'affaire de personne de le prévenir. Au contraire, on encourageait plutôt le côté homard de son caractère, car il était d'une âme hospitalière et aimait inviter ses amis à dîner avec lui. Le résultat fut que la nature, comme à son habitude, a préparé pour lui et l'a eu. Il semblait à M. Meggs qu'il s'est réveillé un matin et s'est retrouvé dyspeptique chronique. C'était, à son avis, l'une des difficultés de sa position. La chose sembla le frapper soudainement dans un ciel bleu. Un instant, tout semblait être paix et joie ; le suivant, un chat sauvage vif et irritable, aux griffes brûlantes, semblait s'être introduit en son intérieur.

Alors Monsieur Meggs a décidé d'y mettre fin.

Dans cette crise de sa vie, les vieilles habitudes méthodiques de sa jeunesse lui revinrent. Un homme ne peut pas être commis, même dans une obscure entreprise d'expéditeurs, pendant une longue période sans acquérir un système, et M. Meggs fit ses préparatifs avec calme et avec une prévoyance digne d'une meilleure cause.

Nous le retrouvons donc, par un glorieux matin de juin, assis à son bureau, prêt pour la fin .

Dehors, le soleil tapait sur les rues ordonnées du village. Les chiens somnolaient dans la poussière chaude. Les hommes qui devaient travailler vaquaient à leur labeur dans l'humidité, l'esprit lointain dans des tavernes ombragées.

Mais M. Meggs , dans son bureau, était calme d'esprit et de corps.

Devant lui, sur le bureau, gisaient six petits bouts de papier. C'étaient des billets de banque et ils représentaient, à l'exception de quelques livres, toute sa richesse matérielle. A côté d'eux se trouvaient six lettres, six enveloppes et six timbres-poste. M Meggs les observa calmement.

Il ne l'aurait pas admis, mais il avait eu beaucoup de plaisir à écrire ces lettres. La délibération sur les héritiers l'avait agréablement occupé pendant plusieurs jours et l'avait même parfois tellement distrait de ses douleurs intérieures qu'il s'était souvent surpris d'une humeur presque joyeuse. Oui, il l'aurait nié, mais cela avait été un grand sport d'être assis dans son fauteuil, en pensant qui il devrait choisir parmi les millions grouillants de l'Angleterre pour faire plaisir avec son argent. Toutes sortes de projets lui étaient passés par la tête. Il avait un sentiment de pouvoir que la simple possession de l'argent ne lui avait jamais donné. Il a commencé à comprendre pourquoi les millionnaires font des testaments bizarres. À une certaine époque, il avait caressé l'idée de choisir quelqu'un au hasard dans le London Directory et de lui donner tout ce qu'il avait à léguer. Il n'avait abandonné le projet que lorsqu'il s'était rendu compte qu'il ne serait pas lui-même en mesure d'assister à la joie stupéfaite du destinataire. Et à quoi bon commencer une chose pareille, si l'on ne devait pas être là à l'arrivée ?

Le sentiment a succédé à la fantaisie. Ses vieux amis du bureau, c'étaient eux qui en bénéficiaient. Quels bons gars ils avaient été ! Certains étaient morts, mais il restait en contact par intermittence avec une demi-douzaine d'entre eux. Et – point important – il connaissait leurs adresses actuelles.

Ce point était important, car M. Meggs avait décidé de ne pas laisser de testament, mais d'envoyer l'argent directement aux bénéficiaires. Il savait ce qu'étaient les testaments. Même dans des circonstances tout à fait simples, ils créaient souvent des ennuis. Il y avait eu quelques légères complications concernant son propre héritage il y a vingt ans. Quelqu'un avait contesté le testament, et avant que l'affaire ne soit réglée de manière satisfaisante, les avocats s'en étaient sortis avec environ vingt pour cent du tout. Non, pas de testament. S'il en a fabriqué un, puis s'est suicidé, il pourrait être bouleversé sous prétexte de folie. Il ne connaissait aucun parent qui puisse considérer qu'il avait droit à cet argent, mais il était possible qu'il existe un cousin éloigné ; et puis, après tout, les camarades de sa jeunesse pourraient ne pas réussir à récolter.

Il a refusé de courir le risque. Tranquillement et peu à peu, il avait vendu les actions et actions dans lesquelles sa fortune était placée et avait déposé l'argent dans sa banque de Londres. Six piles de gros billets, divisant le total en six parties égales ; six lettres rédigées dans un ton évoquant le pathos et la résignation virile ; six enveloppes, lisiblement adressées ; six timbres-poste ; et cette partie de ses préparatifs était terminée. Il lécha les timbres et les plaça sur les enveloppes ; pris les notes et les inséra dans les lettres ; plié les lettres et les glissa dans les enveloppes ; scellé les enveloppes; et en déverrouillant le tiroir de son bureau, on trouva une petite bouteille noire et laide.

Il ouvrit le flacon et versa le contenu dans un verre à médicament.

Ce n'est pas sans mûre réflexion que M. Meggs avait décidé de la méthode de son suicide. Le couteau, le pistolet, la corde, tout lui avait présenté ses charmes. Il avait en outre examiné les mérites de la noyade et du saut de haut vers la destruction.

Il y avait des défauts dans chacun. Soit ils étaient douloureux, soit ils étaient salissants. M Meggs avait une âme soignée et il se révoltait à l'idée de gâcher sa silhouette, comme il le ferait très certainement s'il se noyait ; ou le tapis, comme il le ferait s'il utilisait le pistolet ; ou le trottoir – et peut-être un piéton innocent, comme cela se produirait infailliblement s'il sautait du monument. Le couteau était hors de question. Son instinct lui disait que ça lui ferait un mal de chien.

Non; le problème était le poison. Facile à prendre, rapide à travailler et dans l'ensemble plutôt agréable qu'autrement.

M Meggs cacha le verre derrière l'encrier et sonna.

« Est-ce que Miss Pillenger est arrivée ? » demanda-t-il au domestique.

« Elle vient d'arriver, monsieur.

"Dites-lui que je l'attends ici."

Jane Pillenger était une institution. Sa position officielle était celle de secrétaire particulière et dactylographe de M. Meggs . C'est-à-dire que dans les rares occasions où M. La conscience de Meggs a vaincu son indolence au point de le forcer à reprendre le travail sur ses British Butterflies. C'est à Miss Pillenger qu'il a adressé les quelques remarques décousues et incohérentes qui constituaient son idée d'une période régulière et laborieuse de composition littéraire. Lorsqu'il se laissa tomber sur sa chaise, sans voix et épuisé comme un coureur de marathon qui a commencé son sprint un ou deux kilomètres trop tôt, la tâche de Miss Pillenger était de déchiffrer ses notes sténographiques, de les taper proprement et de les placer dans leur tiroir spécial. le bureau.

Miss Pillenger était une vieille fille méfiante aux opinions austères, à l'âge incertain et à une suspicion profondément enracinée à l'égard des hommes – une suspicion qu'ils n'avaient rien fait pour entretenir une justice sexuelle abusée. Les hommes avaient toujours été froidement corrects dans leurs relations avec Miss Pillenger . Au cours de ses vingt années d'expérience comme dactylographe et secrétaire, elle n'avait jamais eu à refuser avec mépris et indignation une boîte de chocolats d'un de ses employeurs. Néanmoins, elle restait froidement sur ses gardes. Le poing fermé de sa dignité était toujours tiré en arrière, prêt à s'abattre sur le premier homme qui osait dépasser les limites de la civilité professionnelle.

Telle était Miss Pillenger . Elle était la dernière d'une longue lignée de jeunes filles anglaises non protégées qui avaient été contraintes par des circonstances difficiles d'écouter contre rémunération les absurdités épouvantables et mornes que M. Meggs a dû parler du sujet des papillons britanniques. Les filles étaient venues, et les filles étaient parties, blondes, ex-blondes, brunes, ex-brunes, presque blondes, presque brunes ; ils étaient arrivés pleins d'espoir et de vie, tentés par le salaire somptueux que M. Meggs s'était vu au bout d'un certain temps obligé de payer ; et ils étaient tombés, l'un après l'autre, comme des bivalves épuisés, incapables de supporter l'ennui écrasant de la vie de village qui avait donné à M. Meggs au monde. Pour Monsieur La ville natale de Meggs n'était pas une ville de plaisir. Retirez la lanterne magique du curé et l'appareil d'essai de poids en face de la poste, et vous avez pratiquement éliminé la tentation de suivre le chemin de la primevère. Les seuls jeunes hommes présents dans la salle étaient des jeunes silencieux et bouche bée, que les commissaires à la folie regardaient avec acuité et méfiance lorsqu'ils se rencontraient. Le tango était inconnu, et le one-step. La seule forme de danse qui subsistait — et cela seulement à de très rares intervalles — était une sorte de polka qui ressemblait aux mouvements d'un kangourou boxeur légèrement ivre. M Les secrétaires et les dactylographes de Meggs jetèrent à la ville un regard surpris et horrifié et se précipitèrent vers Londres comme des poneys effrayés.

Ce n'est pas le cas, Miss Pillenger . Elle est restée. C'était une femme d'affaires et il lui suffisait de recevoir un bon salaire. Pour cinq livres par semaine, elle aurait accepté un poste de secrétaire et dactylo lors d'une expédition polaire. Depuis six ans, elle était avec M. Meggs , et sans aucun doute elle avait hâte d'être avec lui au moins six ans de plus.

C'est peut-être le pathétique de cette pensée qui a touché M. Meggs , alors qu'elle naviguait, cahier à la main, franchissant la porte du bureau. Ici, se dit-il, se trouvait une jeune fille confiante, inconsciente d'un destin imminent, comptant sur lui comme une fille compte sur son père. Il était heureux de n'avoir pas oublié Miss Pillenger lorsqu'il faisait ses préparatifs.

Il n'avait certainement pas oublié Miss Pillenger . Sur son bureau, à côté des lettres, se trouvait une petite pile de billets, s'élevant au total à cinq cents livres sterling : son héritage.

Miss Pillenger a toujours eu une attitude professionnelle. Elle s'assit sur sa chaise, ouvrit son cahier, humidifia son crayon et attendit avec impatience M. Meggs pour s'éclaircir la gorge et commencer à travailler sur les papillons. Elle fut surprise quand, au lieu de froncer les sourcils, comme c'était son habitude invariable lorsqu'il se préparait à composer, il lui adressa un doux et lent sourire.

Tout ce qui était vierge et défensif chez Miss Pillenger a pris les armes sous ce sourire. Cela allait et venait entre ses centres nerveux . Ce moment de crise avait mis du temps à arriver, mais le voilà sans doute enfin arrivé. Au bout de vingt ans, un employeur allait au désastre en essayant de flirter avec elle.

M Meggs continua de sourire. Vous ne pouvez pas classer les sourires. Rien ne se prête autant à une variété d'interprétations qu'un sourire. M Meggs croyait sourire du sourire triste et tendre d'un homme qui, se sachant au bord de la tombe, fait ses adieux à un fidèle employé. De l'avis de Miss Pillenger, il souriait comme un vieux pourri abandonné qui aurait dû avoir honte de lui-même.

«Non, Miss Pillenger », dit M. Meggs , 'Je ne travaillerai pas ce matin. Je voudrais que vous, si vous le voulez bien, postiez ces six lettres pour moi.

Miss Pillenger a pris les lettres. M Meggs l'observa tendrement.

« Mlle Pillenger , vous êtes avec moi depuis longtemps maintenant. Six ans, n'est-ce pas ? Six ans. Bien bien. Je ne pense pas vous avoir déjà fait un petit cadeau, n'est-ce pas ?

«Vous me donnez un bon salaire.»

"Oui, mais je veux te donner quelque chose de plus. Six ans, c'est long. J'en suis venu à vous considérer avec un sentiment différent de celui qu'un employeur ordinaire éprouve à l'égard de sa secrétaire. Vous et moi avons travaillé ensemble pendant six longues années. Il me sera sûrement permis de vous donner un témoignage de mon appréciation pour votre fidélité. Il prit la pile de notes. "Ce sont pour vous, Miss Pillenger ."

Il se leva et les lui tendit. Il la regarda un instant avec toute la sentimentalité d'un homme dont la digestion est perturbée depuis plus de deux décennies. Le pathos de la situation l'a emporté. Il se pencha sur Miss Pillenger et l'embrassa sur le front.

À l'exception des sourires, il n'y a rien de plus difficile à qualifier qu'un baiser. M L'idée de Meggs était qu'il embrassait Miss Pillenger tout comme un grand général, blessé à mort, aurait embrassé sa mère, sa sœur ou quelque tante particulièrement sympathique ; Le point de vue de Miss Pillenger , qui diffère considérablement de celui-ci, peut être exposé dans ses propres mots.

«Ah!» elle a pleuré, comme, s'occupant de M. La mâchoire de Meggs, judicieusement placée, d'un coup qui, si elle avait atterri un pouce plus bas, aurait pu l'assommer, elle se leva d'un bond. 'Comment oses-tu! J'attendais ça M. Meggs . Je l'ai vu dans tes yeux. Je m'y attendais. Laissez-moi vous dire que je ne suis pas du tout le genre de fille avec qui on peut se comporter ainsi en toute sécurité. Je peux me protéger. Je ne suis qu'une ouvrière...

M Meggs , qui était retombé contre le bureau alors qu'un pugiliste tombé sur les cordes, s'est ressaisi pour protester.

« Miss Pillenger , s'écria-t-il consterné, vous me comprenez mal. Je n'avais aucune intention...

« Vous avez mal compris ? Bah ! Je ne suis qu'une ouvrière...

"Rien n'était plus éloigné de mon esprit..."

'En effet! Rien n'était plus éloigné de votre esprit ! Vous me donnez de l'argent, vous me déversez vos vils baisers, mais rien n'était plus éloigné de votre esprit que l'interprétation évidente d'un tel comportement !' Avant de venir chez M. Meggs , Miss Pillenger avait été secrétaire d'un romancier de l'Indiana. Elle avait appris le style auprès du maître. « Maintenant que vous êtes allé trop loin, vous avez peur de ce que vous avez fait. Vous l'êtes peut-être, M. Meggs . Je ne suis qu'une ouvrière...

"Mlle Pillenger , je vous implore..."

'Silence! Je ne suis qu'une ouvrière...

Une vague de fureur folle a balayé M. Meggs . Le choc du coup et plus encore l'affreuse ingratitude de cette horrible femme faillit lui faire écumer.

"Ne continuez pas à dire que vous n'êtes qu'une working-girl", a-t-il hurlé. 'Tu vas me rendre fou. Aller. Éloigne toi de moi. Sortir. Allez n'importe où, mais laissez-moi tranquille !

Miss Pillenger n'était pas entièrement désolée d'obéir à cette demande. M La fureur soudaine de Meggs l'avait surprise et effrayée. Tant qu'elle parvenait à terminer la scène victorieuse, elle tenait à se retirer.

« Oui, j'y vais », dit-elle avec dignité en ouvrant la porte. "Maintenant que vous vous êtes révélé sous vos vraies couleurs , M. Meggs , cette maison n'est pas un endroit convenable pour un travail ...'

Elle a attiré l'attention de son employeur et a disparu précipitamment.

M Meggs arpentait la pièce en ébullition. Il avait été profondément secoué par la scène. Il bouillait d'indignation. Que ses aimables pensées aient été si mal interprétées, c'en était trop. De tous les mondes ingrats, ce monde était le plus...

Il s'arrêta brusquement dans sa foulée, en partie parce que son tibia avait heurté une chaise, en partie parce qu'une idée lui était venue à l'esprit.

Sautant follement, il ajouta un parallèle supplémentaire entre lui et Hamlet en soliloquant à haute voix.

«Je serai pendu si je me suicide», a-t-il crié.

Et pendant qu'il prononçait ces mots, une paix curieuse tomba sur lui, comme sur un homme qui se réveille d'un cauchemar. Il s'assit au bureau. Quel idiot il avait été d'envisager l'autodestruction. Qu'est-ce qui a pu le pousser à le faire ? Se retirer de sa propre main, simplement pour qu'une meute de brutes ingrates puisse se vautrer dans son argent, c'était le plan d'un parfait imbécile.

Il ne se suiciderait pas. Pas s'il le savait. Il restait fidèle à eux et se moquait d'eux. Et s'il éprouvait parfois une douleur intérieure, qu'en est-il ? Napoléon les avait, et regardez-le. Il serait explosé s'il se suicidait.

Avec le feu d'une nouvelle résolution éclairant ses yeux, il se tourna pour saisir les six lettres et les vider de leur contenu.

Ils étaient partis.

Il a fallu à M. Meggs avait peut-être trente secondes pour se rappeler où ils étaient allés, puis tout lui revenait. Il les avait donnés au démon Pillenger et, s'il ne la rattrapait pas et ne les récupérait pas, elle les enverrait par courrier.

De toutes les pensées confuses qui bouillonnaient chez M. L'esprit de Meggs à ce moment-là, de loin le plus marquant, était la réflexion selon laquelle de sa porte d'entrée au bureau de poste il fallait marcher moins de cinq minutes.

Miss Pillenger marchait dans la rue endormie sous le soleil de juin, bouillante, alors que M. Meggs l'avait fait, avec indignation. Elle aussi avait été profondément secouée. Elle entendait remplir son devoir en postant les lettres qui lui avaient été confiées, puis quitter à jamais le service de celui qui, pendant six ans patron modèle, avait enfin oublié lui-même et montré sa vraie nature.

Ses méditations furent interrompues par un cri rauque dans ses fesses ; et, se retournant, elle aperçut le patron modèle qui courait rapidement vers elle. Son visage était écarlate, ses yeux fous et il ne portait pas de chapeau.

Miss Pillenger fonctionna rapidement. Elle a compris la situation en un éclair. Un amour coupable et non partagé avait sapé M. La raison de Meggs , et elle allait être victime de sa fureur. Elle avait lu des dizaines de cas similaires dans les journaux. Comme elle n'avait jamais imaginé qu'elle serait l'héroïne d'un de ces drames passionnels.

Elle regarda un bref instant dans la rue. Personne n'était en vue. Avec un grand cri, elle se mit à courir.

'Arrêt!'

C'était la voix féroce de son poursuivant. Miss Pillenger est passée à la troisième vitesse. Ce faisant, elle a eu une vision des gros titres.

'Arrêt!' rugit M. Meggs .

"UNE PASSION NON RÉPARTIE A FAIT DE CET HOMME UN MEURTRIER", pensa Miss Pillenger .

'Arrêt!'

« Fou d'amour, il tue une belle blonde », s'affichait en lettres cramoisies dans l'esprit de Miss Pillenger .

'Arrêt!'

"REPOURNÉ, IL LA
POIGNÉE TROIS FOIS."

Toucher le sol à une vingtaine de mètres d'intervalle, tel était l'idéal qu'elle recherchait. Elle s'y adressa avec toute la force de son esprit puissant.

À Londres, à New York, à Paris et dans d'autres villes où la vie est vive, le spectacle d'un gentleman sans chapeau au visage violet poursuivant sa secrétaire à travers les rues au galop rapide n'aurait, bien sûr, suscité que peu de remarques, voire aucune. Mais chez M. Les événements dans la ville natale de Meggs étaient plus rares. Le dernier jalon de l'histoire de sa ville natale avait été la visite, deux ans auparavant, du Stupendous Circus de Bingley, qui avait défilé le long de la rue principale en route vers la ville voisine, tandis que des membres zélés de son personnel visitaient l'arrière-site du les maisons et enlevé tout le linge des canalisations. Depuis lors, une paix profonde régnait.

Peu à peu, à mesure que la poursuite s'intensifiait, des citoyens de toutes formes et de toutes tailles ont commencé à se rassembler. Les cris de Miss Pillenger et l'apparence générale de M. Meggs a donné matière à réflexion. Après avoir réfléchi à la situation, ils décidèrent enfin de prendre la main, de sorte que, comme M. L'emprise de Meggs tomba sur Miss Pillenger , l'emprise de plusieurs de ses concitoyens tomba sur lui.

'Sauve-moi!' » dit Miss Pillenger .

M Meggs montra sans voix les lettres qu'elle tenait toujours dans sa main droite. Il n'avait pratiquement fait aucun exercice depuis vingt ans et le rythme l'avait influencé.

L'agent Gooch, gardien du bien-être de la ville, resserra son emprise sur M. Le bras de Meggs et les explications souhaitées.

«Il… il allait m'assassiner», dit Miss Pillenger .

« Tuez-le », conseilla un passant austère.

« Comment ça, vous alliez assassiner la dame ? » demanda le gendarme Gooch.

M Meggs a retrouvé la parole.

« Je… je… je… je voulais seulement ces lettres.

'Pourquoi?'

'Ils sont à moi.'

« Vous l'accusez de les avoir volés ?

«Il m'a donné de les poster de ses propres mains», s'écria Miss Pillenger .
"Je sais que je l'ai fait, mais je veux qu'ils reviennent."
A cette époque, le connétable, quoique l'âge eût un peu obscurci sa vue, avait reconnu sous la sueur des traits qui, bien que déformés, étaient néanmoins ceux de celui qu'il respectait comme un citoyen important.
'Pourquoi, Monsieur Meggs !' il a dit.
Cette identification par une personne en position d'autorité a calmé, même si elle a un peu déçu, la foule. Ils ne savaient pas ce que c'était, mais ce n'était apparemment pas un meurtre et ils ont commencé à s'éloigner.
"Pourquoi ne donnez-vous pas à M. Meggs ses lettres quand il vous le demande, madame ? dit le connétable.
Miss Pillenger se redressa avec hauteur.
"Voici vos lettres, Monsieur Meggs , j'espère que nous ne nous reverrons plus jamais.
M Meggs hocha la tête. C'était aussi son point de vue.
Toutes choses concourent au bien. Le lendemain matin, M. Meggs se réveilla d'un sommeil sans rêves avec le sentiment qu'un curieux changement s'était produit en lui. Il était abominablement raide et bouger ses membres était douloureux, mais au centre de son être régnait une nouvelle sensation de légèreté. Il aurait pu déclarer qu'il était heureux.

Grimaçant, il se traîna hors du lit et boita jusqu'à la fenêtre. Il l'ouvrit. C'était une matinée parfaite. Une brise fraîche frappait son visage, apportant avec elle des parfums agréables et le son apaisant des créatures de Dieu commençant une nouvelle journée.

Une pensée étonnante le frappa.

"Eh bien, je me sens bien!"

Ensuite un autre.

« Ce doit être l'exercice que j'ai fait hier. Par George, je le ferai régulièrement.

Il buvait l'air luxueusement. En lui, le chat sauvage lui donna un coup de griffe soudain, mais ce fut un effort sans enthousiasme, l'effort de quelqu'un qui se sait battu. M Meggs était tellement absorbé par ses pensées qu'il ne s'en rendit même pas compte.

« Londres », se disait-il. "Un de ces lieux de culture physique... Un homme relativement jeune... Je me mets entre leurs mains... Un exercice léger et régulier..."

Il boitait jusqu'à la salle de bain.

L'HOMME AUX DEUX PIEDS GAUCHES

Les étudiants en folklore des États-Unis d'Amérique connaissent sans aucun doute la vieille histoire pittoresque de Clarence MacFadden . Clarence MacFadden , semble-t-il, « souhaitait danser, mais ses pieds n'étaient pas orientés de cette façon ». Il chercha donc un professeur, lui demanda son prix et lui dit qu'il était prêt à payer. Le professeur (la légende continue) « regarda ses pieds avec inquiétude et remarqua leur immense étendue ; et il a ajouté cinq à son prix habituel pour avoir appris à danser à MacFadden .

J'ai souvent été frappé par l'étroite similitude entre le cas de Clarence et celui de Henry Wallace Mills. Une seule différence se présente. Il semblerait que ce soit la simple vanité et l'ambition qui aient stimulé la première ; tandis que la force motrice qui a poussé Henry Mills à défier la nature et à tenter de danser était celle, plus pure, de l'amour. Il l'a fait pour plaire à sa femme. S'il n'était jamais allé à Ye Bonnie Briar-Bush Farm, ce lieu de villégiature populaire, et s'il n'y avait pas rencontré Minnie Hill, il aurait sans doute continué à lire paisiblement les heures non consacrées au travail à la banque new-yorkaise où il était employé. comme caissier-payeur. Car Henry était un lecteur vorace. Son idée d'une soirée agréable était de regagner son petit appartement, d'enlever son manteau, d'enfiler ses pantoufles, d'allumer une pipe et de reprendre là où il s'était arrêté la veille dans sa lecture du BIS. Volume CAL de l' *Encyclopaedia Britannica* — prenant des notes tout en lisant dans un gros cahier. Il a lu le volume BIS-CAL parce qu'après plusieurs jours, il avait terminé les A-AND, AND-AUS et AUS-BIS. Il y avait quelque chose d'admirable – et pourtant d'un peu horrible – dans la méthode d'étude d'Henry. Il s'en est pris à Learning avec l'acharnement froid et impartial d'une hermine poursuivant un lapin. L'homme ordinaire qui paie des acomptes sur l' *Encyclopaedia Britannica* a tendance à être surexcité et à sauter avec impatience au tome XXVIII (VET-ZYM) pour voir comment tout cela se terminera. Ce n'est pas le cas, Henry. Ce n'était pas un esprit frivole. Il avait l'intention de lire l' *Encyclopédie* jusqu'au bout, et il n'allait pas gâcher son plaisir en jetant un coup d'œil devant lui.

Il semblerait que ce soit une loi inexorable de la nature selon laquelle aucun homme ne doit briller par les deux bouts. S'il a un front haut et une soif de sagesse, ses fox-trotters (s'il y en a) seront comme les titubements de l'ivrogne ; tandis que, s'il est bon danseur, il est presque toujours pétrifié depuis les oreilles jusqu'aux oreilles. Aucun meilleur exemple de cette loi n'aurait pu être trouvé que Henry Mills et son collègue caissier, Sidney Mercer. Dans les banques de New York, les caissiers, comme les ours, les tigres, les lions et autres animaux, sont toujours enfermés dans une cage par paires et dépendent par conséquent les uns des autres pour leurs divertissements et leurs relations sociales lorsque les affaires sont au ralenti. Henry Mills et Sidney ne parvenaient tout simplement pas à trouver un sujet commun. Sidney ne connaissait absolument rien, même de choses aussi élémentaires que Abana, Aberration, Abraham ou Acrogenae ; tandis qu'Henry, de son côté, ne se rendait guère compte que la danse avait évolué depuis la polka. Ce fut un soulagement pour Henry lorsque Sidney abandonna son emploi pour rejoindre le chœur d'une comédie musicale et fut remplacé par un homme qui, bien que plein de limitations, pouvait au moins converser intelligemment sur les quilles.

Tel était donc Henry Wallace Mills. Il était dans la trentaine, sobre, studieux, fumeur modéré et – on aurait dit – un célibataire parmi les célibataires, blindé contre l'artillerie bien intentionnée mais obsolète de Cupidon. Parfois, le successeur de Sidney Mercer dans la cage du caissier, un jeune homme sentimental, abordait le thème de la femme et du mariage. Il demanderait à Henry s'il avait un jour l'intention de se marier. Dans de telles occasions, Henry le regardait avec un mélange de mépris, d'amusement et d'indignation ; et répondrait par un seul mot :

'Moi!'

C'est la façon dont il l'a dit qui vous a impressionné.

Mais Henry n'avait pas encore connu l'atmosphère sans personnel d'une station estivale solitaire. Il venait tout juste d'atteindre le poste à la banque qui lui permettait de prendre ses vacances annuelles en été. Jusqu'alors, il était toujours libéré de sa cage pendant les mois d'hiver et passait ses dix jours de liberté dans son appartement, un livre à la main et les pieds sur le radiateur. Mais l'été suivant le départ de Sidney Mercer, ils l'ont relâché en août.

Il faisait une chaleur fondante dans la ville. Quelque chose en Henry réclamait le pays. Pendant un mois avant le début de ses vacances, il consacra une grande partie du temps qui aurait dû être consacré à l' *Encyclopaedia Britannica* à la lecture de littérature de villégiature d'été. Il a finalement opté pour Ye Bonnie Briar-Bush Farm parce que les publicités en parlaient si bien.

La ferme Ye Bonnie Briar-Bush était un bâtiment à ossature plutôt délabré, à des kilomètres de tout. Ses attractions comprenaient un saut des amoureux, une grotte, des parcours de golf (un parcours de cinq trous où le passionné rencontrait des dangers inhabituels sous la forme d'un certain nombre de chèvres attachées à intervalles réguliers entre les trous) et un lac argenté, dont seules certaines parties servaient de dépotoir pour les boîtes de conserve et les caisses en bois. Tout cela était nouveau et étrange pour Henry et lui causait une étrange exaltation. Quelque chose de gaieté et d'abandon insouciant commençait à couler dans ses veines. Il avait le curieux sentiment que, dans ce milieu romantique, quelque aventure devrait lui arriver.

C'est à ce moment-là que Minnie Hill arriva. C'était une petite fille mince, plus mince et plus pâle qu'elle n'aurait dû l'être, avec de grands yeux qui semblaient pathétiques à Henry et qui excitaient sa chevalerie. Il commença à beaucoup penser à Minnie Hill.

Et puis un soir, il la rencontra au bord du lac argenté. Il se tenait là, frappant des choses qui ressemblaient à des moustiques, mais qui ne pouvaient pas en être, car les publicités indiquaient expressément qu'on n'en avait jamais trouvé dans le quartier de Ye Bonnie Briar-Bush Farm, lorsqu'elle arrivait. Elle marchait lentement, comme si elle était fatiguée. Un étrange frisson, moitié de pitié, moitié d'autre chose, parcourut Henry. Il la regarda. Elle le regarda.

« Bonsoir, dit-il.

C'étaient les premiers mots qu'il lui avait dit. Elle n'avait jamais contribué au dialogue de la salle à manger, et il avait été trop timide pour la chercher en plein air.

Elle a également dit « Bonsoir », égalisant ainsi le score. Et il y eut un moment de silence.

La commisération a vaincu la timidité d'Henry.

«Vous avez l'air fatigué», dit-il.

'Je me sens fatigué.' Elle fit une pause. «J'en ai fait trop en ville.»

'Il?'

'Dansant.'

« Oh, danser. As-tu beaucoup dansé ?

'Oui; une bonne affaire.'

«Ah!»

Un début prometteur, voire fringant. Mais comment continuer ? Pour la première fois, Henry regretta la détermination constante de ses méthodes avec l' *Encyclopédie* . Comme c'était agréable s'il avait pu parler facilement de Danse. Puis sa mémoire lui rappela que, bien qu'il n'ait pas encore commencé à Danser, c'était seulement quelques semaines auparavant qu'il lisait le Ballet.

« Moi-même, je ne danse pas, dit-il, mais j'aime lire sur ce sujet. Saviez-vous que le mot « ballet » incorporait trois mots modernes distincts, « ballet », « bal » et « ballade », et que la danse classique était à l'origine accompagnée de chant ?

Cela l'a frappée. Cela la rendait faible. Elle le regarda avec admiration dans les yeux. On pourrait presque dire qu'elle restait bouche bée devant Henry.

«Je ne sais presque rien», dit-elle.

« Le premier ballet descriptif vu à Londres, en Angleterre, dit doucement Henry, était « The Tavern Bilkers », qui a été joué à Drury Lane en dix-sept ans environ.

'Était-ce?'

« Et le premier ballet moderne enregistré est celui donné par… par quelqu'un pour célébrer le mariage du duc de Milan en 1489. »

Il n'y avait cette fois aucun doute ni hésitation sur la date. Il était accroché à sa mémoire par des cerceaux d'acier en raison de la singulière coïncidence : il s'agissait également de son numéro de téléphone. Il le distribua en roulant et les yeux de la jeune fille s'écarquillèrent.

« Qu'est-ce que vous savez ! »

«Oh, non», dit modestement Henry. «Je lis beaucoup.»

« Cela doit être magnifique d'en savoir beaucoup », dit-elle avec mélancolie. «Je n'ai jamais eu le temps de lire. J'en ai toujours voulu. Je pense que tu es merveilleux ! »

L'âme d'Henry s'épanouissait comme une fleur et ronronnait comme un chat bien chatouillé. Jamais de sa vie il n'avait été admiré par une femme. La sensation était enivrante.

Le silence tomba sur eux. Ils commencèrent à marcher vers la ferme, avertis par la sonnerie lointaine d'une cloche que le dîner était sur le point de se matérialiser. Ce n'était pas une cloche musicale, mais la distance et la magie de ce moment insolite lui donnaient du charme. Le soleil se couchait. Il jetait un tapis cramoisi sur le lac argenté. L'air était très calme. Les créatures, non classées par la science, qui auraient pu être confondues avec des moustiques si leur présence avait été possible à la ferme Ye Bonnie Briar-Bush, mordaient plus fort que jamais. Mais Henry n'y prêta pas attention. Il ne les a même pas giflés. Ils burent à leur faim son sang et s'en allèrent faire profiter leurs amis de cette bonne chose ; mais pour Henry, ils n'existaient pas. Des choses étranges lui arrivaient. Et, éveillé cette nuit-là, dans son lit, il reconnut la vérité. Il était amoureux.

Après cela, pendant le reste de son séjour, ils furent toujours ensemble. Ils marchaient dans les bois, ils s'asseyaient au bord du lac argenté. Il lui déversait les trésors de son savoir, et elle le regardait avec des yeux respectueux, poussant de temps en temps un doux « Oui » ou un « Gee ! » musical.

Le moment venu, Henry retourna à New York.

« Vous vous trompez complètement à propos de l'amour, Mills », dit son collègue caissier sentimental peu après son retour. « Tu devrais te marier. »

«Je vais le faire», répondit vivement Henry. « Semaine de demain. »

Ce qui a tellement stupéfié l'autre qu'il a donné à un client qui avait saisi à ce moment-là quinze dollars pour un chèque de dix dollars et qui a dû téléphoner avec enthousiasme après la fermeture de la banque.

La première année de mariage d'Henry fut la plus heureuse de sa vie. Il avait toujours entendu décrire cette période comme la plus périlleuse du mariage. Il s'était préparé à des conflits de goûts, à des changements de caractère douloureux, à des querelles soudaines et inévitables. Rien de tel ne s'est produit. Dès le début, ils se sont installés en parfaite harmonie. Elle s'est fondue dans sa vie aussi doucement qu'une rivière en rejoint une autre. Il n'a même pas eu besoin de modifier ses habitudes. Chaque matin, il prenait son petit-déjeuner à huit heures, fumait une cigarette et marchait jusqu'au métro. À cinq heures, il quittait la rive et à six heures, il rentrait chez lui, car il avait pour habitude de parcourir les deux premiers kilomètres du chemin en respirant profondément et régulièrement. Puis dîner. Puis la soirée tranquille. Parfois les films, mais généralement la soirée tranquille, il lisant l' *Encyclopédie* – à voix haute maintenant – Minnie raccommodant ses chaussettes, mais ne cessant d'écouter.

Chaque jour apportait le même sentiment d'étonnement reconnaissant qu'il soit si merveilleusement heureux, si extraordinairement paisible. Tout était aussi parfait que possible. Minnie avait l'air d'une fille différente. Elle avait perdu son air tiré. Elle remplissait.

Parfois, il suspendait sa lecture un instant et la regardait. Au début , il ne voyait que ses cheveux doux, alors qu'elle se penchait sur sa couture. Puis, s'étonnant du silence, elle levait les yeux et il rencontrait ses grands yeux. Et alors Henri gargouillait de bonheur et se demandait silencieusement :

'Peux-tu le battre!'

C'était l'anniversaire de leur mariage. Ils l'ont célébré avec style. Ils dînèrent dans un restaurant italien bondé et exaltant dans une rue de la Septième Avenue, où le vin rouge était inclus dans l'addition, et des gens excités, probablement extrêmement intelligents, s'asseyaient autour de petites tables et parlaient tous ensemble à haute voix. Après le dîner, ils virent une comédie musicale. Et puis – le grand événement de la soirée – ils sont allés dîner dans un restaurant scintillant près de Times Square.

Il y avait quelque chose dans le dîner dans un restaurant cher qui avait toujours attiré l'imagination d'Henry. Tout dévoreur qu'il était des solides de la littérature, il avait goûté de temps en temps à sa face plus légère, à ces romans qui commencent par le héros souper au milieu d'une foule étincelante et dont l'attention est attirée sur un homme âgé à l'air distingué et au regard distingué. un impérial gris qui entre avec une jeune fille d'une beauté si saisissante que les fêtards se retournent, à son passage, pour s'occuper d'elle. Et puis, pendant qu'il s'assoit et fume, un serveur s'approche du héros et, avec un doux : « *Pardon, m'sieu !* " lui tend un mot.

L'atmosphère de Geisenheimer suggérait tout cela à Henry. Ils avaient fini de dîner et il fumait un cigare, son deuxième ce jour-là. Il s'appuya contre le dossier de sa chaise et observa la scène. Il se sentait musclé, aventureux. Il avait ce sentiment, qui vient à tous les hommes tranquilles qui aiment rester assis chez eux et lire, que c'était le genre d'atmosphère à laquelle il appartenait vraiment. L'éclat de tout cela, les lumières éblouissantes, la musique, le brouhaha dans lequel le gargouillis rauque du marchand de vin surpris en train de boire de la soupe se mêlait à la note plus aiguë de la choriste appelant son compagnon, ces choses ont pris Henri. Il avait trente-six ans le prochain anniversaire , mais il se sentait un peu jeune de vingt et un ans.

Une voix parlait à ses côtés. Henry leva les yeux pour apercevoir Sidney Mercer.

Le passage d'une année, qui avait fait d'Henry un homme marié, avait transformé Sidney Mercer en quelque chose de si magnifique que le spectacle privait un instant Henry de la parole. Une robe de soirée impeccable s'accrochait avec une proximité amoureuse à la forme souple de Sidney . Des chaussures brillantes en cuir verni parfait couvraient ses pieds. Ses cheveux clairs étaient ramenés en arrière pour obtenir une douceur lisse sur laquelle les lumières électriques brillaient comme des étoiles sur une belle piscine. Son visage pratiquement sans menton rayonnait aimablement sur un col impeccable.

Henry portait une serge bleue.

« Qu'est-ce que tu fais ici, Henry, mon vieux ? dit la vision. "Je ne savais pas que tu étais déjà venu parmi les lumières vives."

Ses yeux se tournèrent vers Minnie. Il y avait de l'admiration en eux, car Minnie était la plus jolie.

«Ma femme», dit Henry, reprenant la parole. Et à Minnie : ' M. Mercer. Vieil ami.'

" Alors tu es marié ? Je te souhaite bonne chance. Comment va la banque ?

Henry a déclaré que la banque se portait aussi bien que prévu.

« Tu es toujours sur scène ? »

M. Mercer secoua la tête d'un air important.

« J'ai un meilleur travail. Danseuse professionnelle à ce spectacle. Rouler dans l'argent. Pourquoi tu ne danses pas ?

Les mots ont eu un effet discordant. Jusqu'à ce moment-là, les lumières et la musique avaient eu un effet psychologique subtil sur Henry, lui permettant de s'hypnotiser lui-même et de lui faire sentir que ce n'était pas son incapacité à danser qui le maintenait assis, mais qu'il avait tellement ressenti ce genre de sensations. chose qu'il préférait vraiment s'asseoir tranquillement et regarder pour changer. La question de Sidney a changé tout cela. Cela l'a amené à affronter la vérité.

«Je ne danse pas.»

« Pour l'amour de Mike ! Je parie que Mme Mills le fait. Voudriez-vous avoir votre tour, Mme Mills ?

"Non, merci, vraiment."

Mais le remords était désormais à l'œuvre sur Henry. Il s'aperçut qu'il avait fait obstacle au plaisir de Minnie. Bien sûr, elle voulait danser. Toutes les femmes l'ont fait. Elle refusait seulement pour son bien.

« C'est absurde, Min. Allez-y.'

Minnie avait l'air dubitative.

" Bien sûr que tu dois danser, Min. Tout ira bien. Je vais m'asseoir ici et fumer.

L'instant d'après, Minnie et Sidney étaient en train de prendre la mesure compliquée ; et simultanément, Henry cessa d'avoir vingt et un ans et fut même conscient d'un doute passager quant à savoir s'il n'avait réellement que trente-cinq ans.

Réduisez toute la question de la vieillesse, et cela revient à dire qu'un homme est jeune tant qu'il peut danser sans souffrir de lumbago, et que s'il ne sait pas danser, il n'est jamais jeune du tout. C'est la vérité qui s'est imposée à Henry Wallace Mills, alors qu'il regardait sa femme bouger sur le sol dans les bras de Sidney Mercer. Même lui pouvait voir que Minnie dansait bien. Il frémit à la vue de sa grâce ; et pour la première fois depuis son mariage , il devint introspectif. Il n'avait jamais réalisé à quel point Minnie était plus jeune que lui. Lorsqu'elle avait signé le papier à la mairie à l'occasion de l'achat de l' acte de mariage , elle avait indiqué son âge, il s'en souvenait maintenant, à vingt-six ans. Cela ne l'avait pas impressionné à l'époque. Maintenant, cependant, il s'apercevait clairement qu'entre vingt-six et trente-cinq ans il y avait un intervalle de neuf ans ; et une sensation de froid l'envahit, d'être vieux et lourd. Comme ça doit être ennuyeux pour la pauvre petite Minnie d'être enfermée nuit après nuit avec un si vieux brouillard ? D'autres hommes emmenaient leurs femmes dehors et leur faisaient passer un bon moment en dansant avec elles la moitié de la nuit. Tout ce qu'il pouvait faire était de s'asseoir à la maison et de lire des trucs ennuyeux sur Minnie dans l'*Encyclopédie* . Quelle vie pour le pauvre enfant ! Soudain, il se sentit extrêmement jaloux de Sidney Mercer, un homme qu'il avait toujours méprisé de tout son cœur.

La musique s'est arrêtée. Ils revinrent à table, Minnie avec une lueur rose sur le visage qui la rendait plus jeune que jamais ; Sidney, le connard insupportable, souriant et narquois et faisant semblant d'avoir dix-huit ans. Ils ressemblaient à deux enfants : Henry, se voyant dans un miroir, fut surpris de constater que ses cheveux n'étaient pas blancs.

Une demi-heure plus tard, dans le taxi qui rentrait chez elle, Minnie, à moitié endormie, fut réveillée par un soudain raidissement du bras qui entourait sa taille et un brusque reniflement près de son oreille.

C'était Henry Wallace Mills qui avait décidé d'apprendre à danser.

Étant d'esprit littéraire et également économique, le premier pas d'Henry vers sa nouvelle ambition fut d'acheter un livre à cinquante cents intitulé *L'ABC de la danse moderne* , de « Tango ». Il pensait, non sans raison, qu'il serait plus simple et moins coûteux d'apprendre les étapes à l'aide de ce traité plutôt que par la méthode plus habituelle de prendre des leçons. Mais très tôt dans la procédure, il fut confronté à des complications. En premier lieu, il avait l'intention de garder secret ce qu'il faisait pour Minnie, afin de pouvoir lui faire une agréable surprise le jour de son anniversaire, qui aurait lieu dans quelques semaines. En deuxième lieu, l'enquête révèle que *The ABC of Modern Dancing s'avère bien plus complexe que ne le suggère son titre.*

Ces deux faits furent la ruine de la méthode littéraire, car, s'il était possible d'étudier le texte et les planches à la banque, la maison était le seul endroit où l'on pouvait tenter de mettre en pratique les instructions. Vous ne pouvez pas déplacer le pied droit le long de la ligne pointillée AB et amener le pied gauche en courbe ronde CD dans la cage d'un caissier d'une banque, ni, si vous êtes un tant soit peu sensible à l'opinion publique, sur le trottoir pour rentrer chez vous. Et alors qu'il essayait de le faire dans le salon de l'appartement un soir, lorsqu'il imagina que Minnie était dans la cuisine en train de préparer le dîner, elle entra à l'improviste pour lui demander comment il voulait que le steak soit cuit. Il a expliqué qu'il avait eu une crampe soudaine, mais l'incident l'a ébranlé.

Après cela, il décida qu'il devait prendre des leçons.

Les complications n'ont pas cessé avec cette détermination. En fait, ils sont devenus plus aigus. Ce n'est pas qu'il ait été difficile de trouver un instructeur. Les journaux étaient remplis de leurs publicités. Il a choisi une Mme Gavarni parce qu'elle vivait dans un endroit pratique. Sa maison était située dans une rue latérale, avec une gare à proximité. Le vrai problème était de savoir quand trouver du temps pour les cours. Sa vie se déroulait selon un horaire si régulier qu'il pouvait difficilement modifier un moment aussi important que l'heure de son arrivée chez lui sans un commentaire passionnant. Seule la tromperie pourrait apporter une solution.

«Min, chérie», dit-il au petit-déjeuner.

« Oui, Henri ? »

Henry est devenu mauve. Il ne lui avait jamais menti auparavant.

«Je ne fais pas assez d'exercice.»

'Pourquoi tu as l'air si bien.'

«J'éprouve parfois une sorte de sentiment de lourdeur. Je pense que je vais parcourir encore environ un kilomètre pour marcher en rentrant chez moi. Alors… donc je reviendrai un peu plus tard dans le futur.

"Très bien, chérie."

Il se sentait ainsi comme un type de criminel particulièrement bas, mais, en abandonnant sa promenade, il était désormais en mesure de consacrer une heure par jour aux leçons ; et Mme Gavarni avait dit que ce serait suffisant.

« Bien sûr, Bill », avait-elle dit. C'était une vieille dame légère avec une moustache militaire et une attitude non conventionnelle avec sa clientèle. « Tu viens me voir une heure par jour, et si tu n'as pas deux pieds gauches, nous ferons de toi le chouchou de la société dans un mois.

'Est-ce ainsi?'

'Tout à fait. Je n'ai encore jamais eu d'échec avec un pupe , sauf un. Et ce n'était pas ma faute.

« Avait-il deux pieds gauches ?

« Je n'avais pas de pieds du tout. Il est tombé d'un toit après la deuxième leçon et a dû se faire couper. J'aurais alors pu lui apprendre à danser le tango avec des jambes en bois, mais il s'est un peu découragé. Eh bien, à lundi, Bill. Sois sage.'

Et la bonne vieille âme, récupérant son chewing-gum sur le panneau de la porte où elle l'avait déposé pour faciliter la conversation, le renvoya.

Et c'est alors que commença ce que, dans les années suivantes, Henry considéra sans hésitation comme la période la plus misérable de son existence. Il peut y avoir des moments où un homme qui a dépassé sa première jeunesse se sent plus malheureux et ridicule que lorsqu'il suit un cours de danse moderne, mais il n'est pas facile d'y penser. Physiquement, sa nouvelle expérience causa à Henry une douleur aiguë. Des muscles dont il n'avait jamais soupçonné l'existence étaient apparus dans le seul but de soulager la douleur. Mentalement, il souffrait encore plus.

Cela était dû en partie à la méthode d'enseignement particulière en vogue chez Mme Gavarni , et en partie au fait que, lorsqu'il s'agissait des leçons proprement dites, une nièce était soudainement sortie d'une arrière-salle pour les donner. C'était une jeune femme blonde aux yeux bleus rieurs, et Henry ne serrait jamais sa taille fine sans se sentir un traître au cœur noir envers sa Minnie absente. La conscience le tourmentait. Ajoutez à cela la sensation d'être une étrange créature sans articulations, avec des mains et des pieds anormalement grands, et le fait que c'était Mme Gavarni avait l'habitude de se tenir dans un coin de la pièce pendant l'heure de cours, mâchant du chewing- gum et faisant des commentaires, et il n'est pas surprenant qu'Henry soit devenu pâle et maigre.

Madame Gavarni avait la pénible habitude de s'efforcer de stimuler Henry en comparant fréquemment ses performances et ses progrès avec ceux d'un infirme auquel elle prétendait avoir enseigné à un moment donné.

Elle et la nièce auraient eu des discussions animées en sa présence pour savoir si l'infirme avait mieux fait un pas après sa troisième leçon qu'Henry après sa cinquième. La nièce a dit non. Aussi bien, peut-être, mais pas mieux. Madame Gavarni a dit que la nièce oubliait la façon dont l'infirme avait glissé ses pieds. La nièce a dit oui, c'était vrai, peut-être qu'elle l'était. Henri ne dit rien. Il transpirait simplement.

Il progressait lentement. Cependant, cela ne pouvait pas être imputé à son instructeur. Elle a fait tout ce qu'une femme pouvait pour l'accélérer. Parfois même, elle le poursuivait dans la rue pour lui montrer sur le trottoir un moyen de supprimer certaines de ses nombreuses erreurs techniques , dont l'élimination contribuerait à faire de lui définitivement le supérieur de l'infirme. La misère de l'embrasser à l'intérieur n'était rien comparée à la misère de l'embrasser sur le trottoir.

Néanmoins, ayant payé d'avance ses cours et étant un homme déterminé, il fit des progrès. Un jour, à sa grande surprise, il découvrit que ses pieds effectuaient des mouvements sans aucun exercice précis de volonté de sa part, presque comme s'ils étaient dotés d'une intelligence qui leur était propre. Ce fut le tournant. Cela l'emplissait d'une fierté singulière comme il n'en avait pas ressenti depuis sa première augmentation de salaire à la banque.

Madame Gavarni fut ému par des éloges dignes.

« Un peu de vitesse, gamin ! elle a observé. « Un peu de vitesse ! »

Henry rougit modestement. C'était la récompense.

Chaque jour, à mesure que son talent pour la danse devenait plus manifeste, Henry trouvait l'occasion de bénir le moment où il avait décidé de prendre des leçons. Il frémit parfois devant l'étroitesse de sa fuite face au désastre. Chaque jour, à mesure qu'il observait Minnie, il lui devenait de plus en plus évident qu'elle s'irritait de la monotonie de sa vie. Ce souper fatal avait détruit la paix de leur petite maison. Ou peut-être que cela avait simplement précipité le naufrage. Tôt ou tard, se disait-il, elle se serait sûrement lassée de l'ennui de son sort. En tout cas, dès le lendemain de cette nuit inquiétante, un manque d'aisance et de spontanéité semblait s'insinuer dans leurs relations. Un fléau s'est installé sur la maison.

Petit à petit, Minnie et lui devenaient presque formels l'un envers l'autre. Elle avait perdu le goût de se faire lire le soir et avait pris l'habitude d'invoquer un mal de tête et de se coucher tôt. Parfois, croisant son regard alors qu'elle ne s'y attendait pas, il surprenait en elle un regard énigmatique. C'était pourtant un regard qu'il était capable de lire. Cela signifiait qu'elle s'ennuyait.

On aurait pu s'attendre à ce que cet état de choses affligeait Henry. Cela lui procurait, au contraire, un frisson agréable. Cela lui faisait sentir que cela valait la peine d'affronter les tourments de l'apprentissage de la danse. Plus elle s'ennuyait, plus elle était ravie lorsqu'il se révélait de façon dramatique. Si elle s'était contentée de la vie qu'il pouvait lui offrir en tant que non-danseuse, quel aurait été le sentiment de perdre du poids et de l'argent pour apprendre les pas ? Il aimait les soirées silencieuses et inquiètes qui avaient supplanté celles joyeuses de la première année de leur mariage. Plus ils se sentiraient mal à l'aise maintenant, plus ils apprécieraient leur bonheur plus tard. Henry appartenait au grand cercle des êtres humains qui considèrent qu'il y a un plaisir plus aigu à être soudainement guéri d'un mal de dents qu'à ne jamais avoir mal aux dents.

Il se contenta donc de rire intérieurement lorsque, le matin de son anniversaire, lui ayant offert un sac à main qu'il savait qu'elle convoitait depuis longtemps, il se retrouva remercié d'une manière superficielle et machinale.

«Je suis content que ça te plaise», dit-il.

Minnie regarda le sac à main sans enthousiasme.

«C'est exactement ce que je voulais», dit-elle avec indifférence.

« Eh bien, je dois y aller. Je vais chercher les billets pour le théâtre pendant que je suis en ville.

Minnie hésita un instant.

« Je ne crois pas que j'ai vraiment envie d'aller au théâtre ce soir, Henry.

'Absurdité. Nous devons organiser une fête le jour de ton anniversaire. Nous irons au théâtre et ensuite nous dînerons à nouveau chez Geisenheimer . Je travaille peut-être après les heures normales à la banque aujourd'hui, donc je suppose que je ne rentrerai pas à la maison. Je te retrouverai dans ce restaurant italien à six heures.

'Très bien. Alors, votre promenade va vous manquer ?

'Oui. Cela n'a pas d'importance pour une fois.

'Non. Alors, vous continuez vos promenades ?

"Oh, oui, oui."

« Trois milles chaque jour ?

'Ne le manquez jamais. Cela me garde bien.

'Oui.'

'Aurevoir Cherie.'

'Au revoir.'

Oui, il y avait un froid distinct dans l'atmosphère. Dieu merci, pensa Henry, alors qu'il se dirigeait vers la gare, ce serait différent demain matin. Il avait plutôt l'impression d'un jeune chevalier qui a fait en secret des actions périlleuses pour sa dame et qui va enfin en recevoir du crédit.

Geisenheimer's était aussi brillant et bruyant qu'avant quand Henry y arriva ce soir-là, escortant une Minnie réticente. Après un dîner silencieux et une représentation théâtrale au cours de laquelle ni l'un ni l'autre n'avaient échangé plus d'un mot entre les actes, elle avait souhaité abandonner l'idée du dîner et rentrer chez elle. Mais une escouade de police n'aurait pas pu empêcher Henry d'entrer chez Geisenheimer . Son heure était venue. Il pensait à ce moment depuis des semaines et il visualisait chaque détail de sa grande scène. Au début , ils s'asseyaient à leur table dans un inconfort silencieux. Puis Sidney Mercer arrivait, comme auparavant, pour demander à Minnie de danser. Et puis… alors… Henri se levait et, abandonnant toute dissimulation, s'écria grandiosement : « Non ! Je vais danser avec ma femme ! Étonnement stupéfait de Minnie, suivi d'une joie folle. Déroute totale et déconfiture de cette tête d'épingle, Mercer. Et puis, quand ils revenaient à leur table, il respirait facilement et régulièrement comme devrait le faire une danseuse entraînée en parfaite condition, elle chancelant un peu sous le ravissement soudain de tout cela, ils s'asseyaient la tête rapprochée et commençaient une nouvelle vie. C'était le scénario qu'Henry avait rédigé.

Cela s'est déroulé – jusqu'à un certain point – aussi bien que jamais dans ses rêves. Le seul accroc qu'il craignait, à savoir la non-apparition de Sidney

Mercer, ne s'est pas produit. Cela gâcherait un peu la scène, avait-il estimé, si Sidney Mercer ne se présentait pas pour jouer le rôle de faire-valoir ; mais il n'avait aucune raison de craindre sur ce point. Sidney avait le don, pas rare chez un homme sans menton et au teint lisse, de pouvoir voir une jolie fille entrer dans le restaurant même lorsqu'il tournait le dos à la porte. A peine étaient-ils assis qu'il se retrouva à côté de leur table en train de bêler leurs salutations.

« Eh bien, Henri ! Toujours ici!'

« L'anniversaire de ma femme. »

« Beaucoup de bons retours de la journée, Mme Mills. Nous avons juste le temps de faire un tour avant que le serveur ne vienne avec votre commande. Venez.

Le groupe titubait sur un nouvel air, un air qu'Henry connaissait bien. Maintes fois, Mme Gavarni l'a martelé avec un vieux piano involontaire pour pouvoir danser avec sa nièce aux yeux bleus. Il se leva.

'Non!' s'exclama-t-il grandiosement. « Je vais danser avec ma femme !

Il n'avait pas sous-estimé la sensation qu'il espérait provoquer. Minnie le regardait avec des yeux ronds. Sidney Mercer était visiblement surpris.

«Je pensais que tu ne savais pas danser.»

— On ne peut jamais le savoir, dit Henry avec légèreté. « Cela a l'air assez facile. Quoi qu'il en soit, je vais essayer.

'Henri!' s'écria Minnie en la serrant dans ses bras.

Il avait supposé qu'elle dirait quelque chose comme ça, mais pas avec ce genre de voix. Il existe une façon de dire « Henry ! » qui exprime une admiration surprise et une dévotion pleine de remords ; mais elle ne l'avait pas dit de cette façon. Il y avait une note d'horreur dans sa voix. Henry était un esprit simple, et la solution évidente, à savoir que Minnie pensait qu'il avait bu trop de vin rouge au restaurant italien, ne lui est pas venue à l'esprit.

En effet, il était en ce moment trop occupé pour analyser les inflexions vocales. Ils étaient à terre maintenant, et il commençait à s'apercevoir comme un vent glacial que le scénario qu'il avait tracé était sujet à des modifications imprévues.

Au début, tout allait bien. Ils étaient presque seuls sur le sol, et il avait commencé à bouger ses pieds le long de la ligne pointillée AB avec la vivacité douce qui avait caractérisé les dernières leçons. Et puis, comme par magie, il se retrouva au milieu d'une foule, une foule en délire, qui semblait n'avoir aucun sens de l'orientation, aucune capacité de se tenir à l'écart. Pendant un moment, les cours de plusieurs semaines restèrent à ses côtés. Puis, un choc, un cri étouffé de Minnie, et la première collision avait eu lieu. Et avec cela, toutes les connaissances qu'il avait si péniblement acquises disparurent de l'esprit d'Henry, le laissant dans un vide agité. C'était une situation à laquelle ses glissades dans une pièce vide ne l'avaient pas préparé. Le trac à son paroxysme l'a envahi. Quelqu'un l'a chargé à l'arrière et lui a demandé d'un ton maussade où il pensait aller. Alors qu'il se retournait avec l'idée à moitié formée de s'excuser, quelqu'un d'autre l'a percuté de l'autre côté. Il eut momentanément l'impression qu'il descendait les rapides du Niagara dans un tonneau, puis il se retrouva allongé sur le sol avec Minnie sur lui. Quelqu'un lui a trébuché sur la tête.

Il s'est assis. Quelqu'un l'a aidé à se relever. Il avait conscience de la présence de Sidney Mercer à ses côtés.

"Refais-le", dit Sidney, tout sourire et impeccablement impeccable. "Cela s'est produit en grand, mais beaucoup d'entre eux ne l'ont pas vu."

L'endroit était plein de rires démoniaques.

« Mince ! » dit Henri.

Ils étaient dans le salon de leur petit appartement. Elle lui tournait le dos et il ne pouvait pas voir son visage. Elle n'a pas répondu. Elle conserva le silence qu'elle gardait depuis qu'ils avaient quitté le restaurant. Pas une seule fois pendant le voyage de retour, elle n'avait parlé.

L'horloge sur la cheminée tournait. Dehors, un train surélevé passait en grondant. Des voix venaient de la rue.

« Min, je suis désolé. »

Silence.

«Je pensais que je pourrais le faire. Oh Seigneur!' La misère était dans chaque note de la voix d'Henry. «Je prends des cours tous les jours depuis ce soir-là où nous sommes allés à cet endroit pour la première fois. Ce n'est pas bon, je suppose que c'est comme l'a dit la vieille femme. J'ai deux pieds gauches, et ça ne sert à rien d'essayer de le faire. Je t'ai caché ce que je faisais. Je voulais que ce soit une merveilleuse surprise pour toi le jour de ton anniversaire. Je savais à quel point tu en avais marre d'être mariée à un homme qui ne t'emmenait jamais sortir, parce qu'il ne savait pas danser. Je pensais que c'était à moi d'apprendre et de te faire passer un bon moment, comme les femmes des autres hommes. JE-'

'Henri!'

Elle s'était retournée et, avec un sourd étonnement, il vit que tout son visage avait changé. Ses yeux brillaient d'un bonheur radieux.

'Henri! C'est pour *ça* que tu es allé dans cette maison : pour prendre des cours de danse ?

Il la regardait sans parler. Elle est venue vers lui en riant.

« Alors c'est pour ça que tu as prétendu que tu faisais encore tes promenades ? »

'Tu savais!'

« Je t'ai vu sortir de cette maison. J'allais justement à la gare au bout de la rue et je t'ai vu. Il y avait une fille avec toi, une fille aux cheveux jaunes. Vous l'avez serrée dans vos bras !

Henry se lécha les lèvres sèches.

« Min, » dit-il d'une voix rauque. "Vous ne le croirez pas, mais elle essayait de m'apprendre le Jelly Roll."

Elle le tenait par les revers de son manteau.

« Bien sûr que je le crois. Je comprends tout maintenant. Je pensais à ce moment-là que tu lui disais juste au revoir ! Oh, Henry, pourquoi ne m'as-tu jamais dit ce que tu faisais ? Oh, oui, je sais que tu voulais que ce soit une surprise pour moi le jour de mon anniversaire, mais tu as dû voir que quelque chose n'allait pas. Vous avez dû voir que j'ai pensé à quelque chose. Vous avez sûrement remarqué comment je vais ces dernières semaines ?

"Je pensais que c'était juste que tu trouvais ça ennuyeux."

'Terne! Ici avec toi!'

« C'était après que vous ayez dansé ce soir-là avec Sidney Mercer. J'ai tout réfléchi. Tu es tellement plus jeune que moi, Min. Cela ne vous semblait pas normal de devoir passer votre vie à vous faire lire par un type comme moi.

"Mais j'ai adoré!"

« Il fallait danser. Chaque fille doit le faire. Les femmes ne peuvent pas s'en passer.

« Celui-ci le peut. Henri, écoute ! Vous souvenez-vous à quel point j'étais malade et épuisé lorsque vous m'avez rencontré pour la première fois dans cette ferme ? Savez-vous pourquoi c'était le cas ? C'était parce que je bossais depuis des années dans un de ces endroits où l'on va payer cinq cents pour danser avec les monitrices. J'étais une institutrice. Henri! Pensez juste à ce que j'ai vécu ! Chaque jour, devoir traîner un million d'hommes lourds aux grands pieds dans une grande pièce. Je vous le dis, vous êtes un professionnel comparé à certains d'entre eux ! Ils m'ont marché sur les pieds et ont appuyé leurs deux cents livres sur moi et ont failli me tuer. Maintenant, vous comprenez peut-être pourquoi je ne suis pas folle de danse ! Croyez-moi, Henry, la chose la plus gentille que vous puissiez me faire est de me dire que je ne dois plus jamais danser.

« Vous… vous… » déglutit-il. « Voulez-vous vraiment dire que vous pouvez… pouvez supporter le genre de vie que nous vivons ici ? Vous ne trouvez vraiment pas ça ennuyeux ?

'Terne!'

Elle courut vers l'étagère et revint avec un gros volume.

« Lisez-moi, Henry, chérie. Lisez-moi quelque chose maintenant. Cela semble être des siècles et des siècles depuis que vous le faisiez. Lisez-moi quelque chose dans l' *Encyclopédie* !'

Henry regardait le livre qu'il tenait à la main. Au milieu d'une joie qui l'envahissait presque, son esprit ordonné était conscient que quelque chose n'allait pas.

"Mais c'est le volume MED-MUM, chérie."

'Vraiment ? Eh bien, tout ira bien. Lisez-moi tout sur "Maman".'

« Mais nous ne sommes que dans le CAL-CHA… » Il hésita. « Oh, eh bien… je », poursuivit-il avec insouciance. 'Je m'en fiche. Est-ce que tu?'

'Non. Asseyez-vous ici, ma chérie, et je m'assoirai par terre.

Henry s'éclaircit la gorge.

" " Milicz , ou Militsch (mort en 1374), divinité bohème, fut le plus influent parmi les prédicateurs et les écrivains de Moravie et de Bohême qui, au cours du XIVe siècle, ouvrirent en un certain sens la voie à l'activité réformatrice de Hus. " '

Il baissa les yeux. Les cheveux doux de Minnie reposaient contre son genou. Il tendit la main et la caressa. Elle se tourna et leva les yeux, et il rencontra ses grands yeux.

'Peux-tu le battre?' » se dit Henry en silence.